스타트업 밸류업
VALUE-UP
경영관리 노트

스타트업 밸류업
VALUE-UP
경영관리 노트

STARTUP MANAGEMENT GUIDE BOOK

최평국 | 박예희 | 박길환 | 박정훈

2022 최신 개정판

창업자가 반드시 알아야 할 분야별 경영관리 정보!

스타트업 창업, 관리, 성장을 위한 85가지 질문!
청년전문가그룹 스타트업랩이 답하다!

들어가며

쿠팡, 배달의민족, 야놀자, 당근마켓, 무신사. 이제는 대한민국 국민이라면 누구나 알고 있는 기업이 된 이들의 공통점은 무엇일까? 너무나 쉬운 질문일 것이다. 그건 바로 투자유치를 통한 지속적인 성장이다. 스타트업은 당장의 이익이 중요한 것이 아니다. 목표한 사업성과를 달성하기 위해 끊임없이 고민하고 실천하여 결과를 얻고 시사점을 도출해 더 나은 방향으로 경쟁사보다 한발 앞서는 것, 때에 따라서는 피벗팅 등 과감한 결단으로 사업 방향성을 전환시키고 성과를 달성하는 것, 그로 인해 기업가치를 인정받고 투자자로부터 자금을 유치하는 것. 스타트업에는 무엇보다 이런 것들이 필요하다.

그런데 말처럼 쉬울까? 자금이 들어오고, 직원 수가 늘고, 팀이 세분화되면서 대표가 모든 것을 통제할 수 없게 되고, 경영관리와 같은 전문적인 다양한 활동들이 생겨나면서 회사는 예전의 추진력과 실행력을 잃어간다. 또한 손익분기점을 넘기는 큰돈을 벌기 이전 단계에 유입된 투자금의 사용은 효과성을 극대화하는 동시에 효율성을 추구해야 하므로 스타트업은 많은 돈이 들어와도 한편으로는 불안한 마음이 들 수밖에 없다.

경영관리 영역은 스타트업 대표 본인이 온전히 통제하기 어려운 새로운 전문영역에 해당한다. 사업의 전문성은 있어도, 회계, 세무, 노무, 지식재산, 법률에 대한 지식은 전문가들보다 부족한 것이 사실이니까.

이 책은 초기 스타트업을 위해 만들어졌다. 어디서, 누구에게, 무엇을 물어봐야 할지 모를 때, 경영관리의 일반사항이 담긴 이 책이 일종의 가이드 역할을 해주지 않을까 생각한다.

    스타트업랩은 회계사, 노무사, 변리사, 변호사 등으로 구성된 청년전문가 그룹으로서 경영관리에 어려움을 겪고 있는 스타트업을 대상으로 유튜브 콘텐츠 제작, 오디오방송, 세미나, 특강, 멘토링 등 다양한 활동을 해오고 있는 프로젝트이다. 이 책은 프로젝트를 수행하고 각종 자문을 하면서 알게 된, 대다수의 스타트업이 현실적으로 겪게 되는 실무적인 문제를 해결하는 데에 초점이 맞춰져 있다. 도움이 되지 않는 이론적인 내용은 배제하고 온전히 스타트업의 경영관리 문제해결에만 초점을 맞춘 것이다.

    실제 자문 사례를 Q&A 방식으로 설명한 이 책은 소규모로 운영되는 스타트업 경영관리 직원의 전문성을 높이고 실무지식 습득을 가능케 하여 불필요한 관리비용을 줄이는 데 그 목적이 있다.

    경영관리 역량이 부족한 많은 초기 스타트업이 이 책을 통해 성장하고, 무엇보다 전문가에 드는 비용을 줄이는 데 도움을 받았으면 한다.

    초판의 오탈자를 수정하였으며, 2022년 개정법에 맞추어 전체적인 내용을 수정, 보강하였다. 1장에서는 스톡옵션 부분을 새롭게 추가하였으며, 2장에서는 임금명세서 교부, 재택근무 관련, 4대 보험 정부지원제도, 직장 내 괴롭힘에 대한 내용을 추가하였다. 3장에서는 저작권과 관련된 최신 사례를 보강하였다.

목차

들어가며 004

제1장
회계를 통한 자금조달과 경영관리

Q01. 사업자의 형태 013
Q02. 스타트업에 필요한 기초 회계 020
Q03. 동업 시 지분관계 설정 025
Q04. 스타트업과 세금신고 029
Q05. 부가가치세란? 039
Q06. 보수의 신고 048
Q07. 스타트업의 인재 확보 비책, 스톡옵션 056
Q08. 단계별 재무계획의 수립방법 063
Q09. 무형자산 073
Q10. 자동차 리스에 관하여 078
Q11. 법인세신고 및 세제 혜택 083
Q12. 정부지원사업 시 회계상 주의점 091
Q13. 투자유치를 위한 기업가치평가 098
Q14. 회계실사에 대한 대비 104
Q15. 크리에이터의 세금 관련 주의점 111
Q16. 세무신고 일정에 대해 알아보자 117

제2장
노무, 사람 냄새나는 인사관리

- Q01. 채용공고 · 129
- Q02. 근로기준법의 적용 · 137
- Q03. 근로계약서 · 142
- Q04. 수습기간 · 145
- Q05. 야근수당(이라 부르지만 연장근로수당으로 이해해야 한다) · · · 147
- Q06. 휴게시간 · 149
- Q07. 관공서 공휴일에 관한 규정 · 151
- Q08. 주휴수당 · 155
- Q09. 연차유급휴가 · 159
- Q10. 최저임금의 산입범위 · 164
- Q11. 야근수당(포괄임금제? 고정연장근로수당제도?) · · · · · · · · · 168
- Q12. 임금명세서 교부 · 171
- Q13. 재택근무 관련 · 177
- Q14. 4대 보험 미가입자 퇴직금 지급 여부 · · · · · · · · · · · · · · · · · 179
- Q15. 퇴직금 중간정산 · 180
- Q16. 근태불량 직원의 징계 · 182
- Q17. 직원의 해고 · 185
- Q18. 직원이 갑자기 퇴사한 경우 · 191
- Q19. 직원이 사직의사를 철회한 경우 · 193
- Q20. 회사가 매년 수강해야 하는 법정의무교육 · · · · · · · · · · · · · 195
- Q21. 4대 보험 가입 여부 · 198
- Q22. 4대 보험 정부지원제도 · 200
- Q23. 이직확인서 발급 · 203
- Q24. 모성보호 관련 노동관계법령 · 205
- Q25. 직장 내 괴롭힘 · 213

제3장
무형자산의 코어, 지식재산

- Q01. 지식재산이란 무엇입니까? 221
- Q02. 특허란 무엇이며, 등록절차는 어떻게 됩니까? 225
- Q03. 아이디어만으로도 특허가 되나요? 230
- Q04. 특허가 등록되면 영원히 권리를 가지는 건가요? 233
- Q05. 제가 공개한 기술인데도 특허를 받을 수 없나요? 235
- Q06. 제 기술을 도용해서 타인이 특허를 받았습니다. 어떻게 해야 하나요? 240
- Q07. 특허출원 후에 보강된 기술의 경우 다시 출원해야 하나요? 244
- Q08. 해외에 특허를 받고 싶습니다. 어떻게 해야 하나요? 248
- Q09. 특허 연차료를 납부하지 않아 특허가 소멸되었습니다. 되살릴 방법은 없나요? 253
- Q10. 특허를 빨리 등록받고 싶습니다. 어떠한 방법이 있습니까? 257
- Q11. 특허로 인재를 모집할 수 있는 수단이 있다는데? 261
- Q12. 특허정보조사란 무엇입니까? 266
- Q13. 특허 자본화란 무엇입니까? 275
- Q14. 특허비용이 만만치 않은데, 국가에서 지원·감면해주는 사업은 없나요? 279
- Q15. 특허 검색방법에 대해서 알고 싶습니다 289
- Q16. 상표란 어떤 것이며, 등록절차는 어떻게 됩니까? 300
- Q17. 상표와 상호는 어떤 차이가 있습니까? 305
- Q18. 상표침해 경고장을 받았습니다. 어떻게 해야 하나요? 307
- Q19. 상표 검색방법에 대해서 알고 싶습니다 310
- Q20. 디자인이란 무엇이며, 등록절차는 어떻게 됩니까? 319
- Q21. 디자인보호법과 부정경쟁방지법의 관계에 대해 알고 싶습니다 324
- Q22. 폰트 저작권 침해 경고장을 받았습니다. 어떻게 해야 하나요? 326
- Q23. 인터넷에 있는 사진 이미지들을 무단으로 사용해도 되나요? 329
- Q24. 웹에서 특정 기능을 위해 구현된 UI도 저작권으로 보호될 수 있나요? 331

제4장
사업관계의 기본, 계약과 법률

Q01. 사업모델의 적법성 검토의 필요성 340
Q02. 개인사업자? 주식회사? 어떤 형태로 사업을 시작하여야 할까? 343
Q03. 회사의 '정관'이란 무엇일까? 346
Q04. 계약서 과연 어떻게 써야 할까? 348
Q05. 동업계약서, 왜 작성하여야 할까? 353
Q06. 동업계약서, 어떻게 작성하여야 할까? 356
Q07. 양해각서(MOU)란 무엇일까? 363
Q08. 주식회사의 임원이 잘못하면 책임을 부담해야 할까? 366
Q09. 사장과 직원의 동상이몽? 370
Q10. 사기꾼이 되지 않는 법! 사기에 속지 않는 법! 374
Q11. 주주가 회사의 회계장부를 들여다볼 방법은 없을까? 378
Q12. 내용증명? 그것이 알고 싶다 381
Q13. 스타트업 주식지분비율 설정에 관하여 386
Q14. 이사회란 무엇일까? 390
Q15. 주식회사 임원의 보수는 누가 어떻게 정하는 것일까? 393
Q16. 스타트업 투자계약 어떻게 할 것인가? (투자계약서 1) 395
Q17. 투자를 받는 형태에 따른 분류 (투자계약서 2) 398
Q18. 투자계약서 작성 시 피투자회사가 주의해야 할 주요조항 (투자계약서 3) 401
Q19. 비밀유지계약서, 언제, 어떻게 써야 할까? 409
Q20. M&A란 무엇일까? 414

나가며 418

제1장

회계를 통한 자금조달과 경영관리

　개인이든 회사든 돈 관리가 중요하다는 것은 누구나 알고 있는 사실이다. 돈을 버는 것도 중요하지만 그에 못지않게 쓰는 것도 중요한데 스타트업이 자금을 효율적으로 관리하고 효과적으로 지출하는 것, 더 나아가서는 자금을 조달하는 데 큰 역할을 하는 것이 바로 회계이다.

　자금을 집행하는 투자자, 금융기관, 정부지원사업 주관기관 모두는 일반적으로 회사에게 재무제표를 요구한다. 재무제표를 통해서 회사의 경영성과와 재무현황을 알 수 있기 때문이다. 이는 회사를 이해하는 데 기초가 되는 자료인 동시에 사업계획서나 IR 자료 등과 함께 활용할 경우 스타트업이 자금을 어떻게 사용하고 있는지 그로 인한 성과는 무엇인지까지 파악이 가능한 핵심정보이다.

　회계는 세금신고 업무와도 연결되어 있으며, 일목요연하게 정리된 장부를 통해 캐시 버닝(Cash Burning: 현금 고갈)의 속도를 조절할 수 있고, 정교한 재무추정을 통해 향후 자금조달에도 기여할 수 있다. 회계에 대한 배움을 통해 독자가 속한 스타트업을 깊이 이해하는 동시에 수준 높은 관리역량을 갖추길 기대해본다.

Q01.
사업자의 형태

공동창업자와 함께 스타트업을 준비하려고 하는데, 개인사업자와 법인사업자 중에 적합한 사업자 형태는 어떤 것인지 궁금합니다. 어떻게 해야 하나요?

사업자 형태 결정에 대한 문의는 예비 창업가로부터 많이 듣는 질문이다. 스타트업은 일반적으로 대표자와 공동창업자가 함께 시작하는 경우가 많은데 개인사업자 형태로 창업해 세금납부 이후 순수익을 5:5로 나누는 경우도 있고 법인을 설립하여 월급을 책정하고 일정 이윤을 법인에 유보하는 형태도 존재한다. 사업자 형태에 대한 주요항목별 고려사항을 살펴보면 다음과 같다.

1. 투자유치 및 재투자 여부

사업자 형태를 결정하는 데에 있어 가장 우선시 되는 의사결정 포인트는 투자유치와 재투자 여부이다. 많은 스타트업이 본인들의 기술과 아이디어를 서비스화 또는 제품화하여 시장에 진출하는 데 있어 적지 않은 시간 동안 제품과 서비스 개발에 많은 자금을 투자한다. 이런 경우 회사의 손익분기점을 달성하기까지 창업자들의 자금만으로 해결하기가 어려운 게 현실이다. 따라서 엔젤투자자, 액셀러레이터, 벤처캐피탈 등 다양한 투자자들로부터 투자를 유치해야 한다. 이때 자금유치를 대가로 지분을 제공해야 하는데 법인사업자 형태로 설립해야만 지분을 제공할 수 있기 때문에 투자를 전제로 하는 기업의 경우 법인사업자 형태로 창업을 시작한다.

또한 법인사업자는 이익에 대한 법인세율에 10%에서 25%의 누진세율(지방소득세 제외)이 적용되며, 세율이 적용되는 이익구간(과세표준)도 개인사업자에 비해 범위가 폭넓게 규정되어 있다. 때문에 법인사업자는 6%에서 45%의 소득세율이 적용되는 개인사업자에 비해 세금납부 이후 유보되는 자금 측면에서 보다 유리하여 안정적인 재투자재원을 마련할 수 있다는 장점이 있다.

다만, 법인사업자는 동일원천에 대해서 법인단계에서 법인세가 과세되고 남은 자금을 대표이사 개인이 급여로 수령을 할 경우 개인소득세가 적용되어 이중과세의 문제가 발생한다.[1] 한편, 유튜버나 인플루언서, 아프리카 BJ, 웹툰 작가 등 개인콘텐츠를 사업화하는 개인사업자의 경우 투자유치 및 재투자의 필요성이 상대적으로 낮으므로 개인사업자 형태로 사업을 시작하는 게 세금을 고려했을 때 보다 합리적일 수 있다.

그 외에도 다양한 측면에서 개인사업자와 법인사업자를 비교할 수 있다. 그 내용은 다음과 같다.

---

[1] 만약 주주인 대표이사에게 배당형태로 자금을 지급하면, 배당세액공제가 적용되어 이중과세를 조정할 수 있다.

2. 사업에 따른 책임과 역할은 어디까지인가? (법적 책임)

　개인기업(개인사업자)은 경영상 발생하는 모든 거래관계에 대한 법적 책임 및 부채 손실에 대한 위험에 있어 무한책임을 부담한다. 만약 사업자가 부도로 인해 빚을 못 갚고 세금도 체납되었을 경우 끝까지 이를 책임져야 하며 다른 기업에 취업하더라도 급여가 압류당할 수 있다.

　한편 법인사업자의 주주는 원칙적으로 출자한 지분 한도 내에서만 유한책임을 지므로 개인기업보다 책임의 범위가 작다. 다만 특정 과점주주의 경우 법인의 체납 세금과 4대 보험에 대해 2차 납세의무를 질 수 있다. 주주이자 동시에 법인의 대표이사인 경우 금융기관으로부터 자금을 조달할 때 연대보증 부담을 지기도 하는 동시에 기업 경영에 대한 상법상 대표이사의 책임을 부담하기도 한다.

3. 번 돈을 마음대로 처분할 수 있나? (이익의 사용 및 처분)

　개인사업자는 사업에서 발생한 이익에 대한 세금을 납부한 이후의 유보자금을 임의대로 처분할 수 있다. 즉 세금만 잘 납부했다면, 사업자금을 부동산매입 등 개인투자로 활용하더라도 세법상 제약을 받지 않는다.

　한편, 법인의 주주나 대표이사는 법인과 별도의 인격체이므로 주주는 배당을 통해서, 대표이사는 급여형식으로 수입을 확보할 수 있다. 이러한 이익은 이사회 및 주주총회 결의 등 적법한 절차를 통해서만 인출이 가능하다. 만약 대표이사가 임의로 법인자금을 사용할 경우 세법상 제재가 있기 때문에 각별히 유의해야 한다.

4. 세금은 얼마나 내야 할까? (적용 세율)

개인사업자의 세금납부는 배당소득, 근로소득 등 여타의 다른 소득을 사업소득과 합산하여 종합소득세로 과세되는 구조이다. 종합소득세율은 6~45%(지방소득세 제외)의 8단계 누진세율이 적용된다. 반면, 법인사업자는 각 사업연도 소득에 대해 10~25%(지방소득세 제외)의 4단계 누진세율이 적용된다.

한편, 부가가치세의 경우 면세사업자를 제외한 일반사업자의 경우 개인, 법인 모두 10% 세율이 적용된다. 부가가치세는 매입세액공제 적용여부에 따라서 회사의 현금흐름이 달라지니 이에 대한 주의가 필요하다('Q5. 부가가치세란?' 참조).

과세구간별 법인사업자 및 개인사업자 세율비교 (지방소득세 제외)

개인소득세율	과세표준(이익구간)	법인세율
6%	1,200만 원 이하	10%
15%	1,200만 원~4,600만 원	
24%	4,600만 원~8,800만 원	
35%	8,800만 원~1억5천만 원	
38%	1억5천만 원~2억 원	20%
	2억 원~3억 원	
40%	3억 원~5억 원	
42%	5억 원~10억 원	
45%	10억 원~200억 원	
	200억 원~3,000억 원	22%
	3,000억 원 초과	25%

5. 동업자는 믿을 만한가? (동업자/투자자와의 관계)

창업에 있어 동업자가 있을 경우에는 지분관계, 손익배분 비율 등을 고려하여 사업자 형태를 결정해야 한다. 사업을 함께 경영하는 동업자가 있을 시 회사의 주주로서 권리를 확보할 수 있는 법인사업자 형태로 창업하는 것이 일반적이다. 개인사업자 형태를 취할 경우에는 관할 세무서에 손익배분약정서 제출과 함께 공동사업자 형태를 고려해볼 수 있다.

스타트업 설립 단계에서부터 투자자를 모집하는 경우에는 투자자가 경영에는 관여하지 않는 대신 지분확보를 통해 주주로서 권리를 확보하길 원하므로 법인사업자가 더 적합하다.

6. 그 외 고려할 사항은? (기타 주요항목)

은행으로부터 대출을 받는다든지 거래관계에 있어 대외신인도를 따질 때 개인사업자보다 법인사업자를 선호하는 경우가 있다. 공개입찰의 경우 입찰단계에서부터 법인사업자만 참여가 가능하도록 제한하는 경우도 있다. 한편 개인사업자는 전자세금계산서 발행, 간이과세자 등 세법상 제약이 덜한 편이나 법인사업자는 반드시 복식부기로 장부를 작성해야 하며 전자세금계산서 의무발급 및 상법상 각종 변경등기가 필요하다. 또한 일정 요건(자산, 부채, 매출액, 종업원 기준 등)을 충족할 때에는 공인회계사로부터 외부감사를 받아야 하는 등 법적 의무가 상대적으로 많다고 할 수 있다.

설립단계에서 투자유치를 수반하지 않는 1인 기업의 경우에는 실무적으로, 개인사업자의 형태로 창업하여 사업을 운영하다가, 어느 정도 시간이 지나 소득구간이 올라가거나 투자유치가 필요할 경우에 법인사업자로 전환을 시도한다. 세금적인 측면만 고려했을 때 개인소득세율이 35%(과세표준 8,800만 원~1.5억 원) 또는 38%(1.5억~3억 원) 구간에서 법인사업자로의 전환이 이뤄지는 경우가 많다.

정부지원을 받는 개인사업자가 법인사업자로 전환하는 경우에는 정부지원 혜택에 따른 고용유지 요건으로 인해 개인사업자 폐업이 불가능한 경우가 있다. 개인사업자 폐업 시 정보보조금 환급 이슈가 있을 수 있으므로 사업주관 지원기관에 사전 문의가 필요하다. 또한 개인사업자 명의로 등록된 상표권, 특허권 등의 각종 권리도 주관기관에 문의하여 권리를 이전하는 절차를 거쳐야 한다. 한편, 보증기관으로부터 보증서를 통해 대출을 받은 개인사업자가 법인전환을 시도할 경우 일반적으로 포괄사업양수도 계약서가 필요하므로 사업주체의 변경에 따른 대출승계 등을 사전에 금융기관에 문의하여 문제가 없는지 확인할 필요가 있다.

정리하자면 사업자 형태를 결정하는 일은 단순히 세금 측면만을 따져서는 안 되고, 투자유치, 재투자 여부, 법적 책임, 사업의 방향성, 자금조달방식, 예상 자금흐름, 투자자들과의 관계, 동업 여부, 현재 사업자 자신이 근로소득을 받는지 등을 종합적으로 고려해서 결정해야 한다.

법인사업자 vs 개인사업자

구분	법인사업자	개인사업자
투자유치 및 재투자 여부	투자유치 및 재투자 자금확보	투자유치에 어려움이 많으며 세금납부로 재투자자금 부족
사업의 책임 범위	출자금 내 유한책임(주주)	무한책임
설립절차 및 비용	설립 약 2주 및 설립비용 (자본등록세, 등기수수료) 존재	1~2일 내 사업자등록증 발급 및 설립비용 없음
세율 (지방세 제외)	낮은 세율 (10~25%)	높은 세율 (6~45%)
자금처분	적절한 세무처리 없이는 자금인출 어려움(세무상 불이익 있음)	자유로운 자금처리 가능
이익처분	이익금 인출 시 배당소득세 부과	기업자금 유용이 용이함
대외신인도	높음	낮음

Q02. 스타트업에 필요한 기초 회계

스타트업은 무엇보다 생존이 우선입니다. 생존을 위한 기술개발, 마케팅, 영업이 급선무일 것 같은데 경영관리 영역인 회계가 초기 스타트업에 과연 필요할까요?

그렇다. 스타트업은 무엇보다 생존이 중요하다. 당장 내일도 모르는 일에 모든 자원을 투자하고 역량을 집중하는 스타트업은 그들의 직원과 책임질 가족까지 생각하면 생존이 최우선이 되어야 할 것이다. 다만 스타트업 경영진이 한 가지 간과하는 것이 있는데, 스타트업 회계가 생존과 관련이 없다고 생각한다는 것이다. 하지만 그렇지 않다는 것을 이 책을 통해 알게 될 것이다.

1. 스타트업의 활동 영역

스타트업의 활동 영역은 크게 3가지로 구분할 수 있다. 첫 번째는 기술개발, 영업, 전략, 마케팅 등과 같은 돈을 벌기 위한 활동이다. 그다음은 이러한 활동을 수행하기 위해 필요한 돈을 마련하는 일이다. 투자유치, 대출 및 정부지원과 같은 사업실행을 위한 자금조달 활동이 여기에 포함된다. 마지막으로 조달된 자금으로 사업을 수행할 때 접하게 되는 다양한 법률관계가 존재하는데 돈을 지키고(불필요한 세무유출 방지 등) 효율적으로 사용하기 위한 활동인 법무, 세무, 노무, 인사, 지식재산, 회계, 총무 등과 같은 경영관리 활동이 여기에 속한다.

2. 스타트업 회계의 중요성

상기에 언급된 활동은 서로 유기적인 상관관계를 가지고 있다. 스타트업 팀빌딩 때 구성된 팀원들의 자금만으로 활동하는 초기 단계가 아닌 이상 회계는 자금조달 활동과 사업이 정상화되는 단계에서의 세금납부 및 이해관계자들에게 회사의 재무상태와 경영성과를 보고하는 활동에 중대한 영향을 미친다. 다른 경영관리 활동과 비교해 봤을 때 상대적으로 스타트업 초기 단계에서부터 신경을 쓰고 관심을 가져야 할 항목이다.

3. 스타트업 회계의 유용성-세금의 신고납부

우리(스타트업)는 대한민국에 기반을 갖춘 회사이며 작게는 대한민국을 시장으로 삼고 더 나아가서는 전 세계를 대상으로 활동하는 광대한 목표를 가지고 있다. 대한민국에서 사업을 하려면 대한민국의 법률을 준수해야 하는데 사업을 시작하면서 접하게 되는 대표적인 법적 의무가 바로 세금의 신고납부 활동이다. 매출이 발생하면 부가가치세를 신고납부해야 한다(부가가치세가 면제되는 면세사업자에게도 신고의무는 있으며, 미이행 시 가산세가 부과된다). 이는 회계에 대한 이해를 바탕으로 한 정확한 장부작성에서부터 시작된다. 또한 회사에 이익이 발생하면 법인세(개인사업자인 경우 종합소득세)를 신고납부해야 하는데 이 역시 회사의 회계기능이 제대로 작동해야 정확한 세금신고가 가능하다. 손실이 발생하고 있는 스타트업이라고 할지라도 이를 정확히 장부에 작성하고 신고를 이행해야 향후 발생하는 이익에서 과거 손실을 차감해 세금을 줄일 수 있다. 이익의 발생 유무를 떠나서 스타트업의 장부작성은 반드시 수행되어야 한다.

4. 스타트업 회계의 유용성-정부지원

정부는 언제나 국가의 새로운 성장동력을 발굴하는 데 많은 예산을 쓰고 있으며 스타트업 지원 역시 그 일환으로 볼 수 있다. 민간창업주도형 기술창업지원(TIPS), 청년창업사관학교, 창업 사업화 및 해외마케팅 지원사업, 창업도약패키지, 창업기업지원 서비스 바우처 사업 등 다양한 방식을 통해 스타트업을 지원하고 있는데 선정기준에 있어 정량적 평가항목으로서 활용되는 것이 바로 재무제표 제출에 따른 재무비율분석이다. 기준과 정도의 차이는 있겠지만 대부분의 정부지원사업이 재무요건을 평가요소로 정하고 있으므로 분기결산 등을 통해 유동비율, 부채비율과 같은 재무비율을 스스로 점검하고 지속적으로 관리해야 한다. 또한 많은 정부기관들이 지원사업 신청 시 필요서류로 국세청 표준재무제표증명원을 요청하고 있으므로 장부작성과 결산이 되어 있지 않으면 지원사업 신청 역시 쉽지 않다.

5. 스타트업 회계의 유용성-금융권 대출

정부지원사업 못지않게 스타트업이 활용하는 자금조달 수단은 금융권 대출이다. 금융권에는 기술보증기금과 신용보증기금 등과 같은 보증서를 통한 대출과 일반대출이 있는데 대출실행에 있어 모두 재무비율을 검토하고 있다. 영업이익률, 부채비율, 이자보상비율, 전기 대비 회사의 재무비율 검토 등을 통해 회사의 재무건전성을 평가하고 있으므로 회사의 재무제표는 금융권 대출에 있어 필수적이라고 볼 수 있다. 최근에는 보증서가 있다고 해서 무조건 대출을 실행해주지 않고 기존의 대출규모와 회사 신용도에 따라 대출 여부를 평가하는 등 엄격한 기준으로 대출을 실행하는 은행들이 생겨나고 있다.

6. 스타트업 회계의 유용성-투자유치

투자유치는 투자자의 종류와 투자유치 단계에 따라 투자규모 및 절차가 달라진다. 엔젤투자자의 경우 특별한 절차가 이행되지 않고 대표자의 역량과 시장의 성장 가능성, 제품/서비스의 차별화 등을 고려하여 직관적으로 투자가 집행되는 경우도 있다. 반면 액셀러레이터나 벤처캐피탈의 경우 투자심의위원회와 같은 일련의 절차가 진행되면서 투자 집행 여부가 결정되는데, 이 절차 역시 재무제표는 필수 구성항목으로서 스타트업이 주장한 과거의 활동이 실제로 이행되었는지를 확인하는 주요 문서에 해당된다. 벤처캐피탈은 피투자회사가 제시한 과거의 재무제표를 조정하여 향후 이익을 추정하고 해당 추정이익을 바탕으로 PER 등의 상대적인 재무비율을 이용하여 회사의 기업가치를 산출하는 방법을 많이 사용한다. 재무제표를 기업가치의 출발점으로 삼을 수 있는 것이다.

그 밖에 고객과 계약 시에도 계약상 이행 여부, 신용위험 등을 판단하기 위해 고객사에서 회사의 재무제표를 요구하는 경우도 있으므로 스타트업은 다방면으로 활용되는 재무제표를 관심을 가지고 지속적으로 관리해야 하는 중요 항목으로 인지해야 한다.

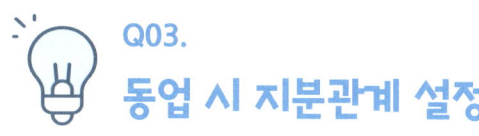
Q03. 동업 시 지분관계 설정

동업자와 회사를 설립하여 스타트업을 만들어 보려고 합니다. 큰 그림에서는 동업자와 역할을 분담하였는데 지분관계는 어떻게 설정해야 하나요? 그리고 투자유치 시 Co-Founder 간에 지분 정리를 먼저 하는 게 좋다고 들었는데 어떤 식으로 해야 할지 전혀 감이 잡히지 않습니다.

1. 초기 스타트업 지분관계 정립의 중요성

스타트업이 팀빌딩을 할 때 각자 수행해야 하는 역할에 대해서는 많은 논의를 하는 편이나, 그에 대한 보상체계인 지분과 보수에 대해서는 고민을 소홀히 하는 경우가 있다. 동업자의 상당수가 스타트업의 지분관계에 대해 논의하는 것이 지금의 돈독한 관계를 해칠 것이라 생각하며, 좋은 게 좋은 거라는 막연한 기대감을 갖고 있기도 하다. 또한 현재 회사가 과실을 나눌 단계도 아닌데 민감한 사항인 지분에 대한 적극적인 주장이 욕심만 드러내고 의미도 없다고 생각될 수도 있다. 하지만 필자의 경험에서 비추어 보았을 때, 초기 지분관계의 정리는 매우 중요하다.

필자는 과거에 스타트업의 Co-Founder로 참여하였는데, 초기 지분관계 및 역할에 대해 명확히 확정되지 않은 측면 때문에 동업자들끼리 갈등이 생겼고 결국 회사가 와해되고 말았다. 여타 스타트업 자문에서도 이와 유사한 케이스를 많이 접했다. 스타트업의 성장과 구성원들의 동기부여 측면에서 미래에 대한 권리인 지분관계를 합리적으로 설계하는 것이 매우 중요한 것이다.

2. 동업계약서 작성

결론부터 이야기하자면, 지분관계를 명확히 하기 위한 수단은 바로 동업계약서 작성이다. 동업계약서는 스타트업 초기 구성원들 각자의 역할과 보상에 대한 내용을 법률관계로 확약하는 문서로 구체적일수록 좋다. 역할에 대한 합리적인 보상과 미래의 권리관계를 고려한 지분이 치열한 논의 끝에 결정되어야 하며, 어렵게 결정된 권리관계는 상호 존중해야 한다. 나아가 이를 통해 예상된 마일드스톤이 달성될 때까지 합심하여 스타트업을 성장시키는 데 기여해야 한다.

한편 이렇게 정한 동업계약서를 바탕으로 열심히 사업을 수행하다 보면 초기 예상했던 방향과 다르게 사업이 흘러갈 수도 있는데 그럴 경우 Co-Founder들의 역할과 업무 범위가 자연스레 바뀌게 될 수 있다. 이때 중요한 것은 변경된 사업 방향성과 그에 대한 역할에 따른 위험과 책임의 범위도 변화가 있을 수 있다는 점이다. 때문에 회사의 사업전략에 부응하는 역할을 재조정하고 그에 대한 지분 조정도 협상이 가능하도록 초기 동업계약서에 문서화 해두어야 한다.

만약 지분 재조정에 대한 명문화가 되어 있지 않을 경우 변화된 환경에 따라 누구는 이익을 보고 누구는 손해를 보게 되는 상황이 벌어질 수 있다. 이 경우 이익을 본 자는 침묵하고 더 고생하는 자는 불만을 갖게 되어 심각한 문제가 발생할 수 있다. 필자는 스타트업 주주들 간에 소송이 붙고, 와해되어 회사가 둘로 쪼개지는 경우도 많이 접했다. 이런 갈등은 동업계약서가 작성되지 않았거나 초기 역할에만 국한되어 작성된 경우에 역할과 책임의 변화에 맞는 보상을 얻지 못한 주주의 갈등에서부터 시작된다. 초기 스타트업은 큰 투자를 받기 이전 단계까지는 동업계약서에 일정 기간 역할과 보상을 재조정하도록 명문화시켜 주주들의 상호 신뢰를 바탕으로 건강한 지배구조를 세우는 것이 좋다.

그 외에도 동업계약서는 1) 지분 양도 시 기존 주주들의 승인, 2) 최소 의무 근무기간, 3) 겸업 금지, 4) 손실의 부담, 5) 이익의 배분과 같은 규정을 포함한 다양한 경우를 대비해야 한다. 포털사이트에 동업계약서라고 검색하면 다양한 유형의 동업계약서 샘플을 확인할 수 있다.

3. 투자유치 이전, Founder 간 지분정리

우리 회사의 미래가치를 인정하고 투자를 결정한 투자자들은 기존 주주들과 합의한 회사의 가치에 맞게 투자자금을 회사에 납입한다. 회사는 그 대가로 투자자에게 신규 주식을 발행하고 증자절차를 거쳐 등기를 하게 되는데 이를 유상증자라고 한다.

외부 투자유치로 인한 통상의 유상증자는 자본 액면가보다 높은 가액으로 주식을 인수하는데 이는 회계적인 관점에서 회사의 주당 가치가 증가하였음을 의미한다. 만약 기존 주주들 간에 지분정리가 필요하다면 외부 투자자가 주주로 합류하게 되는 투자유치 이전에 지분정리 하는 것을 권장한다. 투자자가 합의한 주당 가치로 투자금을 회사에 불입하고 신규 주식을 인수하면 한주당 인수가격이 액면가를 상회하게 되므로 그 이후에 기존 주주들 간에 거래가 이뤄질 경우에는 증가된 주당 가치 기준으로 거래를 하지 않으면 세무상 문제가 발생할 수 있기 때문이다. 한마디로 누적손실이 있는 스타트업의 경우, 기존 주주 간 지분거래를 액면가로 계약하여 양도소득세를 발생하지 않게 하려면 투자유치 이전에 주식 거래를 해야 한다. 만약 투자유치 이후에 주식거래를 할 경우 증자를 통해 회사의 주당 가치가 대외적으로 상승하였기 때문에 주식을 양도할 때 신규 투자 시 주당 주식가치와 최초 취득 당시의 주당 주식가치와의 차액이 발생하여 양도소득세를 납부할 수 있다. 또한, 거래금액 자체가 증가함으로 인해 비상장주식 거래금액에 대하여 0.43%를 과세하는[1] 증권거래세 금액도 증가하기 때문에 Co-Founder 간의 지분거래는 투자유치 이전 단계에서 이뤄지는 게 바람직하다.

---

[1] 2023년부터 0.35%

Q04. 스타트업과 세금신고

사업을 처음 시작하는 스타트업입니다. 저희는 예산 제약으로 별도의 경영관리 직원이 없어 이사들이 직접 경영관리 영역을 챙기려고 합니다. 세금신고 측면에서 어떤 것들을 우선적으로 챙겨야 하나요?

용어의 차이는 있겠지만 스타트업과 벤처기업은 사업의 잠재력을 인정받아 투자유치를 통해 조달된 자금으로 사업을 빠르게 확장하여 기업공개(IPO)나 수익성 높은 회사로 성장시켜야 하는 공통적인 미션을 갖고 있다. 일반적으로 스타트업은 손익분기점을 넘기더라도 설비투자, 연구개발, 인재 영입 등 재투자를 통해 시장에 신속하게 침투 및 확장하려는 노력을 기울인다. 따라서 사업 초기 단계에 손실을 인식하는 경우가 대부분일 것이다. 일부 스타트업의 경우 세금이 자신들의 회사와는 관련이 없다고 생각해 법인세, 부가가치세 등 세금신고를 소홀히 하여 불필요한 가산세를 부담하는 사례가 많다.

죽어도 살아야 하는 스타트업이라면 생존과 성장을 위해 반드시 세금의 신고납부 방법을 알아야 한다. 주의사항은 다음과 같다.

1. 원천세

사업상 비용을 지출하고 나면, 상대방으로부터 세금계산서, 계산서, 신용카드영수증, 현금영수증 등의 지출증명서류를 수취하여야 한다. 다만, 직원을 고용하거나 프리랜서로부터 용역을 제공받고 대가를 지급하는 경우에는 상대방이 사업자가 아니기 때문에 대가를 지급하는 회사가 원천세를 차감하고 남은 금액을 지급한다. 회사는 원천세를 지급일의 다음 달 10일까지 관할세무서에 신고납부해야 한다.

이때, 대가를 수령하는 소득자 입장에서 소득유형에 따라 적용되는 원천세율이 상이하다. 원천세는 월별 신고납부가 원칙이나 직전년도 사업장 상시 고용인원이 20명 이하인 사업장의 경우 관할세무서장의 승인을 거쳐 반기납부(연 2회)도 가능하다.

소득유형별 원천징수 세율

소득구분	원천세율(지방세 포함)	비고
근로소득	간이세액표에 따른 세율	급여 및 부양가족 수에 따라 상이
사업소득	3.3%	프리랜서 소득자에 지급
기타소득	22%	필요경비 인정 대상 소득에 유의
이자소득	27.5%	비영업대금의 이익
일용근로자	2.7%	15만 원 공제 이후 적용

신고기한 내로 세금을 납부하지 못하면 가산세 3%에 더하여 미납 경과일수에 대하여 약 9.125%의 납부불성실 가산세를 납부해야 하므로 불필요한 세금을 부담하지 않도록 주의해야 한다.

한편, 스타트업은 매월 신고납부한 원천세 정보를 소득자별로 취합한 지급명세서를 관할세무서에 제출해야 한다. 기한 내로 지급명세서를 제출하지 못하면 1%의 가산세(근로소득간이지급명세서는 0.25%)가 있으니 주의해야 한다.

소득유형별 지급명세서 제출기한

소득구분	제출기한	비고
근로, 퇴직, 사업소득	다음연도 3월 10일까지	가산세율 1%
일용근로소득	분기별 익월 10일까지	
이자, 배당, 연금, 기타소득	다음연도 2월 말일까지	
근로, 사업소득	반기별 익월 말일까지	가산세율 0.25%

2. 부가가치세

이익이 발생하지 않는 스타트업이라고 하더라도 부가가치세법상 과세사업을 영위하는 경우 부가가치세를 납부해야 하는 경우가 많다. 통상 스타트업은 법인사업자 형태로 운영되며, 법인사업자의 경우 연 4회에 걸쳐 분기별 익월 25일까지 신고납부를 이행해야 한다.

매출세액(매출액의 10%) - 매입세액 = 납부세액
(*부가가치세 계산구조 : 일반과세자)

부가가치세는 매출세액에서 매입세액을 차감하여 산출하는데, 여기서 주의할 것이 있다. 수출 등의 영세율 적용 대상 매출액을 제외한 과세매출액의 10%를 적용하여 산출되는 매출세액은 직관적이고 비교적 이해가 쉽다. 하지만 매입세액은 무조건 매입액의 10%를 적용하는 것이 아니라 부가가치세법에서 규정하고 있는 적격증빙을 수취한 매입세액에 대해서만 매출세액에서 차감해준다.

따라서 회사들은 매입세액 공제가 인정되지 않는 항목들에 대해 인지하고 있어야 하며 이를 신고 때에 잘 구분하여야 한다. 예를 들어 접대비, 업무용 차량 관련 비용(차량 매입 및 유지보수비), 여비교통비 관련 매입세액은 공제를 받을 수 없다. 또한 사업자등록 전 매입세액과 공연 및 이미용 관련 비용, 적격증빙 미수취 매입액, 국외사용액 등도 매입세액 공제가 불가능하니 세금신고 시 주의가 필요하다. 다만, 해당 불공제 매입세액은 법인세법상 비용인정이 가능하기 때문에 장부상에 기록하였다가 법인세신고 때 이를 잘 반영해야 한다.

만약 매입세액이 매출세액보다 큰 경우에는 해당 차액만큼 환급 가능하다. 다만, 서두에 언급하였듯이 손실이 발생하는 스타트업이라고 할지라도 대규모 재고매입이나 시설투자 등의 큰 지출을 제외하고 지속적으로 납부세액이 없는 경우는 폐업 직전까지 가는 예외적인 상황일 것이다. 대부분의 스타트업이 납부 포지션(다만 인건비 지출, 면세 매입 등으로 인해 손익계산서상의 결과는 손실 예상)에 해당하므로 기한 내로 신고납부 하여야 한다.

마지막으로 부가가치세법은 신고납부, 세금계산서 발급 관련 등 다양한 항목에 대한 가산세가 존재하므로 충분히 숙지하여 피와 같은 돈을 국세청에 헌납하지 않는 게 무엇보다 중요하다.

부가가치세 관련 주요 가산세

종류	사유	가산세액 계산
미등록, 허위등록 가산세	사업개시일로부터 20일 이내에 사업자등록을 하지 않은 경우나 타인 명의로 등록한 경우	공급가액×1%
세금계산서 지연발급	(공급 시기가 속하는 과세기간 내 발급)	공급가액×1%
세금계산서 미발급 및 위장, 가공세금계산서 발급(수취)가산세		공급가액×2%
매출처별 세금계산서 합계표 미제출(지연제출) 불성실가산세		공급가액×1%(0.5%)
매입처별 세금계산서 합계표 불성실가산세		공급가액×1%
신고불성실가산세	무신고 - 일반 무신고	해당세액×20%
	무신고 - 부당 무신고	해당세액×40%
	과소신고 - 일반 과소신고	해당세액×10%
	과소신고 - 부당 과소신고	해당세액×40%
납부불성실가산세	미달납부(초과환급 받은) 세액	해당세액×2.5/10,000×일수
영세율 과세표준신고 불성실(과소신고 또는 첨부서류 미제출) 가산세		공급가액×0.5%

3. 법인세

초기 스타트업들이 법인세를 내는 경우는 많지 않다. 따라서 법인세와 관련된 절세를 세액감면과 세액공제에 대한 내용보다는 현실적으로 반드시 챙겨야 하는 신고사항의 측면에서 알아보자.

① 신고기한 준수

아무리 스타트업이라고 하더라도 매출이 발생하고 있기에 법인세를 기한까지 신고하지 않을 경우, 손실을 가정하면 매출액의 0.07%를 무신고가산세로 납부해야 한다. 그러나 그것보다 중요한 것은 기한 내로 법인세신고를 해야만 정상적으로 홈택스에서 표준재무제표증명원을 조회, 출력할 수가 있다는 점이다. 표준재무제표증명원은 투자유치, 정부지원사업, 대출심사 등에서 필수 서류로 쓰이고 있으므로 기한 내 법인세신고는 스타트업이 반드시 챙겨야 할 사항이다.

② 연구인력개발비 명세서 작성

기술기반의 스타트업은 기업부설연구소 또는 전담부서를 설립하고 전담연구인력을 배치하는 등 지속적으로 기술개발에 힘쓰고 있다. 세법은 기술개발을 장려하기 위하여 연구인력개발과 관련된 지출액에 대하여 일정 비율(중소기업의 경우 당기 발생분의 25%)만큼 세액공제를 규정하고 있다. 연구인력개발비 세액공제는 스타트업이 당장 납부할 세액이 없다고 하더라도 10년간 이월공제가 가능하므로 반드시 해당 사업연도에 연구인력개발비 명세서를 작성하여 신고하여야 한다. 한편, 기술기반의 스타트업 입장에서는 세액공제도 중요하지만 더 중요한 것이 있다. R&D 과제 지원사업이나, 병역특례업체 지정을 위한 신청에 있어서도 연구인력개발비명세서 제출이 요구된다는 점을 알아야 한다. 즉 당장 인력개발비를 지원받는 정부사업이나, 양질의 인력을 낮은 비용으로 채용할 수 있는 병역특례업체 선정에 있어서도 세법상의 명세서 제출이 중요한 역할을 하는 것이다. 필자는 병역특례업체 신청을 위하여 고객의 요청에 따라 기존 세무대리인이 작성하지 않았던 연구인력개발비 명세서를 작성하여 수정신고 한 바 있다. 이렇듯 연구인력개발비 명세서는 기술기반 스타트업이라면 활용도가 높은 중요한 서식이다.

③ 주식등변동상황명세서 작성

스타트업은 투자를 유치하기 이전에 Co-founder 간 지분정리를 하거나 시리즈A, 시리즈B 등의 투자를 유치하면서 구주를 매각하는 경우가 발생한다. 이때, 법인세법상 주식등변동상황명세서를 작성하지 않는다면 1%의 가산세를 부담해야 한다. 스타트업 설립 초반에는 회사 차원에서 주주관리를 통해 주주 간 주식 양수도 내역을 파악하는 게 상대적으로 용이하다. 하지만 회사가 성장할수록 회사가 인지하지 못하는 주주 간 주식 매매가 이뤄질 수 있으며, 주식변동에 대한 명세서 작성이 법인세신고 서식에 있다는 사실을 인지하지 못하거나 세무대리인에게 알리지 못해 가산세를 내는 경우도 많다. 그러므로 이는 특히 C-Level 중에서는 스타트업의 COO가 잘 챙겨야 할 사항이다.

④ 고용증대 관련 세액공제

정부는 고용을 장려하기 위해서 여러 가지 정책을 펼치고 있다. 이는 세법에서도 마찬가지인데 대표적인 공제항목으로는 고용을 증대시킨 기업의 세액공제(조특법 제29조의7)와 중소기업 사회보험료 세액공제(조특법 제30조의4)가 있다. 해당 세액공제는 당장 납부할 세금이 없더라도 이월이 가능하며, 고용을 유지할 경우 차년도와 차차년도에도 추가 공제가 가능하다. 또한, 청년고용의 경우 더 많은 세액공제가 가능하므로, 투자유치 이후 고용이 증가하는 스타트업의 일반적인 특징을 고려할 때, 향후 이익 발생을 대비하여 적시에 법인세신고에 반영하는 것이 중요하다.

⑤ 이월결손금 명세서 작성 및 원천세 환급

Death Valley를 넘기지 못한 스타트업들은 누적손실로 인해 이월결손금이 계상되어 있다. 당해연도에 발생한 손실은 15년간 이월공제가 가능해 법인세신고 때 이를 반드시 반영해야 향후 발생하는 세금을 줄일 수 있으므로 신고 시 주의하자.

한편, 투자유치에 성공한 기업은 대규모의 자금이 유입됨에 따라 단기 예적금에 가입하는 경우가 있는데 이때 발생하는 이자에 대한 원천세가 부과된다. 많은 기업이 손실이 발생한다는 사실 때문에 납부할 세금이 없다는 것은 알지만, 은행으로부터 이자소득 원천세를 환급받아야 한다는 사실은 놓친다. 매년 3월 법인세신고 때에 이자소득 원천세 기납부세액을 계상하여 소액이지만 세금을 환급받는 것이 필요하다.

4. 기타 주의사항

기타 스타트업이 세금신고와 관련하여 주의할 사항은 다음과 같다.

① 벤처인증 법인세 감면

벤처인증을 받은 기업은 최대 5년간 법인세의 50%를 감면받을 수 있다. 벤처인증을 받기 위해서는 1) 액셀러레이터나 벤처캐피탈 등 적격투자기관으로부터 5천만 원 이상의 투자유치를 하거나 2) 연구부서 보유와 함께 일정 비율 이상을 R&D에 투자하면서 사업성 평가가 우수한 기업이거나 3) 우수한 기술성 및 사업성 평가를 받은 혁신성장유형에 해당이 되어야 한다. 구체적인 벤처인증에 대해서는『벤처확인종합관리시스템』[1] 홈페이지를 참고하자. 또한 벤처인증은 법인세 감면 이외에도 각종 정부지원사업에서 가산점을 받을 수 있으며, 투자자 입장에서도 유상증자 시 소득공제가 가능하다는 장점이 있다.

② 전환사채 등 발행법인의 신고의무

스타트업의 투자유치방법 중 하나로 전환사채나 신주인수권부사채의 발행이 활용되고 있는데, 이러한 채권을 발행하는 회사는 상증세법 제82조 제6항에 따라 전환사채 등을 발행한 날이 속하는 분기종료일의 다음 달 말일까지 관할세무서에 신고해야 한다. 해당 신고서 명칭은 전환사채등발행및인수명세서이다. 명세서를 제출하지 않았거나 일부 누락분 또는 불분명한 부분에 대하여 세법은 해당 금액의 0.2%의 가산세를 부과하고 있으므로 채권 발행규모가 큰 스타트업들은 가산세율이 낮더라도 세액효과는 클 수 있으므로 이를 반드시 챙겨야 한다.

③ 중소기업 근로자 세금혜택

중소기업인 스타트업에 근무하는 근로자들에게도 연말정산 때 적용되는 중소기업 취업근로자에 대한 소득세 감면규정이라는 세금혜택이

---

[1] https://www.smes.go.kr/venturein/

있다. 중소기업 규모 요건을 충족시킨 회사의 근로자는 150만 원 한도 내에서 최대 90%의 소득세가 감면되는 규정이다.

또한 자금이 넉넉하지 않은 스타트업이 인재를 확보하기 위한 수단으로 활용되는 게 스톡옵션인데, 근로자가 받은 스톡옵션을 행사 시점이 아닌 실제로 돈이 들어오는 주식양도 시점에 과세하는 이월규정이 있다. 이러한 세금혜택을 적용받기 위해서는 관할세무서에 신고해야 한다. 규정이 다소 복잡해 실제로 적용이 가능한지 여부에 대해서는 꼼꼼한 검토가 필요하다.

마지막으로 연구개발전담부서에 근무하고 있는 연구전담요원의 경우 연구보조비로 월 20만 원 한도 내에서 비과세 적용이 가능하다. 비과세 적용 시 스타트업 입장에서는 4대 보험 부담이 줄어드는 혜택도 있으므로 반드시 활용해야 하는 항목이다.

Q05.
부가가치세란?

> 스타트업을 운영한 지 1년이 넘었는데 아직도 부가가치세에 대한 개념과 신고납부는 어려운 상황입니다. 스타트업이 직접 부가가치세를 신고납부하기 위해서는 어떻게 해야 할까요?

스타트업이 직접 세무신고를 함에 있어 어려워하는 부분이 바로 부가차치세 신고납부이다. 대부분의 스타트업 대표들은 소비자로서 부가가치세를 납부해보기만 했기 때문에 직접 어떤 항목에 대하여 어느 방식으로 신고해야 하는지에 답답한 심정을 가진 적이 있을 것이다. 지금부터 스타트업의 부가가치세에 대해 파고들어 보자.

1. 부가가치세의 개념

부가가치세는 부가가치세법상의 사업자가 창출한 부가가치에 대해 납부하는 세금이다. 과세사업을 영위하는 스타트업 입장에서는 매출이 발생할 때, 거래상대방으로부터 징수하여 일시 보관하였다가 신고기한 내에 신고납부해야 할 의무가 있다. 즉 스타트업은 신고와 납부를 부담하고 실질적인 부가가치세는 최종소비자가 부담하는 구조이다.

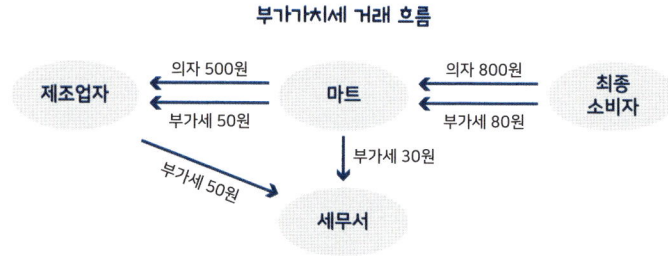

2. 과세사업자와 면세사업자 그리고 간이사업자

　스타트업은 처음 사업을 시작할 때 사업자등록증을 발급받아야 한다. 법인은 법인설립등기를 마치고 난 후, 개인의 경우에는 별도의 절차 없이 임대차계약서 등의 구비서류를 들고 관할세무서를 방문하면 된다(최근에는 온라인으로도 사업자등록 신청이 가능하다). 사업자등록증을 발급받을 때, 스타트업의 비즈니스가 부가가치세법상 과세사업에 해당하는지 아니면 면세사업에 해당하는지를 이해하고 그에 맞춰 관할세무서에 사업자등록증을 신청해야 한다. 스타트업이 하고자 하는 사업이 법에서 열거하고 있는 면세사업에 해당된다면 면세사업자 형태의 사업자등록증을 받아야 하는데 면세사업의 예시로는 학원업, 도서, 출판, 금융, 주택임대 및 가공되지 않은 농축산물의 공급 등이 있다. 법에서 열거된 항목 이외의 사업을 영위하고 있다면 과세사업자로 봐도 무방하다.

　만약 스타트업이 과세사업을 영위하면서 개인사업자 형태로 사업자

등록을 하려고 하는데 매출규모가 크지 않을 것이라고 생각되면, 간이사업자 신청을 고려해볼 수 있다. 간이사업자는 영세한 사업자의 부가가치세 부담을 줄이기 위하여 도입된 제도인데, 납부할 부가가치세에 업종별 부가율을 곱하여 납부세액을 확정하므로 세 부담이 줄어드는 장점이 있다. 다만, 세금계산서를 발급하지 못하여 기업고객이 간이사업자와의 거래를 선호하지 않는다는 점에서 B2C 비즈니스에서만 적용되는 게 일반적이다(세법개정으로 간이과세자 기준 연매출액이 8,000만 원으로 상향되었고 연 매출 4,800만 원 이상인 사업자는 간이사업자로 전환되더라도 종전과 동일하게 세금계산서 발급이 가능하다). 참고로 법인사업자는 무조건 일반사업자로 사업자등록증을 발급받아야 하며, 간이과세자로는 등록할 수 없다.

3. 부가가치세 계산 및 신고납부 기한

부가가치세는 매출세액에서 매입세액을 차감하여 납부세액을 구하는 방식으로 매출세액은 통상 매출액의 10%이며, 수출의 경우에는 부가가치세 세율이 0%로 적용되어 납부하지 않아도 된다. 다만, 수출에 대한 매출 신고를 누락할 경우 가산세가 있으니 조심해야 한다. 매입세액의 경우에는 매입공급가액에 10%를 더 지급하고 수령한 상품과 서비스가 있는데 해당 10%는 매입세액으로 공제 가능하다. 다만, 부가가치세법에서 열거하고 있는 매입세액 불공제 항목이 있으므로 해당 매입세액은 불공제항목으로 구분하여 신고해야 한다(45쪽의 '부가가치세 매입세액 공제' 참조).

과세사업자의 부가가치세 납부는 1년에 4번(1월 25일, 4월 25일, 7월 25일, 10월 25일) 이루어진다. 부가가치세 신고는 법인의 경우 4번(납부기한과 동일)이지만 세법개정으로 매출액(공급가액) 1억5000만 원을 넘지 않은 영세한 법인사자의 경우 예정신고 의무(1분기, 3분기)가 없어져 2번으로 간소화되었다. 한편 개인사업자의 경우 행정부담을 줄이기 위해 2번(1월 25일 및 7월 25일)만 신고하고 있다. 적시 신고납부를 하지 않으면 가산세가 발생하므로 해당 날짜는 꼭 기억해두고 잊지 않도록 하자.

4. 세금계산서 및 현금영수증 발급

스타트업 입장에서 첫 매출이 발생한다는 것은 의미 있는 일이다. 그런데 기쁜 마음을 안고 첫 매출에 대하여 세금계산서를 발급해야 하는데, 발급하는 방법을 모르거나 시기를 놓치게 되어 불필요한 가산세를 부담해야 하는 경우가 발생하기도 한다. 스타트업은 홈택스에 회원가입을 해야 하고 세금용 공인인증서를 발급받아 로그인하여 세금계산서를 발급해야 하는데, 중요한 것은 고객의 사업자등록증 사본과 더불어 전자세금계산서를 전달할 고객의 이메일 주소를 파악하는 것이다. 만약, 세금계산서 발급 시기를 놓치게 되는 경우에는 전월의 10일까지는 공급 일자를 지난달로 설정하여 발급이 가능하므로 문제가 없다. 다만 10일을 초과하였을 경우에는 고객과 세금계산서 공급 일자를 협의하여 발급하는 것이 필요하다.

만약 고객이 사업자가 아닌 일반 최종소비자일 경우에는 현금영수증을 발급하여야 한다. 고객이 자신의 핸드폰 번호를 제시하지 않았다 하더라도 회사는 국세청 현금영수증 발행번호인 010-000-1234로 입력하고 현금영수증을 발행해야 한다. 만약 교육서비스업, 출장음식 서비스업, 부동산중개업 등 현금영수증 의무발급 업종임에도 불구하고 현금영수증을 발급하지 않을 경우에는 20%의 과태료가 부과된다.

5. 매출누락 신고의 무서움

최종소비자를 상대로 상품/서비스를 공급하는 사업자 또는 고객이 별도의 세금계산서 발급 요청이 없었다는 이유로 매출 증빙을 갖추지 못하는 경우가 종종 있다. 이는 회사 입장에서는 단순실수로 인한 과소신고일 수 있겠지만 향후 세무조사 시에 매출누락이 적발되어 부가가치세 납부세액과 더불어 법인세, 개인의 종합소득세 등 많은 세금을 납부해야 하는 부담으로 이어질 수 있다. 매출누락에 따른 부정신고일 경우 세 부담 효과 예시는 하단의 표에서 확인할 수 있다.

표에서 알 수 있듯이 매출이 누락될 경우 번 돈 모두를 거의 세금으로 납부해야 하는 불상사가 있을 수 있으므로 매출은 반드시 적격증빙을 구비하고 적시에 신고납부를 해야 한다.

매출액 1억을 누락하여 신고한 경우 추정 현금유출(법인세율 20% 적용 및 1년 뒤 세무조사 적발 시)

구분	금액
부가가치세 본세 누락분(1억×10%)	10,000,000원
부가가치세 부정과소신고 가산세(1,000만 원×40%)	4,000,000원
부가가치세 납부불성실 가산세(1,000만 원×2.5/10,000×365일)	912,500원
법인세 본세 누락분(1억×20%)	20,000,000원
법인세 부정과소신고 가산세(2,000만 원×40%)	8,000,000원
법인세 납부불성실 가산세(800만 원×2.5/10,000×365일)	730,000원
대표자 상여처분에 따른 개인소득세(1억×41.8% 가정)	41,800,000원
개인소득세 납부불성실 가산세(4,180만 원×2.5/1,000×365일)	3,814,250원
대표자 소득경정으로 추가되는 건강보험료(1억×6.24%)	6,240,000원
현금유출 합계	**95,496,750원**

6. 복리후생비 vs 접대비

스타트업은 사업을 수행함에 있어 다양한 방식으로 비용을 지출하게 된다. 그중 비용지출 횟수로는 높은 비중을 차지하는 게 바로 카드지출이다. 세법은 적격증빙을 규정하고 적격증빙을 수취하지 못했을 경우 가산세를 부과하는데, 적격증빙의 예시로는 세금계산서, 계산서, 신용카드, 체크카드, 현금영수증 등이 있다. 카드를 지출함에 있어 노트북, 책상, 의자, 사무용품 등의 소모품 구입도 많지만, 각종 회의에 따른 다과비, 음료비, 회식 등의 식사비 등도 카드지출 항목에 해당될 것이다.

이러한 비용지출은 누구와 함께 지출한 것이냐에 따라 부가가치세

처리가 달라진다. 만약 식사를 하고 차를 마시더라도 회사의 직원과 하면 복리후생비로 처리되고, 고객과 함께하면 접대비로 장부에 작성해야 한다. 복리후생비와 접대비는 부가가치세법에서 큰 차이가 있는데, 바로 매입세액의 공제 여부이다. 즉 부가가치세법상 복리후생비에 포함된 매입세액은 공제가 가능하나, 접대비 항목의 경우에는 부가가치세가 불공제되므로 접대비로 처리되는 경우에 세 부담이 상승한다. 따라서 직원이 없는 초창기 1인 스타트업의 경우 지배주주인 회사대표는 근로자에 해당될 수 없으므로 (일반적으로 법인의 대표이사는 4대 보험 가입 시 고용보험과 산재보험은 가입하지 않는다) 복리후생의 개념을 적용할 수가 없어 접대비로 처리해야 한다.

반면에 직원이 있는 경우에는 직원과의 식사, 다과, 음료는 복리후생 제공 차원에서 지출된 것으로 복리후생비 처리가 가능하여, 부가가치세 매입세액을 공제받을 수 있다. 한편, 4대 보험과 퇴직금 부담 때문에 직원임에도 불구하고 회사와 프리랜서 계약을 맺고 근로소득 대신 사업소득으로 직원에게 인건비를 지급하는 스타트업을 종종 보게 된다.

하지만 직원과 실질적으로 근로관계를 형성하는 경우에는 외관상의 계약 형태와 무관하게 근로자로 보아 과태료와 4대 보험 추징 및 퇴직금 지급의무가 부여될 수 있으므로 불필요한 현금의 유출과 행정비용을 막기 위해서라도 실질에 맞게 노무처리와 세금신고를 할 필요가 있다. 또한 최근에는 고용을 증대하는 기업에 일자리안정자금이나 세액공제 등의 지원이 제공되므로 법대로 근로자를 처리하고 각종 혜택을 신청하는 것이 장기적으로 회사를 더욱 안정적으로 운영하는 방안일 듯하다.

7. 부가가치세 매입세액 공제

스타트업이 구매하는 서비스와 상품 등이 모두 과세매입에 해당된다고 하더라도 부가가치세법상에서 규정하고 있는 불공제 항목을 매입할 경우에는 부가가치세 매입세액 인정이 어렵다. 이를 정확히 인지하지 못하고 잘못 신고납부를 하였을 경우 가산세의 위험이 존재한다. 스타트업이 간과할 수 있는 매입세액 불공제 항목은 다음과 같다.

- 사업자등록 전 매입세액
- 세금계산서 미수령, 필요적 기재사항이 누락 또는 사실과 다른 경우
- 매입처별세금계산서합계표 미제출 또는 부실기재
- 사업과 직접 관련 없는 매입세액
- 비영업용 소형자동차의 구입 및 유지에 관련된 매입세액
- 접대비 지출 관련 매입세액
- 간이사업자, 폐업자, 면세사업자가 발행한 세금계산서
- 비행기, 택시, 철도 등의 이동수단 매입세액
- 공연, 놀이동산 입장권, 목욕, 이발, 미용업 요금
- 국외 사용액

기본적으로 매입세액 공제는 부가가치세의 매출세액을 직접적으로 줄여주므로 공제를 받게 되면 세금 감소효과가 크다. 하지만 위의 열거한 불공제항목에서도 알 수 있듯이 세금계산서, 신용카드 등의 적격

증빙을 수취하지 않으면 매입세액 공제가 불가능하며, 부가가치세 신고 시 제출해야 하는 매입처별세금계산서합계표가 누락되거나 부실기재가 되면 공제가 어렵다. 사업과 관련 없는 지출에 대해서도 무리하게 부가가치세를 공제받게 되며 추후 세무조사 시에 문제가 될 수 있다는 것도 인지해야 한다. 또한 관계개선을 목적으로 거래처를 위해 지출하는 접대비 역시 과도한 접대문화를 제한하고자 부가가치세 매입세액 공제항목에서 배제하였고 법인세법상 비용으로 월 300만 원(중소기업) 수준으로 한도를 정해두고 있다.

  사업자등록 이전에 매입한 건이나 운수업 이외의 비영업용 소형자동차의 구입과 유지비용에 대한 매입세액도 공제가 불가능하다. 그리고 세금계산서 발급이 불가능한 간이사업자, 폐업사업자, 면세사업자가 발행한 세금계산서에 대해서도 매입세액 공제가 불가능하다. 택시, 비행기, KTX 등의 여비교통비도 마찬가지다. 그밖에 개인적 용도와 사업용도가 혼용되는 공연, 놀이동산 입장, 목욕, 이발, 미용업에 대해서도 부가가치세 공제가 불가능하며, 해외 출장 시에 지출하는 카드사용액도 부가가치세 공제 적용이 어렵다.

Q06. 보수의 신고

최근 들어 사업이 확대되면서 혼자서는 회사를 운영하는 것이 어렵다는 걸 느끼게 되었습니다. 누군가를 팀원으로 영입하거나 파트너십을 갖추고 싶은데 이들에게 보상을 어떻게 지급해야 할까요?

1. 혼자서는 아무것도 할 수 없다

스타트업은 혼자 할 수 없다. 회사 초기에는 1인 법인이 제품/서비스 개발, 기획, 설계, 마케팅, 영업, 경영관리 등 모든 역할을 담당하는 경우가 있으나, 사업규모가 조금만 증가해도 혼자서 감당하기 어렵게 된다. 이럴 경우 스타트업 대표는 새로운 팀원을 모집하거나 일부 기능을 아웃소싱, 또는 파트너십 등을 통해 나눠 시너지를 창출하고자 한다. 그로 인해 당장 비용은 발생하겠지만, 스타트업 대표의 시간을 확보할 수 있고 부가가치가 높은 일에 집중할 수 있다는 점에서 누군가와 함께한다는 것은 회사에 필요한 일이다.

다만, 새로운 멤버와 함께 업무와 역할 및 그에 대한 보상을 나누는 기준이 스타트업 대표 입장에서는 고민이 될 수 있다. 대략적으로 유형을 나누자면, 1) 지분으로 제공하는 경영진의 영입, 2) 스톡옵션 부여가 가능한 핵심 팀원의 영입, 3) 회사의 기능을 일부 외부에 위임하는 아웃소싱, 4) 마지막으로 협력적 관계 형성을 통해 공동의 이익을 추구하는 파트너십을 들 수 있다. 하나씩 특징을 살펴보자.

① 경영진 영입

경영진은 Co-Founder의 지위에 있는 팀빌딩의 핵심멤버로서 설립 당시부터 합류한 팀원도 있겠지만, 각자 개인 사정 때문에 지분을 받고 추후에 합류하는 멤버도 존재한다. 이사회의 구성원으로서 4대 보험에 가입하며, 등기이사로 등재된다. 주로 CEO의 옆에서 중요한 의사결정에 참여하며 기업 전반에 걸쳐 함께 고민하고 문제를 해결하기도 한다. 회사가 성장할 때에 COO와 CMO, CFO 등 특화된 역할에 집중하기도 하며, 일반적으로 특정 기간까지의 달성된 성과를 보고 지분 및 월 보수를 조정한다.

② 팀원 영입

팀원은 회사의 주식을 제공하고 영입하는 경영진에는 해당하지 않으나 회사의 일상적인 업무를 처리하면서 경영 의사결정을 지원하는 중요한 역할을 담당하게 된다. 근로관계를 형성하기 때문에 근로계약서를 작성하고 4대 보험 취득과 더불어 월급을 지급해야 한다. 만약 팀원 성과가 좋아서 성과급을 지급해야 한다면 성과급 지급규정을 만들어 지급대상과 요건을 정의하고 절차에 따라 지급해야 한다. 장기간 스타트업에 근무하면서 회사성장에 기여할 경우 스톡옵션을 부여하기도 하는데 이와 관련하여 자세한 내용은 후술하기로 한다.

③ 아웃소싱

아웃소싱은 스타트업이 사업을 진행함에 있어 필요한 일들을 외부업체에 위임하고 외부업체는 대가를 받고 일을 대신 해주는 개념이다. 너무나 당연한 개념이겠지만 많은 스타트업 대표들이 아웃소싱의 의미와 중요성에 대해 간과하고 있는 것 같다. 스타트업이 아웃소싱으로 해결하는 기능들은 주로 경영관리 영역인데, 회사의 장부를 작성하고 세금을 신고하는 회계, 증자, 이사선임 등의 등기업무, 상표권과 특허출원 업무, 4대 보험 취득상실과 같은 노무업무, 마케팅, 정부지원 과제 등 단순 자료를 작성하는 업무 등을 들 수 있다. 일반기업도 마찬가지이겠지만 특히 스타트업은 업무를 수행하는 사람이 바뀌면 여러모로 시간과 비용이 추가로 발생한다.

진행하는 업체가 변경되면 회사는 과거의 히스토리를 또 설명해야 하고, 거래상대방은 온전한 이해 없이 회사업무를 처리하다가 실수가 발생하기도 한다. 아웃소싱 업체선정을 단순히 서비스 비용으로만 판단하면 서비스의 질을 담보할 수 없으며, 저렴한 비용지급에 대한 불만으로 업체가 변경된다면 신규업체와의 업무 조율에 대한 시간과 비용이 추가로 발생한다. 또한 아웃소싱 업체와의 관계개선은 다른 시너지를 기대할 수 있게 하는데, 고객소개나, 스타트업 제품/서비스의 홍보효과 등이 대표적이다. Supply Chain Management 관점에서 아웃소싱도 최종적인 고객 서비스 제공을 위한 주요 파트너로 간주하고 서로 상생할 수 있는 구조를 짜는 것이 핵심이다. 이를 통해 불필요한 비용을 줄이면서 예측 가능성도 상승하고 장기적으로도 보다 많은 기회를 창출할 수 있을 것이다.

④ 파트너십

초기 스타트업이 다양한 유관업체들과 얼라이언스 또는 컨소시엄을 맺고 공동의 브랜딩과 판매, 고객관리 등 파트너십을 형성해 사업을 성장시키는 것을 종종 볼 수 있다. 파트너십은 초기 자원이 부족한 스타트업의 좋은 솔루션으로 선택과 집중을 통해 참여자 모두가 만족하는 결과를 얻을 수 있는 좋은 방법이 될 수 있다.

일례로 필자를 포함하여 변호사, 변리사, 노무사 등으로 구성된 스타트업랩(Start-UP LAB)은 청년전문가그룹으로서 경영관리 영역이라는 분야에서 공고한 파트너십을 구축하고 있다. 스타트업랩을 통해 스타트업에 다양한 서비스나 유용한 정보를 유료 또는 재능기부 형태로 제공하면서 고객을 확보하고 있다. 멤버들 간에 고객에 대한 이해도 공유하여 보다 효율적인 자문이 가능하다. 또한 회사는 한 가지 경영활동이 수반됨에 있어 노무와 세무, 법무와 세무, 특허와 회계 등 여러 경영관리 영역에 동시에 영향을 받을 수 있으므로 다양한 관점에서 이슈 분석과 대안 마련이 이루어져야 하는데, 스타트업랩이라는 브랜드로 공동의 업무를 수행함으로써 이러한 복합적인 문제를 효과적으로 다루는 성과를 얻고 있다.

스타트업랩은 현재 5,600명의 NAVER 오디오클립, 1,100여명의 스타트업 구독자를 보유한 YouTube 등으로 존재감을 알리는 중이다. (YouTube에 『스타트업랩』으로 검색하면 경영관리 콘텐츠 구독이 가능하다) 이렇듯 파트너십은 단기적인 비용절감, 다양한 콘텐츠 구축 측면에서 도움이 되기도 하며, 장기적으로는 각자의 역할을 명확히 하고 적극적으로 실행하여 매출증대 등 기대 이상으로 좋은 결과를 낳을 수 있다.

2. 사업소득이냐 근로소득이냐 그것이 문제로다

스타트업이 직원을 뽑을 때 정규직으로 등록하고 일을 하는 경우도 있지만, 아무래도 자원이 부족한 회사들은 인건비와 4대 보험 등 고용에 따른 부대비용에 대한 부담 때문에 직접 고용을 꺼리는 경우가 많다. 이럴 때 대안(?)으로 프리랜서 계약을 체결하고 사업소득으로 지급하는 경우가 종종 있는데, 이는 노무이슈를 불러일으키며, 세금 측면에서도 이슈가 존재한다. 우선 근로소득과 사업소득을 지급할 경우의 특징들을 살펴보면 다음과 같다.

근로소득 vs 사업소득 비교

근로소득 지급	사업소득 지급
팀 빌딩이 중요할 때	생존이 급할 때
비싼 비용 (4대 보험, 연차수당, 퇴직금 등)	저렴한 비용 (보수 이외의 지급 의무 없음)
해고가 어려움	직원 설득이 쉬움(3.3%만 부담)
회사 구성원의 느낌을 줌	상대적으로 쉬운 해고처리
정부지원을 받기에 용이	과태료, 4대 보험 추징 위험

표에서 확인하였듯이 근로소득을 지급하는 경우라면 당장 비용적인 측면이 부담될 수 있을 것이다. 직원 입장에서도 4대 보험을 피할 수 있으므로 당장은 이득이 되는 것처럼 보인다. 실질적인 근로관계가 성립하는 직원을 프리랜서 형태로 계약하고 보수를 지급하면 돈을 받을 때는 고분고분 회사 대표의 말을 잘 따른다. 그러나 몇몇 직원은 퇴사 이

후 퇴직금을 받기 위해 (심지어 퇴직금 지급분만큼 미리 급여를 수령하였음에도 불구하고) 고용노동부를 찾아가 신고를 하는 경우가 있다. 이럴 경우 근로계약서 미작성 과태료 500만 원과 함께 4대 보험 미납액과 과태료가 부과될 수 있기에 이를 근본적인 비용절감 해결책이라고 할 순 없다. 실질이 고용관계이므로 프리랜서라고 직원을 함부로 해고할 수도 없으므로 스타트업 입장에서는 부담스러운 상황인데, 최근 추세는 정부에서 고용증대를 장려하기 위하여 다양한 정부지원사업이 있으니, 고용관계를 실질적 상황에 맞게 정립하고 그에 따른 혜택을 지원해보는게 옳은 접근방법이지 않을까 생각해본다.

만약, 비용은 부담되지만 새로 합류한 멤버가 성장에 대한 욕구가 남다르다면 명확한 역할을 부여하고 그 성과에 맞는 보수를 지급하는 방식으로 합의하면 어떨까? 즉 실질관계 자체가 사업자 간의 관계가 되기에 프리랜서 계약을 맺고 일정 기간 성과를 확인한 다음에 정규직 채용 여부를 고민해보는 것이다. 이 경우 노무이슈도 해결되면서 월 보수와 금액도 성과에 따라 변동이 있을 것이므로 합리적인 비용지급이 가능하게 된다.

3. 로켓이 출발한다 (스톡옵션 부여)

스타트업 대표들은 자기들의 회사가 로드맵대로 실적을 남기고 단계별로 적절한 투자를 받아 지속적으로 성장하고 코스피 또는 코스닥에 상장하여 유니콘 기업이 되는 것을 기대하며 하루하루 최선을 다한다.

하지만 안타까운 것은 이러한 열정적인 대표들 옆에 항상 열정적인 직원이 있는 것은 아니라는 것이다.

스타트업 대표들 대부분은 산업 경험을 거쳐 전문성을 갖추고 자기 분야에서 나름의 업적을 남긴 능력자들이나, 스타트업에서 일하는 직원은 언제 없어져도 이상하지 않은 중소기업의 직원일 뿐이다. 대표는 스타트업의 비전과 미션을 공유하며 함께 성장하고자 외치지만, 적은 월급에 미래에 대한 보장도 없는 직원들에게 이는 허공의 메아리에 불과하다. 그래서 많은 스타트업이 고민하는 것이 스톡옵션인데, 스톡옵션은 일정 요건을 충족시킨 직원에게 회사의 주식을 살 수 있는 권리를 부여하는 것이다. 내가 일하는 회사가 단순히 월급 주는 곳에 그치지 않고 실제 그 회사의 주주로서 권리를 행사할 수 있다면? 회사가 상장되어 그 주식을 팔아서 큰돈을 벌 수 있다면?

이러한 행복한 상상을 할 수 있게 해주는 것이 스톡옵션인데, 많은 스톡옵션 자문과 상담을 해온 필자는 스톡옵션 행사로 실질적은 이득을 보는 기회는 통계적으로 많지 않은 것으로 알고 있다. 그럼에도 불구하고 스톡옵션이 의미가 있는 것은 많은 급여를 줄 수 없는 스타트업 입장에서 핵심직원을 붙잡기 위한 수단으로 이를 활용할 수 있다는 점이다. 직원 입장에서도 회사의 수입이 변변찮은 상황에서 현실적으로 기대할 것이 제한적이기 때문에 이를 대안으로 생각하고 있다.

보통 최소 2년의 근무기간을 채우면 스톡옵션을 행사할 수 있는 권리가 부여되는 경우가 많고, 2년 근무에 다른 조건을 추가로 붙이는 경우도 존재한다. 스톡옵션의 행사 시점을 재직기간으로 제한하는 회사도 있으므로 직원 입장에서는 권리행사 가능 시점을 잘 따져보아야 한다.

만약 재직기간에 스톡옵션을 행사하면 근로자는 주식가치와 행사가격과의 차액이 근로소득으로 과세되어 신고를 해야 한다. 직원이 퇴사 이후 스톡옵션을 행사할 때에는 기타소득으로 처분된다. 소득의 유형별로 원천세 신고방법이 다르므로 회사는 이를 놓치지 않고 신고를 이행해야 한다('Q7. 스타트업의 인재 확보 비책, 스톡옵션' 참조).

Q07.
스타트업의 인재 확보 비책, 스톡옵션

> 현재 씨드투자를 거쳐 시리즈A 투자유치를 앞두고 있습니다. 이제껏 고생한 핵심 팀원들에게 스톡옵션을 부여하고자 하는데 처음이라 어디서부터 어떻게 시작해야 할지 모르겠어요.

IT 개발자 영입이 치열해지면서 스타트업들이 인재 영입에 난색을 표하고 있다. 대기업과의 경쟁에서 인력을 구하기가 더 어려워졌고 사내 핵심 인재들까지 유출될 어려움에 처했기 때문이다. 이에 스타트업이 활용할 비책으로 스톡옵션 제도가 떠오르고 있다. 스타트업은 스톡옵션 제도를 통해 임직원에게 자사 주식을 구매할 권리를 부여할 수 있어 근로 의욕을 고취시키고 핵심 인재를 붙잡을 수 있다. 스톡옵션의 조건으로는 어떤 것이 있는지 살펴보고, 효율적인 제도를 활용하기 위한 방안들은 무엇인지 알아보자.

1. 인재 확보를 위한 해결책, 스톡옵션제도

최근 스타트업 멘토링을 하면서 스톡옵션에 대한 문의를 많이 접하게 된다. 대기업이 대부분의 IT 인력을 휩쓸다시피 하는 현 인력시장 상황에서 스타트업은 개발자를 구하기 어려워지고 이에 따라 스톡옵션 제도(주식매수선택권)를 대안으로 생각하는 대표자가 많아지고 있는 실정이다. 스톡옵션 제도란 회사가 임직원에게 자사의 주식을 구매할 수 있도록 권리를 부여하는 제도를 말한다. 스톡옵션을 부여받은 자는 추후에 주가가 상승했을 때 차익을 실현할 수 있으며, 이는 자본금이 부족한 스타트업이 고급인력을 사용할 수 있도록 도움을 준다.

이러한 장점이 있음에도 스톡옵션 부여 절차를 모른다거나 행사가액, 행사시기와 방법 등 계약서에 담겨야 할 주요 내용에 대한 이해가 부족한 스타트업이 많은 편이다. 최근에 한 스타트업이 스톡옵션에 대한 이해가 부족하여 정관변경이나 투자자 동의를 포함한 상법상 절차를 이행하지 않고 직원과 스톡옵션 계약서를 체결하여 계약이 무효화되고 투자자의 권고로 다시 정상적인 절차를 거쳐 계약을 체결한 사례도 있었다. 지금부터 스타트업 입장에서 스톡옵션 제도 활용을 극대화하기 위한 고려사항과 세금에 대하여 살펴보자.

2. 스톡옵션 계약 시 주요 고려사항

스톡옵션은 근로자의 근로의욕을 고취시키고 핵심인재를 붙잡는 수단으로 활용되는 제도이므로 필자의 견해로는 무엇보다 스톡옵션을 부여받는 사람 입장에서 매력적인 조건을 제시해야 한다고 본다. 일부 회사에서는 형식적으로 스톡옵션을 부여하지만 높은 행사가액과 적은 부여 수량으로 인해 IPO를 간다고 해도 실제로 충분한 금전적인 보상이 없는 계약으로서 생색내기에 머무는 경우도 있다. 단기적으로 직원의 근속기간을 늘리는 유인책이 될 수는 있겠으나 이러한 방식으로는 회사나 직원 입장 모두에게 바람직하지 않다.

그렇다면 어떻게 해야 최적의 결과를 낳을 수 있을까? 절대 진리라는 것은 없겠지만, 서두에 언급한 것처럼 임직원 입장에서 유의미한 금전 보상을 예상하도록 제안하는 것이 필요하다. 이에 업종별·연차별로 금전보상의 규모가 상이할 것을 고려하여 스톡옵션 수령자가 만족할 만한 수준으로 보상규모를 설계하는 것이 중요하다. 한 예로 뷰티&바이오 업종의 스타트업 대표가 회사의 핵심인력 2~3명에게 스톡옵션을 부여하고자 할 때 필자에게 자문을 요청해 왔다. 필자는 수년간 회사에서 근무한 현재 직원의 연봉과 업계 최고 수준의 회사의 동일연차의 연봉을 비교하여 계산된 누적 급여 차이를 스톡옵션 계약으로 한꺼번에 보상받을 수 있는 조건을 제시하도록 자문하였고 회사와 직원 역시 이에 동의하여 스톡옵션 계약이 원만하게 체결된 바 있다. 현재의 투자라운드 상의 기업가치와 행사가액의 차액에 대하여 부여 수량만큼 곱하여 계산한 가치가 직원 입장에서 계약 시점에서 예상되는 수익인데 해당 수익만으로 업계 최고 연봉수준과의 차이를 한꺼번에 만회한다면 부여 순간 의미도 있으며, 투자가 거듭될수록 일반적으로 기업가치가 증가하므로 IPO를 할 때는 더욱 높은 차익 실현이 예상되기 때문에 이는 직원 입장에서는 매력적인 제안일 수 있기 때문이다.

물론 스톡옵션을 부여하기 위해서는 기존투자자들에게 스톡옵션 부여에 대한 필요성을 설명하고 행사가액에 대하여 동의를 구하는 사전 절차가 필요하다. 그와 더불어 정관변경, 주주총회 특별결의 등 상법상 이행되어야 적법한 스톡옵션 부여가 인정되므로 절차를 온전히 이행하지 못하여 계약이 무효가 되는 문제는 없어야 하겠다.

또한 스톡옵션 부여 이후 행사할 수 있는 시점까지의 근로기간을 가득기간이라고 하는데 가득기간은 일반적으로 2년 정도다. 간혹 3년 또는 그 이상으로 가득기간을 설정한 스타트업이 있으나 이는 직원의 수익 실현 가능성 측면에서 동기부여가 어려울 수 있다.

한편 벤처인증기업의 경우 발생주식 총수의 50%(일반 중소기업의 경우 10%) 만큼의 스톡옵션을 부여할 수 있으며, 또 임직원 이외의 교수, 회계사, 변리사 등 외부전문가에게도 스톡옵션을 부여할 수 있으므로 스타트업은 가능한 한 벤처기업 인증을 받을 것을 권고한다. 또한 벤처기업은 스톡옵션 행사가액 설정에 있어서도 상증세법 주식평가액과 액면가액 중 큰 금액으로 결정할 수 있으므로 행사가액을 더욱 유연하게 결정할 수 있다. 한편 벤처인증을 받은 기업이 스톡옵션을 부여하는 경우에는 제반서류와 함께 스톡옵션에 대한 내용을 중소기업벤처부에 신고해야 하니 주의하자.

3. 스톡옵션의 행사와 세금

행사시점에 따라 스톡옵션 행사자의 세금이 달라질 수 있기 때문에 가득기간을 충족한 임직원은 스톡옵션 행사시점을 고민하게 된다. 스톡옵션 세금은 스톡옵션의 행사이익을 기준으로 소득세가 산출되는데, 스톡옵션의 행사이익은 [주식의 시가 - 행사가액]로 계산된다. 따라서 주식의 시가가 얼마인지에 따라 세금이 달라지므로 시가의 결정이 중요한데, 소득세법상 비상장주식의 시가는 상속세및증여세법(이하 '상증세법') 평가액을 준용하도록 규정하고 있다. 상증세법은 시가가 없을 경우 매매사례가액을 준용하고 매매사례가액도 없을 경우에는 '보충적 평가방법'에 따라 평가한 가액을 시가로 보고 있다. 즉, IPO 이전의 스타트업 주식은 시가가 존재하지 않으므로 매매사례가액이 존재하면 이를 적용하는데, K-OTC와 같은 비상장거래 플랫폼 등에서 활발히 거래되는 주식은 매매사례가액이 존재할 수 있으며, 그 외에도 행사시점과 사안별로 매매사례가액이 존재할 수 있기 때문에 행사이익을 예상함에 있어 시기별 검토가 필요하다. 마지막으로 매매사례가액이 없을 경우 상증세법상 보충적 평가방법은 일반적으로 순손익가치와 순자산가치를 가중평균하여 산출하는데 이 역시 법에서 규정하는 있는 바가 다양하므로 전문가로부터 자문을 받는 것이 필요하다.

한편, 소득세 유형은 스톡옵션을 행사하는 시점에 따라 달라지는데 재직 중에 행사할 경우에는 근로소득으로 과세되고, 퇴사 이후 행사할 경우에는 기타소득으로 과세되므로 행사시기에 따른 세금효과를 고려해야 한다. 무엇보다 행사를 한다고 하더라도 IPO 이전에는 주식을 매도하기 어려워 결과적으로 행사를 위해 증자대금을 회사에 납입하고, 그로 인해 발생한 행사이익에 따라 세금도 먼저 내게 되는 꼴이 된다. 즉 들어오는 돈은 없이 오히려 돈만 쓰고 주식만을 취득할 뿐이어서 임직원은 세금에 더욱 민감할 수밖에 없다.

　이렇게 세금부터 먼저 납부하게 되는, 약간은 억울(?)할 수 있는 상황을 접하게 될 경우 조세특례제한법(이하 '조특법')에서 규정하고 있는 세금 절세/이연 제도를 검토해보는 것도 방법이다. 조특법은 스톡옵션의 세금납부와 관련하여 여러 가지 혜택을 규정하고 있는데 주요 혜택으로는 비과세특례(제16조의2), 납부특례(제16조의3), 과세이연특례(제16조의4)를 들 수 있다.

　먼저 비과세특례의 경우 벤처인증기업 또는 코넥스상장기업이 부여한 스톡옵션의 행사이익에 대해서 5천만 원까지 비과세(2020년 1월 1일부터 2021년 12월 31일까지는 3천만 원, 2020년 1월 1일 이전 부여분은 2천만 원)를 적용할 수 있는 제도이며, 납부특례 규정은 행사시점에 발생하는 비상장주식의 스톡옵션 행사이익에 대한 세금을 5년 동안 분할하는 제도다. 행사이익을 미실현이익의 성격으로 보아 세금을 이연시켜주는 납부특례 규정 역시 벤처인증기업 또는 코넥스상장기업이 적용대상이다.

　마지막으로 과세이연특례제도는 행사이익이 5억 이하의 경우 행사시점에서는 과세이연하고 그 후 행사로 부여받은 주식을 양도하는 시점에 양도소득으로 과세하는 제도인데, 양도 시점까지 과세가 이연되므로 양도 시점에 근로소득이나, 기타소득이 아닌 양도소득으로 과세된다는 특징이 있다. 또한 해당 규정을 적용받기 위해서는 '적격스톡옵션' 규정이 있으므로 적용여부를 면밀하게 검토해야 한다. 염두할 점은 행사시점에 행사이익이 5억 이하임을 확인해야 하므로 행사시점의 기업가치에 대한 문서화가 수반되어야 한다.

4. 자주 묻는 스톡옵션 F&A

기타 스톡옵션 부여 및 계약서 작성 시 스타트업들이 궁금해하는 내용을 정리하면 다음과 같다.

질문	답변
대표이사에게도 스톡옵션 부여가 가능한가요?	지분율 10% 이상 보유자에게는 스톡옵션 발행이 불가함
벤처기업 스톡옵션 최대 부여 가능 비율	벤처인증의 경우 기발행주식 수의 50%까지 스톡옵션 가능하나 실무적으로 30%를 넘기지 않음
팀장급 이상의 인재 영입 시 스톡옵션 활용 방안	회사와 영입인재와 협상하여 연봉 수준을 확정하고 확정 연봉에서 급여수령액과 스톡옵션 비율을 입사자가 선택하게 하는 규정을 두기도 함 예를 들어 연봉이 2억 수준이라면 입사 시에 실수령급여는 1억으로 책정하고(회사 예산상의 지급상한액) 나머지 1억은 스톡옵션으로 부여
행사 예상시점의 주기적인 확인	행사시점의 기업가치에 따라 행사이익이 변동하므로 매매사례가액 여부 및 상증세법 주식평가는 행사 예상시점마다 검토가 필요함
스톡옵션 부여시점의 회계처리	중소기업 회계처리 특례가 적용되는 스타트업의 경우 스톡옵션 발행 시 회계처리 없음. 다만, IPO 대비 국제회계기준(K-IFRS) 전환 시에는 스톡옵션을 평가하여 재무상태와 손익성과에 반영하여야 함
퇴사자의 스톡옵션의 행사 시 이슈	비외감 대상 회사의 경우 회사가 퇴사자에게 재무정보를 제공하지 못하여 행사이익 산출에 어려움 발생하기도 함

결과적으로 스톡옵션의 설계와 계약체결에 대한 상법상 절차이행 및 중기부 신고, 스톡옵션 행사에 따른 행사이익 산출 및 세금납부, 특례제도 적용에 이르는 전 과정에서의 최적 의사결정을 위한 분석과 검토가 회사와 임직원 모두에게 필요한 활동이지 않나 싶다.

Q08. 단계별 재무계획의 수립방법

> 투자유치를 위한 사업계획서를 작성할 때 항상 고민되는 게 재무계획입니다. 사업전략은 단계별로 나름 구체적이고 체계적으로 세웠는데, 재무계획을 짜는 게 어렵습니다. 어떻게 접근해야 할까요?

많은 특강과 멘토링에서 필자가 항상 강조하는 부분이 바로 재무계획 작성의 중요성이다. 회사의 사업계획서는 보통 투자유치, 정부지원 신청, 금융권 대출에 활용된다. 많은 스타트업이 오랜 시간을 들여 고민한 사업계획에 대해서는 어느 정도 밑그림이나 대략적인 형태가 그려진 상태다. 하지만 숫자와 친숙하지 않거나 상대적으로 경험이 부족한 스타트업은 사업계획상의 실행결과인 재무계획을 작성하는 것을 어려워한다. 지금부터 재무계획 작성을 위한 기본적인 고려사항에 대해 알아보자. 나아가 재무계획처럼 실제 결과가 나오게 하는 방법도 알아보자.

재무계획 예시

(단위: 천원)

구분	20×1	20×2	20×3	20×4	20×5
매출액	1,000,000	2,000,000	5,000,000	11,000,000	25,000,000
매출원가	300,000	580,000	1,300,000	3,000,000	7,150,000
매출총이익	700,000	1,420,000	3,700,000	8,000,000	17,850,000
판매비와 관리비	600,000	800,000	1,100,000	2,000,000	4,000,000
영업이익	100,000	620,000	2,600,000	6,000,000	13,850,000

1. 수익과 비용을 추정하라

너무 간단하다. 재무계획은 회사의 사업계획을 숫자로 표현한 것으로 수익과 비용을 추정하여 이익을 산출한다. 일반적으로 5개연도의 수익과 비용을 추정한다. 여기서 수익이라고 함은 사업과 관련된 현금유입 즉, 매출액을 의미하며, 영업활동과 관련 없는 영업외수익(이자수익 등)은 추정하지 않는다.[1] 매출액을 추정한 후에는 매출액과 직접 대응되는 비용인 매출원가를 추정해야 하는데, 대표적인 매출원가로는 상품매출원가 또는 제품매출원가를 들 수 있다. 프로젝트별 손익을 관리하는 서비스업이 아닌, 일반적인 서비스업은 매출원가를 추정하지 않고 영업수익과 영업비용을 추정하여 영업이익을 산출한다.

수익과 비용을 추정하지 못하면 회사의 기업가치를 산정할 때 주요 지표를 얻을 수 없다는 의미고 이 경우 스타트업이 원하는 기업가치를

---

[1] TIPS 프로그램 등 선정된 정부지원사업을 통해 확정적으로 현금이 유입되는 부분은 반영 가능

투자자로부터 인정받기 어려울 수 있다. 사업의 결과인 손익추정은 스타트업의 활동 중에서도 예상외로 중요한 부분을 차지하는 것이다.

2. Top-Down 방식으로 접근하라

앞서 언급한 바와 같이 스타트업들은 본인들의 시장을 분석하고 그에 따른 사업적 포지셔닝을 통해 앞으로 어떤 차별화로 시장에 접근할지에 대한 계획을 가지고 있다. 다만 아쉽게도 사업계획에 대응되는 재무계획은 부족한 경우가 많다. 재무계획은 돈을 벌고 쓰는 것에 대한 이야기이다. 그런 스토리를 스스로 기획하거나 구체화해본 경험이 없다 보니 어려운 것인데 사실 사업계획만 잘 짜여 있다면 재무계획이 그렇게 어려운 것만은 아니다.

먼저 사업계획서상의 로드맵이 그려져 있고 해당 로드맵 실행을 위한 단계별, 시기별 KPI(Key Performance Index)가 설정되어 있어야 한다. 그러한 KPI 달성을 위한 구체적인 활동과 달성 예상 시기를 예측해야 하며, 해당 활동의 결과로 얻게 되는 시장 내에서의 제품/서비스의 포지셔닝을 추정해야 한다. 그 포지셔닝에 대한 결과로 회사가 제공하는 제품과 서비스의 판매량과 가격을 예측하여 매출을 추정하면 된다. 그리고 추정매출을 일으키기 위해 구체적으로 수행한 활동에 대응되는 비용을 추정하면 영업이익을 구할 수 있다. 이제 항목별로 추정하는 방법에 대해 구체적으로 알아보자.

3. 매출액과 시장추정

매출액은 우리 회사가 향후 벌 돈을 추정하는 것이다. 매출액은 간단하게 이야기하면 '가격×수량'의 결과물이다. 즉, 가격을 추정해야 하고 또한 예상되는 판매수량을 예측하는 것이다. 먼저 가격은 회사의 사업계획에 따른 매출 발생 시점을 추정하고 해당 시점에서의 경쟁사와의 가격을 검토하여 해당 시점의 제품이나 서비스에 대한 가격을 추정하는 것이다. 여기서 중요한 것은 상품 가격을 기존 시장에서 형성된 가격대에 비해 터무니없이 높여 추정하지 않는 것이다. 예를 들어 시장지배력을 가진 경쟁사의 가격보다 높은 가격을 책정한다는 것은 논리적으로 공격받을 여지가 많다. 판매량 역시 현재의 시장규모에 따른 점유율을 근거로 산출해야 한다. 판매량을 너무 공격적으로 추정하는 것은 가정의 합리성 측면에서 설득력이 부족할 것이다.

한편, 기존 시장에 없던 제품을 출시한 일부 스타트업은 시장분석이 불가능하며, 경쟁사도 없어 적정 판매가격이나 판매수량을 예측하는 것이 어렵다고 하소연하는 경우가 종종 있다. 하지만 그 말에는 약간의 불편함이 담겨 있다. 스타트업이 말하는 시장은 본인의 제품이나 서비스를 직접 제공하는 좁은 의미의 시장을 뜻하는 것일 뿐 넓게 보면 시장과 경쟁사 모두 존재한다. 예를 들어 콜라를 판매하는 시장에 코카콜라만 존재한다면, 콜라 시장은 경쟁사가 없는 시장으로 보인다. 하지만 탄산음료로 시장을 확대했을 때는 사이다를 만드는 회사가 경쟁사에 해당한다. 경쟁사는 적정가격으로 물건을 판매하고 있으므로 비교 가능한 가격 역시 조사할 수 있다. 그리고 시장을 음료 시장으로 확대한다면, 콜라, 사이다, 환타, 이온음료, 주스 등 대체재로서의 시장들 모두 경쟁시장에 포함될 수 있다. 또한 눈에 보이는 시장이 없는 상황에서 투자유치를 한다는 것은 투자자들에게 그리 매력적이지 않다. 우리 모두(?)가 아는 바와 같이 벤처캐피탈은 금융업자이다. Venture Capital의 Venture는 Capital을 꾸미는 수식어일 뿐이다. 본질은 돈을 벌어야 하는 캐피탈이다. 즉, 스타트업이 본인들이 플레이하는 시장을 블루오션이라고 말하는 것은 돈을 벌거나 투자받기 어려운 시장이라는 것을 자인하는 꼴이다.

매출액을 추정하기 위해서는 잠재시장을 선정하고 그에 따른 시장규모를 추정해야 하는데, 통계청, 한국은행, 각종 연구기관 등의 자료와 보고서를 통해 시장 추정자료를 구할 수 있다. 또한 구글링 등을 통해 보다 최신의 자료를 조사할 수도 있는데, 국문보다 영문 검색, 무료 검색보다는 유료 보고서나 유료 DB에 접근하는 것이 좋다.

(믿기진 않지만) 정말로 본인들의 시장이 블루오션이라면 그러한 시장을 추정하는 방법이 없는 것은 아니다. 시장추정의 해결책으로 '페르미 추정'이란 방법이 있는데, 페르미 추정이란 어떠한 문제에 대해 기초적인 지식과 논리적 추론만으로 짧은 시간 안에 대략적인 근사치를 추정하는 방법이다. 구체적인 페르미 추정방법에 대해서는 인터넷 검색을 활용하길 바란다. 마지막으로 각종 행사나 세미나를 통해서도 현재 시장에서 살아 움직이는 정보를 즉각적으로 얻을 수 있다.

4. 매출원가

매출원가는 제품매출에 직접 대응되는 비용으로 원가율을 결정하는 요소다. 제조원가 중에 매출창출에 기여하는 원가를 금액으로 표시한 것인데, 크게 원재료비, 인건비, 제조경비를 들 수 있다.

원재료비는 실제 제품을 생산할 때 투입되는 재료원가로서 자재명세서(Bill of Material, 'BOM')상의 부품, 원재료, 소모품, 반제품 등을 포함한다. 원가요소는 매출원가의 주요 비중을 차지한다. 낮은 생산성, 불량 원재료 투입 등으로 원재료 투입이 커지면 원가율이 올라갈 가능성이 있으므로 관리가 중요하다.

인건비는 제품 생산을 위해 생산라인에 투입된 인력의 급여, 상여금, 퇴직금 등을 포함한다. 스타트업이 직접 공장을 건설하고 생산라인에 투자하기에는 자금 여력 없어 불가능하므로 보통 OEM 업체와의 외주가공 계약을 통해 제품을 생산한다. 이 경우 생산인력에 대한 인건비는 발생하지 않으나 대신 제조경비상의 외주가공비 항목 비중이 높게 나타난다.

제조경비는 원재료비와 인건비 이외 제조와 관련하여 발생하는 직간접적인 원가를 모두 포함한다. 앞서 언급한 외주가공비, 생산인력에게 제공하는 복리후생비, 원재료 이동에 따른 운반비, 보험료, 감가상각비 등을 들 수 있다. 만약 수입하는 원재료가 있다면, 수입에 따른 관세, 운송료, 보험료, 포워딩 수수료 및 은행수수료(LC 개설 등) 등도 매입부대비용으로써 제조원가를 구성한다. 직접 생산시설을 보유하지 않는 스타트업이라 할지라도 제품개발과 생산관리에 대한 인력을 보유하고 있다면 이들의 인건비와 해당 팀에서 발생하는 각종 비용이 제품원가를 구성할 수 있다.

매출원가를 추정하기 위해서는 생산인력 등 제품과 관련된 회사의 인력계획을 수립해야 하며 해당 인력에서 발생하는 인건비와 각종 부대비용을 추정하여야 한다. 또한 매출액 추정 시에 검토하였던 제품 판매량에 대응되는 생산계획 역시 수립해야 하므로 해당 생산계획에 따른 원재료 매입과 외주가공비에 대한 예측 역시 필요하다.

제조원가의 3요소인 원재료비, 인건비, 제조경비를 추정하며 매출원가를 산출하면 회사의 원가율을 알 수 있다. 해당 원가율은 수익성을 분석하는데 주요지표로 활용되므로 사업계획에 따른 합리적인 예측으로 원가율을 추정할 수 있어야 한다. 그리고 회사의 경쟁업체 또는 시장지배력을 갖춘 동종업계 회사의 재무정보상의 원가율을 분석하여 스스로 추정한 원가율이 적정한지 검토해보는 습관을 갖는 것도 필요하다.

5. 판매비와 관리비 추정

매출액에서 매출원가를 차감한 매출총이익에서 판매비와 관리비를 추정하여 차감하면 영업이익을 산출할 수 있다. 판매비와 관리비는 매출에 직접 대응되는 제조와 관련된 비용항목은 아니지만, 판매활동과 관리활동 등 다양한 사업활동을 통해 발생한 비용을 성격별로 분류한 것에 해당한다. 판매비와 관리비를 추정할 때는 일반적으로 크게 인건비, 변동비, 고정비, 감가상각비의 4가지 항목으로 구분한다.

먼저 인건비의 경우 대표이사나 경영진 및 기술개발팀이나 판매인력에 대한 인건비 등을 포함한다. 제조와 관련된 인건비는 매출원가를 구성하므로 제외한다. 인건비는 향후 사업계획에 따른 인력계획을 바탕으로 작성되며, 직급상승에 따른 연봉인상과 일반적인 임금상승률을 고려해주는 것이 합리적이다. 또한 인건비 이외에도 인건비에 대응되는 4대 보험 지급비용, 퇴직급여, 복리후생비 등을 함께 추정해야 한다.

변동비는 어떠한 요소가 증가함에 따라 상관관계를 보이며 비례하여 증가하는 비용을 의미한다. 매출액에 비례하여 지출되는 접대비와 운반비, 영업사원에 차량을 제공할 경우 생기는 차량유지비 등이 여기에 포함된다. 또한 인원증가에 따른 책상, 노트북 구입 등의 소모품비 증가, 매출액의 일정 비율만큼 마케팅비용으로 지출하는 회사정책이 있는 경우 광고선전비도 매출액에 비례하는 변동비로 추정이 가능하다.

고정비는 특정한 활동에 비례하여 발생하는 것이 아닌 어느 정도의 수준까지는 고정적으로 발생하는 비용을 의미한다. 예를 들어, 사무실 임차료, 세금과 공과, 교육훈련비(고정예산 책정 시), 차량유지비(대표이사 등 임원 차량 지원의 경우), 통신비 등을 들 수 있다.

변동비와 고정비의 추정은 실제 과거 비용의 발생 행태나 양상을 분석하면 보다 쉽게 추정이 가능하다. 같은 성격의 비용이라고 하더라도 회사의 정책에 따라 변동비와 고정비 여부가 결정될 수 있으므로 주의가 필요하다. 또한 스타트업의 경우 사업 확장에 따른 과거 변동비 및 고정비 추세를 향후에 그대로 적용하는 게 합리적이지 않을 수 있으므로 면밀한 검토와 가정 설정이 필요하다.

한편, 고정비라고 해서 항상 고정적으로 발생하는 비용은 아니다. 예를 들어 임차료의 경우 현재의 사무실 규모는 인원 대비 여유가 있지만 매출증가에 따른 인력계획 상의 인원을 고려했을 때 수용 가능한 규모를 초과할 경우 사무실을 확장하거나 추가로 임차해야 하는 상황이므로 임차료는 증가할 것이다. 즉, 고정비는 수용 가능한 규모를 초과할 경우 계단식으로 비용이 상승하는 경향이 있다. 5개년도 재무계획을 수립할 때 반드시 고려해야 하는 부분이다.

그리고 스타트업의 판매비와 관리비 추정에 있어 중요한 부분이 경상연구개발비 추정이다. 기술기반의 스타트업일 경우 해당 항목을 별도로 식별해 비용을 추정하는 경우가 많다. 경상연구개발비는 말 그대로 연구개발에 소요되는 비용을 의미하는데 대부분의 비중을 차지하는 것이 바로 연구인력개발비이다. 제품이나 서비스 개발에 필요한 연구인력의 인건비를 단순한 급여 항목으로 추정하는 것보다는 경상연구개발비 항목으로 추정함으로써 연구개발에 투자예산을 별도 수치로 보여줄 수 있으며, 다른 조직 구성원들과 비교하여 인건비 예산을 보다 효과적으로 파악할 수 있다.

마지막으로 감가상각비는 현재의 시설과 설비규모를 유지하기 위해 초기 투입된 자금을 기간에 따라 안분한 비용에 해당한다. 여기서 현금흐름과 회계적 비용과의 차이가 발생하는데 이를 발생주의 회계처리라고 부른다. 이러한 감가상각비는 지속적으로 발생한다고 가정하는데 그 이유는 회사의 매출이 성장하기 위해서는 자본적 지출이 필요한 경우가 대부분이기 때문이다. 추가로 매출성장의 측면이 아닌 현재 수준의 사업활동을 유지하기 위해서도 감가상각에 대한 재투자는 이루어져야만 한다.

매출액, 매출원가, 판매비, 관리비를 추정하여 영업이익을 산출하는데, 재무추정은 기업가치평가에 주요지표로 활용되므로 최대한 추정항목에 대하여 구체적이고 합리적인 가정을 적용하여 정교하게 구성해야 한다. 한편, 스타트업의 재무계획 결과를 살펴보면 매출추정은 공격적으로 하는데 비용과 자본적 지출은 보수적으로 추정하는 경우가 종종 있다. 이는 제3자가 보기에 일관성이 없는 추정이며, 재무추정 전체의 신뢰성을 낮출 수 있으므로 주의가 필요하다.

Q09. 무형자산

연구인력에 많은 투자를 하고 있는 스타트업입니다. 기술개발이나, IT서비스 개발에 투입된 인력에 대한 인건비를 개발비라는 무형자산으로 계상할 수 있고 이럴 경우 재무제표가 좋아진다고 하는데, 개발비를 인식할 경우 어떤 장단점이 있을까요?

스타트업의 혁신적인 아이디어와 기술력은 하루아침에 발생하는 것이 아니다. 끊임없는 연구개발을 통해서 기술력을 인정받고 특허권을 확보하며, 상품화하기까지는 오랜 시간이 소요된다. 오랜 시간이 걸릴 수 있겠지만 연구개발 활동은 기업의 핵심가치를 유지, 발전시키는 데 중요한 역할을 차지한다. 이러한 과정에서 발생하는 비용이 바로 연구개발비인데, 기업이 지출한 연구개발비를 자산으로 인정받게 되면 정부과제 활용에도 유용하므로 기술력을 보유하고 있는 많은 스타트업이 개발비의 요건과 내용을 파악할 필요가 있다.

무형자산의 일종인 개발비가 단순 소모성 비용이 아닌 자산으로 인식되기 위해서는 1) 식별 가능하고 2) 기업이 통제하고 있으며 3) 미래 경제적 효익이 있어야 한다. 식별 가능하다는 것은 다른 자산과 분리할 수 있고 개별적으로 처분가능함을 의미한다. 기업의 통제 여부는 제3자의 접근이 제한되고 배타적인 권리를 향유할 수 있다는 것이며 마지막으로 미래 경제적 효익은 쉽게 말하면 돈을 벌 수 있어야 한다는 뜻이다.

무형자산 중에서도 특히 개발비는 인식요건이 까다로운데 단순 연구단계 이후 개발단계의 활동에서 발생한 지출로서 다음의 요건을 충족해야 한다.

- 제품 등이 명확히 정의되고, 개발비용을 개별적으로 식별하며, 측정 가능해야 한다.
- 기술적으로 제품생산이 실현 가능함을 입증해야 한다.
- 제품을 판매할 시장이 존재하고 해당 기업이 제품 생산과 판매에 대한 의지가 있어야 한다.
- 개발을 완료하고 제품 등의 판매를 위한 기술적, 금전적 자원을 입증해야 한다.

상기 요건을 충족시키지 못할 경우, 개발비는 무형자산이 아닌 경상개발비 또는 제조경비로 처리하여 당기비용화 하여야 한다. 이럴 경우 당기순손익을 감소시키는 효과를 가져와 경영성과가 감소하고 재무비율이 악화되어 정부지원사업에 떨어지거나, 금융기관 차입이 어려워질 수 있으며, 기존의 차입금도 일시상환의 압박을 받을 수 있다.

또한, 상기 개발비 요건은 제품 개발단계에서 발생하는 비용의 자산화 요건이며, 이보다 더 초기 단계인 단순 연구단계에서 발생한 지출은 연구비(판매비와 관리비)로 비용 처리한다. 구체적으로 연구단계와 개발단계 예시 활동을 비교하면 다음과 같다.

- 연구단계의 활동 예시
  - 새로운 지식을 얻고자 하는 활동
  - 연구결과 또는 기타 지식의 응용 가능성을 탐구하는 활동
  - 제품 등의 대체안을 탐구하는 활동
  - 신제품 등으로 선택 가능한 안들을 형성, 설계, 평가 및 선정하는 활동
- 개발단계의 활동 예시
  - 생산 또는 사용 전의 원형과 모형을 설계, 제작 및 시험하는 활동
  - 새로운 기술과 관련된 공구, 금형, 주형 등을 설계하는 활동
  - 상업용 생산목적이 아닌 소규모의 시험공장을 설계, 건설 및 가동하는 활동
  - 신제품 등으로 최종 선정된 안을 설계, 제작 및 시험하는 활동

개발단계의 활동으로 지출된 비용을 개발비라는 항목으로 자산화하면 관련 제품이 판매 또는 사용이 가능한 시점부터 2년 이상 20년 내의 기간 내에서 연단위로 선택하여 내용연수를 정하고 해당 기간에 걸쳐 비용으로 인식할 수 있다. 기업은 특정 관련 제품별로 판매 또는 사용이 가능하게 된 날이 속하는 사업연도의 법인세 과세표준의 신고기한까지 감가상각방법을 관할세무서에 신고하면 되고 만약 개발비 내용연수를 신고하지 않은 경우에는 판매 또는 사용이 가능한 시점부터 5년간 균등액으로 상각한다(법인세법 시행령 제26조 1항 6호, 4항 4호). 만약 사업연도 중에 판매 또는 사용이 도래한 경우의 상각범위액은 그 시점부터 해당 사업연도 종료일까지의 월수에 따라 계산한다.

개발비로 자산화하였으나 1) 기술이 낙후되거나 2) 개발의 취소, 3) 경쟁제품의 출현 등 시장환경 변화로 자산성을 상실하였거나 4) 제품개발 이전에 개발사업이 취소된 경우에는 개발이 취소 또는 폐기일이 속하는 사업연도에 전액 비용으로 인식 가능하다(법인 46012-196, 2003.3.21.).

주의할 것은 개발비 상각이 진행되는 도중에 회계상 진부화 등으로 단순 감액처리를 할 경우에는 적용 내용연수로 배분된 상각범위액 내에서 손금(세법상 비용)으로 인정된다는 것이다. 회계상 손실로 인식한 금액이 상각범위액을 초과할 경우에는 그 초과액은 당해 손금으로 인정받지 못하여 세금이 상승할 수 있다.

문제는 많은 스타트업이 회계상 개발비 인식요건을 충족하지 못했는데도 개발비라는 무형자산을 인식하고 있다는 것이다. 스타트업이 연구개발 관련 인건비를 무형자산으로 인식하는 이유는 뭘까? 비용으로 손실이 인식되어야 함에도 개발비를 자산으로 계상함으로써 영업손실을 줄일 수 있고, 이로 인해 부채비율을 개선하여 정부지원사업과 대출신청에 있어 개선된(?) 재무제표를 제출할 수 있기 때문이다.

하지만 이러한 개발비의 무형자산 인식으로 포장된 재무제표는 투자유치 단계에서 맥없이 민낯을 드러낸다. 투자자가 선정한 회계법인으로부터 스타트업에 대한 회계실사가 수행되기 때문이다. 회계실사를 통해 공인회계사는 회계상 요건이 충족되지 않는 개발비를 비용으로 인식하므로 회사가 주장하는 재무제표상의 재무상태가 조정된다. 이로 인해 투자자가 현재의 재무상태를 보다 현실적이고 명확하게 파악할 수 있다.

물론 투자자도 스타트업의 무형자산 인식이 앞서 언급한 정부지원사업이나 대출 등을 위한 것임을 알고 있다. 다만, 투자가 실행된 이후 투자자는 스타트업에 분기결산서 등을 요구한다. 그 시점부터는 스타트업이 연구인력 인건비를 개발비로 인식하기 어려워지므로 무형자산 인식은 투자를 전제로 하는 스타트업에 있어 태생부터 한계가 있다고 볼 수 있다. 그럼에도 불구하고 필자는 투자유치 이전까지는 개발비를 인식하는 것을 권고한다. 매출이 아직 발생하지 않는, 또는 일부 매출이 발생하나 고정비 비중이 높은 스타트업의 경우 정부지원사업 선정은 생존과 직결되는 문제이기 때문이다. 또한 재무제표 작성 및 신고에 대한 투자유치 이전 단계에서의 외부 이해관계자는 국세청으로 제한되는데, 국세청 입장에서 무형자산 인식은 비용이 감소하여 세금을 더 많이 내겠다는 입장으로 해석되므로 회계상 오류를 수정할 요인이 없다. 그리고 비용이 감소하더라도 실제로 누적손실이 많은 스타트업이 세금을 실제로 내는 경우는 많지 않기 때문에 개발비 자산화는 재무제표를 예쁘게(?) 꾸밀 수 있는 나름의 매력적인 카드로 활용될 수 있다.

정리하자면, 투자유치 이전 단계까지는 기업부설 연구소가 설립되어 있거나 실제로 연구개발 부서가 존재하는 스타트업의 경우 연구개발 인력의 인건비를 개발비라는 무형자산으로 인식할 필요가 있다(회계상 자산성 인식 요건 충족과 관계없이). 정부지원사업이나 대출 등에 보다 유리한 재무제표를 활용하고, 투자유치 이후 단계에서는 실질에 맞게 개발비 손상차손을 인식하고, 그 이후 발생한 인건비에 대해서는 경상연구개발비로 계상하는 것이 필요한 것이다.

Q10. 자동차 리스에 관하여

회사 업무용으로 자동차를 마련하고자 합니다. 업무용 자동차는 비용처리에 제한이 있다고 하는데 구체적인 사항에 대해 알고 싶습니다.

몇 년 전에 운동화 브랜드 기업의 젊은 대표가 10대 이상의 고가 외제자동차 등을 회사 차량으로 등록하고 사용해 논란이 된 바 있다. 한 대당 수백만 원의 리스료를 매월 지급하면서 회사 경영에는 신경 쓰지 않고 무분별하게, 사적으로 고가의 외제차량을 사용한 것이다. 추후 언론을 통해 회사 자금을 유용했다는 비판을 피할 수 없었다.

법인사업자이건 개인사업자건 간에 사업운영 시 실제 사업(업무)에 이용하는 차량을 업무용 차량이라고 한다. 세법상 운수업에 사용되는 영업용 차량(택시, 버스 등)과는 구분되는 업무 목적의 차량을 의미한다. 공장에서 생산된 재고를 납품할 때 사용하는 트럭, 원재료나 부자재를 운반하는 차량, 영업용 직원들의 출장용 자동차 등을 예로 들 수 있다. 이렇듯 업무에 필요한 차량은 다양하다. 만약 업무용 차량 관리로 인해 발생한 비용이 있다면 이들이 전액 경비로 인정되는 것은 당연하다. 하지만 사업과 관련된 업무용 차량이 실제로 업무와 관련되어 쓰였는지 확인하는 것은 어려운 문제이며, 실무상으로도 그러한 시도를 할 필요가 없었던 것도 사실이다. 하지만 개별소비세가 과세되는 일반 승용차의 경우 업무용과 임직원의 사적 사용의 구분이 어려웠으며, 이러한 사적 유용을 세법으로 제재하자는 사회적 목소리가 커져 2016년 세법개정을 통해 업무용 차량에 대한 비용인정 규정이 마련되었다.

이러한 세법개정이 실제 세수 확대로 이어지는지에 대해서는 회의적인 의견도 있다. 하지만 운동화 브랜드 대표의 사례에서처럼 업무용이란 명목 하에 다수의 고가 차량을 무분별하게 이용하면서 경비까지 인정받는 것에 대한 과세 형평성 침해를 바로잡기 위한 목적으로 이 규정이 도입된 것이다.

1. 세법적용 대상 차량

트럭, 9인승 이상 승합차 등 외관상으로도 업무와 관련되는 것이라고 판단되는 차량은 제외되며, 경차 역시 승합차와 동일하게 해당 세법 규정에서 제외되는 차량이다. 즉, 개별소비세가 과세되는 승용자동차가 세법적용 대상이다. 참고로 개별소비세 과세 대상 차량이 아닌 경우 부가가치세법상 매입세액 공제가 가능하니, 차량 선택 시 비용절감 측면에서 고려가 필요하다.

2. 업무용 자동차와 관련된 비용항목

업무용 자동차와 관련된 비용항목으로는 감가상각비, 리스임차료, 유류비, 보험료, 통행료, 자동차 수리비, 자동차세 등과 같은 업무용 자동차의 취득 및 유지 관련 비용을 들 수 있다.

3. 업무용 자동차에 대한 비용인정 기준

- 법인은 임직원만이 운전 가능한 임직원 전용 자동차보험에 가입(개인사업자는 제외)해야 하며 만약에 임직원 보험에 가입하지 않으면 법인의 자동차는 전액 비용인정이 되지 않는다.
- 업무용 자동차를 사용함에 있어 운행기록을 작성하지 않은 경우에는 대당 1,500만 원까지 비용으로 인정되며, 운행기록 등을 작성·비치할 경우에는 전체 운행기록 중 업무사용 비율만큼 비용으로 인정된다.
- 고가차량을 제재하기 위한 업무용 자동차 감가상각비 한도를 규정한다.

업무용 차량의 감가상각비(=감가상각비×업무사용비율)는 매년 800만 원까지만 인정되고, 이를 초과하는 금액은 다음연도로 이월하여 비용으로 공제된다. 만약 자동차를 처분하는 경우에는 800만 원을 균등하게 손금산입(비용인정)하되, 이월된 감가상각비 불인정 누적잔액이 800만

원 미만이거나 처분 후 10년이 지난 후에는 그 잔액을 모두 손금산입한다.

또한 2016년 1월 1일 이후부터 취득하는 업무용 자동차에 대하여는 5년 정액법으로 감가상각을 반드시 해야 한다. 예전처럼 고가의 외제차량 등을 구입한 후 정률법으로 초기에 많은 금액을 감가상각비로 비용처리 하는 방법은 사용할 수 없다.

4. 리스나 렌트 차량의 경우

업무용 자동차를 리스하거나 렌트한 경우에도 직접 소유와 마찬가지로 임직원 전용보험에 가입하고 운행일지를 기록하여 업무사용을 입증해야만 비용으로 인정한다. 감가상각비 규정 역시 리스료나 렌트료에 포함된 부분에 대해서는 연간 800만 원 한도가 적용되며, 한도 초과액도 동일한 방법으로 이월하여 비용 공제한다.

5. 처분손실 한도 설정과 처분이익의 과세

업무용 자동차를 처분할 경우에 발생하는 처분손실도 감가상각비와 유사하게 연간 800만 원까지만 인정되고, 초과하는 금액은 다음연도로 이월하여 비용으로 공제한다. 800만 원을 균등하게 손금산입하되, 이월된 감가상각비 누적잔액이 800만 원 미만이거나 처분 후 10년이 지난 후에는 그 잔액을 모두 손금산입한다. 주의할 점은 과거 개인사업자에게 과세되지 않은 자동차 매각에 따른 처분이익도, 업무용 자동차를 매각하는 경우에도 법인사업자와 동일하게 과세된다는 점이다.

6. 업무용 자동차 관련 비용 명세서 제출

마지막으로 업무용 자동차 관련 비용을 경비로 처리하는 경우에는 법에서 규정하는 명세서에 차종, 차량별 연간 총 사용 거리, 업무용 사용 거리, 자동차 관련 비용에 관한 내용을 기재해야 한다. 또한 업무용 자동차 관련 비용 명세서를 기록·보관하고 관할세무서의 요청이 있을 경우 제출해야 한다.

정리하자면 리스, 할부, 렌트 등 차량 구매 형태와 관련 없이 개별소비세가 과세되는 차량은 모두 비용 한도가 적용되며, 운행일지를 작성하고 차량 가액이 4,000만 원 정도일 경우 차량 관련 모든 비용이 인정된다. 절세의 시작은 세법 규정의 이해와 준수에서 출발하므로 상기 내용을 잘 숙지하고 필요 시 전문가의 상담을 통해 불필요한 세금이 부과되지 않도록 주의할 필요가 있다.

Q11. 법인세신고 및 세제 혜택

스타트업이 반드시 알아야 할 법인세신고와 세제 혜택에 대해 알고 싶습니다.

우리나라 스타트업이 돈을 벌어 세금을 낸다는 것은 어쩌면 대단할 일일지도 모른다. 대한민국 국민 누구나 알고 있는 쿠팡도 누적손실이 어마어마해서 법인세를 납부하지 않는다. 일부 이익이 발생한다고 하더라도 인력채용, 시설투자, R&D 등 재투자를 해야 하는 스타트업 입장에서는 법인세를 낸다는 것은 어쩌면 행복할 일일지도 모른다. 우리 모두 그러한 상황이 오길 바라면서, 법인세신고 내역과 적용 가능한 세금 혜택에 대해 알아보자.

1. 회계상의 당기순이익과 세법의 이익(소득금액)은 다르다

먼저 알아야 할 것이 있다. 세금은 과세소득에 세율을 적용해 납부세액을 산출하는데, 그 과세소득이 우리가 알고 있는 손익계산서상의 당기순이익이 아니라는 점이다. 회계정책 변경 등으로 동종업계 간에도 매출과 비용을 인식하는 방법에 차이가 있을 수 있으며, 하나의 회사라도 당해연도의 손익을 인식하는 기준이 과거연도와 다를 수 있다. 또한 회계기준이 개정되거나, 합병 등으로 회계처리 방식이 변경되어 당기순이익이 달라질 수 있는데, 회계변경에 따라 납부할 세금이 달라지면 공평과세와 조세형평 측면에 부합하지 않기 때문에 세무조정을 거쳐 정확한 과세소득을 계산하게 된다.

세무조정이란 기업이 일반적으로 공정·타당하다고 인정되는 기업회계기준에 의하여 작성한 재무제표상의 당기순손익을 기초로 한다. 세법의 규정에 따라 익금과 손금을 조정함으로써 정확한 과세소득을 계산하기 위한 일련의 절차를 뜻하는 것이다. 여기서 말하는 익금과 손금은 세법상 수익과 비용이라고 이해하면 쉽다.

세무조정을 통한 세법상 이익 전환 과정

기업회계	세 무 조 정	세무회계
수 익	(+) 익금산입 (-) 익금불산입	익 금
(-)		(-)
비 용	(+) 손금산입 (-) 손금불산입	손 금
‖		‖
결산상당기 순 손 익		각 사업연도 소 득

회계와 세법의 차이로 인해 단순히 회계상 이익에서 산출한 예상세액과 세무조정에 따른 세법상 납부할 세금이 달라지는데, 스타트업이 알아야 할 주요 차이 내역은 다음과 같다.

회계와 세법의 주요 차이 내역

구분	차이 내역
접대비	거래처와의 관계개선을 위해 지출한 비용으로 회계상으로 한도가 없으나, 세법에서는 과도한 접대문화를 근절하기 위해 한도를 규정하고 있으며, 한도초과 시 비용인정이 안 되어 세금이 증가함
벌금, 과태료 등	법규 준수를 위해 가산세, 과태료 등의 지출을 세법상 비용으로 인정하지 않아 세금이 증가하게 되며, 이중제재의 성격을 띠고 있음
각종 평가금액	회계상 인식한 채권의 회수 가능성을 판단하여 인식한 대손상각비, 재고자산 진부화로 인해 인식한 재고자산평가손실 등은 회계상 평가를 통해 인식한 손실이지만 세법에서는 확정된 손실이 아니므로 비용으로 인정하지 않아 세금이 증가함
결손금 (당기순손실)	세법상 결손금은 15년간 이월되어 이익 발생 시 발생된 이익에서 공제되어 과세대상 소득을 감소시키므로 손실이 발생해도 매년 법인세신고를 하고 이월결손금을 관리해야 함

2. 스타트업이 알아야 할 세제 혜택

손실이 계속 발생하여, 현재 납부할 세금이 없다고 법인세신고에 소홀하면 안 된다. 스타트업은 조만간(?) 이익이 나는, 그것도 엄청나게 큰 이익을 실현해 창업가와 투자자 모두를 만족시키고 충분한 보상을 받을 수 있게 되는 M&A와 IPO에 다가갈 잠재력을 갖추고 있는 우리나라의 미래이기 때문이다. 좋은 사업파트너와 최고의 조직을 갖춘 상태에서 시장 상황이 좋아져 순식간에 기존 누적손실을 회복하고 폭발적으로 성장하여 이익이 발생하는 스타트업도 지켜본 필자로선 외부 회계법인이나 세무사무실에만 의존한 세금신고를 떠나 앞으로 발생할 세금에 대해서도 준비를 해야 하는 게 당연하다고 생각한다.

그래서 이번엔 스타트업이 반드시 알아야 할 세제 혜택에 대해 알아보고자 한다. 한가지 유념해야 할 사항은 하단의 세제 혜택들은 조세특례제한법에 열거된 규정으로 일몰기한을 두고 있고, 적용요건 충족이 선행되어야 하며, 중복이 배제되는 공제감면이 존재하므로 아래 열거된 세제 혜택이 적용 가능한지 여부에 대한 전문가의 조언이 필요하다.

① 창업중소기업 등에 대한 세액감면[1]

수도권 과밀억제권역 외의 지역에서 창업한 중소기업은 최대 5년 동안 사업과 관련해서 발생한 소득에 대한 법인세가 50% 감면된다. 특히 벤처인증을 받은 벤처기업에 대해서는 수도권 과밀억제권역 내라 할지라도 법인세 감면이 적용 가능하며, 청년 창업중소기업의 경우 수도권 과밀억제권역 밖에서 창업할 경우 100%의 법인세가 감면된다. 주의할 것은 업종제한이 있다는 점, 감면되는 세액에 일정 비율의 농어촌특별세가 부과될 수 있다는 점이다. 따라서 실질적인 세금 감소효과는 일부 줄어들게 된다.

② 중소기업 특별세액감면[2]

대기업에 비해 열악한 중소기업의 경영여건을 감안하여 납부할 세액

---

[1] 조세특례제한법 제6조
[2] 조세특례제한법 제7조

에서 5~30%를 감면하는 것으로 창업중소기업에 대한 세액감면 제도와 달리 사업단계의 기간에 상관없이 감면해 주는 제도이다. 중소기업 특별세액감면은 중소기업 관련 세제 혜택 중 가장 일반적이고 넓게 활용되고 있다. 해당 감면을 받기 위해서는 중소기업 요건을 충족해야 하는데 1) 감면대상 업종, 2) 업종별 매출액 기준, 3) 독립성 요건(대기업 관계사 적용 불가능)을 모두 충족해야 적용 가능하다. 이들 요건에 대한 상세 내역은 온라인상에서도 충분히 확인할 수 있다.

③ 연구인력개발비 세액공제[3]

법적 요건을 충족시키는 연구인력개발비에 대해서는 일정 비율만큼 세액공제를 적용받을 수 있는데, 중소기업의 경우 발생액의 25% 세액공제가 가능하다. 만약 당기순손실이어서 당장 낼 세금이 없더라도 10년간 세액공제가 이월 가능하므로 기술기반의 스타트업이라면 반드시 챙겨야 할 세액공제다. 연구인력개발비는 연구부서의 전담연구인력과 재료비를 포함하며, 기업부설 연구소를 설치하는 특정 요건을 갖추어야 한다. 사후관리요건으로 연구노트 작성 등 활동 내역도 입증해야 한다.

④ 기술이전으로부터 발생한 소득 감면[4]

기술거래 활성화를 위하여 중소기업 및 대통령령으로 정하는 중견기업이 특허권, 실용신안권, 대통령령으로 정하는 기술비법 또는 대통령

---

3 조세특례제한법 제10조
4 조세특례제한법 제12조

령으로 정하는 기술을 내국인에게 이전함으로써 발생하는 소득에 대하여는 50%의 법인세를 감면한다.

⑤ 중소기업 창업투자회사 등의 주식양도차익 등에 대한 비과세[5]

벤처기업의 투자 활성화를 위하여 투자자로서 특정 요건을 충족하는 회사의 지분을 취득하고 이를 매도할 경우에는 지분매각으로 인한 양도차익에 대해 비과세를 적용한다. 비과세가 적용되는 중소기업은 각 법률에서 정의하는 중소기업창업투자조합, 한국벤처투자조합, 신기술사업투자조합 등을 들 수 있다.

⑥ 고용증대 세액공제[6]

국내 스타트업(소비성 서비스업 제외)의 해당 과세연도 상시근로자수가 직전 과세연도의 상시근로자수보다 증가한 경우에는 세액공제가 가능하며 구체적인 내역은 다음과 같다.

고용증대 세액공제

구분	중소기업(3년간)		중견기업 (3년간)	대기업 (2년간)
	수도권	지방		
상시근로자	700만 원	770만 원	450만 원	-
청년·장애인	1,100만 원	1,300만 원	800만 원	400만 원
청년친화기업	1,500만 원	1,600만 원	1,200만 원	800만 원

---

[5] 조세특례제한법 제13조
[6] 조세특례제한법 제29조의7

상시근로자수가 증가할 경우 대기업은 2년간, 중소·중견기업은 3년간 세액공제를 적용하므로 세액효과가 큰 항목이다. 만약 세액공제를 받은 과세연도부터 3년 이내 인원이 감소할 경우 공제받은 세액이 추징되므로 주의가 필요하다. 투자를 받으면서 인력이 증가하는 스타트업의 특성상 반드시 적용받아야 하는 세액공제에 해당한다.

⑦ 중소기업 사회보험료 세액공제[7]

중소기업의 고용이 증대할 경우 고용증대 세액공제 이외에도 회사가 부담하는 사회보험료에 대한 세액공제가 가능하다. 특히 청년고용이 증가할 경우 증가된 청년 인원의 사회보험료 부담액의 75%를 세액공제해주며, 단순 상시근로자수가 증가할 경우에는 50% 세액공제가 가능하다.

⑧ 중소기업 취업자에 대한 소득세 감면[8]

중소기업에만 혜택이 주어지는 것이 아니다. 중소기업 취업자 역시 세제 혜택이 가능한데, 만 29세 이하의 청년과 60세 이상인 사람 및 장애인을 고용할 경우에는 해당 기업에 고용된 직원이 납부해야 할 소득세의 90%를(150만 원 한도) 감면받는다. 청년의 경우 군대에서 복무한 기간을 제외한 것으로 나이를 계산하니, 만 29세를 초과하더라도 소득세 감면이 적용된다.

---

7 조세특례제한법 제30조의4
8 조세특례제한법 제30조

⑨ 창업자금에 대한 증여세 과세특례[9]

청년의 열정과 아이디어가 있으면 창업을 도전해볼 만한 가치가 있다. 만 18세 이상 되는 국내 거주자가 60세 이상의 부모로부터 증여받은 재산의 가액 중 대통령령으로 정하는 창업자금(증여세 과세가액 30억 원-창업을 통하여 10명 이상을 신규 고용한 경우에는 50억 원-을 한도로 함)에 대해서는 증여세 과세가액에서 5억 원을 공제하고 세율을 100분의 10으로 하여 증여세를 부과한다. 이는 창업을 장려하는 정부의 정책이 반영된 것으로 창업에 관심 있는 금수저들이 솔깃할 만한 세제 혜택이다.

이제껏 열거한 세액공제 및 감면사항은 앞서 언급한 것처럼 일몰기한이 존재하고 중복공제가 배제될 수 있으며, 최저한세(최소한 납부해야 할 세율 하한에 적용되는 규정)가 적용되기도 하며, 농어촌특별세가 과세되는 항목이 있다는 점에서 주의가 필요하다. 따라서 적용 시점에 공인회계사 등 전문가의 조언이 필요하다.

---

[9] 조세특례제한법 제30조의5

Q12. 정부지원사업 시 회계상 주의점

스타트업은 정부지원사업을 지원하는 경우가 많습니다. 그럴 경우 자부담 비용도 있으면서, 사업비 통장을 별도로 개설하는 등 복잡한 과정을 거치는데 회계적으로 주의해야 할 사항이 있을까요?

창업가의 자본금만으로 버틸 수 있는 스타트업은 없다. 투자유치, 금융권 대출 등 스타트업은 자금을 조달하기 위해 여러 방안을 강구하는데, 그중에서도 가장 선호되는 방법이 바로 정부지원사업이다. 정부지원사업은 별도의 지분희석이 없으면서도 원금을 상환해야 할 의무도 없다. 다만, 전체 사업비 중 일부를 부담해야 하지만 어차피 사업을 위해 지출해야 하는 비용이므로 문제 될 것은 없다. 이러한 정부지원사업은 거래형태별로 회계처리가 일부 상이한데 그때마다 세무사무실의 회계처리 방식이 다양해 혼란을 겪기도 한다. 이제부터 정부지원사업 관련 회사가 주의해야 할 사항에 대해 알아보자.

1. 정부지원 보조금은 매출액이 아니다

스타트업이 정부지원사업으로 회사에 유입된 자금을 매출액으로 계상한다면? 당연히 잘못된 회계처리이다. 매출액은 회사 영업활동의 결과 발생한 자산의 증가분을 기록하는 것이다. 정부지원사업은 정부가 정책적으로 특정 산업을 장려하기 위해 해당 산업발전에 지출되는 비용을 지원하는 성격의 자금일 뿐 스타트업의 매출액에 해당하지 않는다. 그렇지만 일부 스타트업이 정부보조금을 매출액으로 계상한 경우가 있다. 자문회사도 이를 수정하지 않은 채 재무제표를 만들어 국세청에 신고되는 경우가 있으므로 주의가 필요하다.

2. 사업비 통장 명의를 파악해라

정부지원사업에 선정되면 사업비 통장을 개설하게 된다. 주의할 점은 사업비 통장의 명의가 누구인지에 따라 회계처리가 달라질 수 있다는 것이다. 사업비 통장이 정부지원사업 기관 명의가 아닌 스타트업 명의일 경우 회사의 통장에서 회사가 보유하고 있는 또 다른 통장으로 자금이 이체되는 것에 불과하다. 즉, 회계처리에 있어 거래처명(통장 명의)만 바뀔 뿐 계정과목의 변화를 가져오지 않는다. 그렇지만 사업비 통장이 정부지원사업을 주관하는 기관 명의일 경우 자부담 금액을 이체하면 이는 회사 명의의 통장에 아닌 곳에 사업에 필요한 비용을 선지급하는 것에 해당한다. 그러므로 선급금으로 회계처리를 하였다가 실제 사업이 집행되는 비율에 대응하여 선급금을 차감하고 비용 또는 채무의 감소 회계처리를 해야 할 것이다.

대부분의 스타트업이 외부 회계법인이나 세무사무실을 이용하여 회계처리를 하고 있다. 그러나 외부업체에서 정부지원사업의 자부담분을 선급금으로 계상하였으나 사업진행에 따른 비율만큼 선급금에 대한 결산분개를 수행하지 않고 남겨두어 재무제표에 왜곡이 발생하는 사례가 있다. 스타트업이 투자유치 시에 왜곡된 재무제표로 투자자를 맞이하면 회사의 경영관리 역량에 대한 불필요한 오해를 살 수 있으니 회사 차원에서도 체크할 필요가 있다.

3. 거래유형별로 회계처리가 달라진다

정부지원사업은 청년창업사관학교, 창업패키지사업, TIPS(Pre TIPS, Post TIPS 포함), 콘텐츠개발사업, 글로벌 사업화 지원, 사회적기업 지원사업, 유니콘 발굴사업, 각종 바우처 사업 등 셀 수 없이 많다. 사업을 주관하는 부처도 많고, 이를 위탁받아 진행하는 기관들도 많고, 지원사업에서 비용을 정산하는 시스템도 상이하여 스타트업이 혼란스러워하는 것도 사실이다. 그렇지만 정부지원사업을 회계 실질에 맞게 장부에 반영하기 위해서는 몇 가지 거래유형을 구분하여 정리하면 되기 때문에 상대적으로 수월한 처리가 가능하다. 지원사업의 거래유형은 크게 1) 인건비 지출, 2) 세금계산서 등 계약에 의한 지급 3) 회의비 등의 카드사용 내역으로 구분할 수 있다.

① 인건비 지출

SM Tech나 K-스타트업 등의 시스템에서 인건비를 신청하면 사업비 통장에 보조금이 입금된다. 자금이 유입되었을 때 정부보조금 계정 등을 영업외수익으로 계상하고 급여 원천세 신고에 맞게 비용을 계상하면 된다.

② 세금계산서 등 계약에 의한 지급

특허비용, 목업 제작비용, 외주 마케팅 등 계약에 의해 세금계산서를 수취하고 대금을 지급하는 방식의 경우 일반적으로 견적서, 계약서, 세금계산서 등의 자료를 수취한 이후 시스템에 대금지급을 신청한다. 이 경우 부가가치세는 지원대상이 아닌 경우가 많으므로 부가가치세를 제외한 대금이 외부업체에 지급된다. 그럴 경우 회사는 별도로 부가가치세만 외부업체에 지급하고 부가가치세 신고 기간 때에 매입세액 공제를 적용받아 실부담 금액을 없앨 수 있다. 만약 부가가치세를 포함한 총대금을 지원기관에서 대납할 경우에는 부가가치세만 취합하여 지원기관 명시통장에 이체하는 경우도 있으니 회계처리 시 주의하자(부가가치세마저도 지원기관이 부담할 경우에는 별도의 절차 없음).

③ 회의비 등 카드사용 내역

신용카드 사용 시 한 달에 한 번 대금이 이체되는데 신용카드의 특성상 부가가치세도 포함되어 대금이 이체된다. 만약 신용카드 결제금액 모두를 정부보조금으로 지원하면 부가세신고 때 부가세만큼 환급이 가능하므로 부가가치세 매입세액을 추가로 지원하는 효과가 나타난다.

따라서 매입부가세에 해당하는 금액만큼 K-스타트업 계좌에 한 달에 한 번씩 이체하는 절차가 있으며, 이때 지급하는 예금은 정부보조금 수익을 차감하여 회계처리해야 한다.

여기서는 대표적인 거래유형에 대해서만 언급했으므로 정부지원사업의 정산절차가 상이하거나 새로운 유형이 발생하는 경우에는 그에 맞는 장부작성을 하는 것이 중요하다.

4. 결국은 영업외수익으로 처리하는 게 최선

정부보조금은 스타트업 사업 방향과 정부가 육성하고자 하는 산업정책이 일치할 때 지원하는 금액이다. 그러므로 정부보조금을 장부에 반영하려면 비용차감 형태로 기록하는 것이 적절하다. 하지만 필자는 언제나 스타트업을 생각하고 스타트업 재무제표를 문제 되지 않는 수준에서 개선하고 좋게 표현하려고 연구하는 일인으로서, 비용차감보다 영업외수익으로 처리하는 것을 권장한다. 그 이유는 다음과 같다.

① 인건비의 대부분은 연구인력에 해당한다

지원사업에서 큰 비중을 차지하는 것이 인건비 지원인데 인건비는 주로 연구개발 인력과 관련된 것이다. 만약 연구인력에 대한 인건비를 차감하는 방식으로 회계처리를 하면, 경상연구개발비로 인식하는 금액이 감소한다. 많은 정부지원사업에서 경상연구개발비 금액을 가지고 회사가 얼마나 연구개발에 자원을 집중하는지 평가하고 있는데, 경상연구개발비 계상금액이 정부보조금으로 감소하면, 외관상 지원사업에 불리하게 작용될 수 있다. 따라서 경상연구개발비 금액을 충실히 표현하기 위해서 비용차감으로 하지 않는 것을 권고한다.

또한, 개발인력 인건비의 경우 투자유치 이전 단계에서는 개발비 계상검토가 가능하므로 인건비 지원금은 영업외수익으로 계상하고 개발인력에 대한 인건비는 자산화 처리하는 것도 생존(정부지원사업 선정)을 위한 재무제표 작성이 아닐까 싶다.

② 기업가치평가 시 과거 비용을 분석할 때 활용도가 떨어진다

만약 비용차감 방식으로 정부보조금이 장부에 반영되면, 회사의 사업활동으로 인해 발생한 비용에 대해 충분한 정보를 제공하지 못하게 된다. 예를 들어 실제 복리후생비가 100 발생하였는데, 회의비 명목으로 정부보조금이 20 지원되었다면, 비용차감 방식일 경우 복리후생비가 80만큼 인식된다. 그럴 경우 실제로 지출한 금액은 100에 해당하기 때문에 투자유치 등을 위해 회사의 향후 현금흐름을 추정할 때 별도의 조정이 없다면 비용을 과소계상하게 되고, 결과적으로 현금흐름 추정에 왜곡이 발생할 수 있다. 물론 공인회계사 등 외부 전문가를 통해 기업가치평가를 수행할 때에는 과거 장부를 분석한 후 실제 지출된 비용을 구분하여 합리적인 추정을 하기 위한 기초정보를 조정할 수 있다. 그러나 회사 내부적으로 재무계획을 추정할 때에는 관리역량의 부족으로 분석에 오류가 발생할 수 있다.

다만, 해외마케팅 지원사업 등 일상적으로 발생하는 비용 이외에 비경상적으로 지출되는 항목에 대한 정부보조금이 발생한다면, 이는 비용차감 형식으로 회계처리 하는 것이 영업손실도 줄이면서 회계 실질에도 보다 적합한 방식이므로 참고하자.

Q13. 투자유치를 위한 기업가치평가

투자유치를 준비 중에 있습니다. 적정한 기업가치를 투자자에게 인정받고 싶은데 기업가치평가를 함에 있어 스타트업이 준비해야 할 것은 어떠한 것이 있나요?

　스타트업이 투자 없이 자생적인 힘으로만 성장할 수만 있다면 좋겠으나 현실은 녹록지 않다. 회사의 성장 단계에 맞는 적절한 자금이 유입되어야 안정적이고 지속가능한 성장을 이룰 수 있기 때문이다. 회사의 성장단계가 거듭될수록 단순 금융권 대출이나 정부지원사업만으로는 성장을 담보할 만큼의 충분한 자금이 유입되지 못하므로 스타트업들은 투자유치를 생각하게 된다.

　회사 초창기에는 3F(Family, Friend, Fool), 엔젤투자자, 액셀러레이터 등으로부터 투자를 받는다. 그 이후에는 회사성장에 따라 TIPS운용사와 같은 Micro VC나 일반 VC의 투자가 필요하다. 즉 기업가치에 맞는 투자자들이 구분되어 있기에 스타트업은 본인의 사업성장 단계에 적합한 투자자들을 찾아가 IR을 하며 현실적인 투자유치 방안을 모색할 수 있다. 투자자들은 스타트업 투자 시점에서 기업가치평가를 통해 회사가치를 산정하여 유상증자 형태로 회사에 자금을 이체하고 신주를 배정

받는다. 스타트업 입장에서는 이러한 상황에서 투자가가 어떻게 기업가치평가를 하는지 아는 것이 중요하므로 그에 대해서 한번 알아보자.

1. 기업가치평가방법

　기업가치평가는 이론적으로는 크게 자산기준법(Asset-based Approach), 시장기준법(Market Approach), 이익기준법(Income Approach)의 3가지로 구분할 수 있다. 스타트업 기업가치평가 시에는 자산가치가 거의 없는 스타업을 대상으로 자산기준법은 사용되지 않는다. 따라서 시장기준법과 이익기준법이 적절히 사용되고 있다고 이해하면 될 것이다.
　참고로 자산기준법은 회사의 개별 자산 및 부채를 적정한 시장가치를 나타낼 수 있도록 수정한 후에 이를 합산하여 순자산가치를 산출해 기업을 평가하는 방법이다. 건물, 토지 등의 가치가 상승할 수 있는 부동산을 보유하고 있지 않은, 기술이나 인력 중심의 스타트업이라면 재무상태표에 계상된 자산이라고는 현금 및 현금성자산과 매출채권, 재고자산, 차량이나 비품 일부가 대부분을 차지할 것이다. 따라서 현재 보유하고 있는 자산의 가치로는 스타트업의 미래가치가 반영되지 못한다. 게다가 그렇게 낮은 가치로는 창업가의 지분가치가 금세 희석되어 경영권을 방어하지 못하므로 자산기준법은 실무적으로 사용되지 않는다.
　시장기준법은 스타트업과 유사한 사업을 운영하는 스타트업이 최근에 투자를 받았다면, 해당 투자유치 시에 결정된 기업가치평가를 기준으로 한다. PER, EV/EBITDA 등 유사한 사업의 상장사의 재무지표(Multiple)를 기준 삼아 스타트업에 대응해 기업가치를 산정하기도 한다. 이는 상대적으로 업력이 어느 정도 쌓인 스타트업에 많이 적용되며, 일반적으로 회사가 추정한 재무계획의 2년 또는 3년 차 시점의 재무지표(세후 현금흐름 등)를 조정하여 산출된 결과에 PER, EV/ EBITDA multiple을 사용하여 회사가치를 추정하는 방법이다.

이익기준법은 기업의 본질가치를 평가하는 방법이기도 하다. 회사가 존재하는 것은 이익을 내기 위한 것이고 이윤이라 함은 잉여현금흐름의 창출을 의미한다. 계속기업(Ongoing Concern)을 가정할 경우, 이익기준법은 회사의 영구적인 현금흐름을 추정한 후 이를 현재 시점으로 가치를 할인하여 평가한다. 할인율은 자기자본과 타인자본의 자본비용을 가중평균하여 산출한다.

이익기준법은 가스업, 석유화학업 등 안정적인 매출이 발생하는 전통적인 산업 등에서 많이 사용되는 방법이며, 매출추정에 불확실성이 높은 사업에는 적용이 어려운 편이다. 기업가치평가의 이론과 실무적인 적용방법에 대해서는 시중에 실무 서적이 많이 나와 있으니 참고하도록 하자.

자산기준법 vs 시장기준법 vs 이익기준법 비교

구분	장점	단점	비고
자산기준법 (Asset-based Approach)	· 신뢰성 높음(공시 재무제표 활용 시 효과)	· 미래수익가치 반영 못 함	· 보수적 평가방법 · 순자산가치/청산가치 계산에 적합
시장기준법 (Market Approach)	· 평가방법의 단순성 (시간 소요 적음) · 시장 상황 변동을 평가에 반영 가능	· 동종업계 상장회사가 적거나 없는 경우 평가가 어려움	· M&A를 위한 가치평가 및 상장종목 주가 분석 등에 자주 사용
이익기준법 (Income Approach)	· 미래수익가치 반영 · 이론적으로 우수	· 미래추정의 불확실 · 추정의 신뢰성 문제 (많은 가정 적용)	· 안정적 성장기업 평가에 적용 용이

2. 답은 투자자에게 있다

스타트업 입장에서 위와 같은 기업가치평가방법을 실무적인 부분까지 면밀하게 파악하기에는 쉽지 않다. 기업가치평가는 투자자가 전문적으로 수행하는 영역이기도 하지만, '갑'과 '을'로 구분된 투자시장의 상황에서 '을'인 스타트업이 아무리 정교하게 스스로의 회사가치를 평가하여 제시한다고 하더라도 해당 가치가 그대로 용인될 가능성이 없기 때문이다.

보통의 기업가치는 투자자가 마음속으로 가지고 있는 정답(?)을 바탕으로 약간의 조정을 거쳐 확정되기 때문에 초기 스타트업은 기업가치 평가를 하는 게 무슨 의미가 있을지 회의감에 빠져들 수도 있다. 물론 야놀자, 마켓컬리와 같이 회사가 어느 정도 성장하였고 시리즈 단계가 B 이상을 넘어간 경우에는 기업가치를 평가할만한 충분한 과거 재무 및 사업활동 정보가 축적되어 있으므로 스타트업이 자체적으로 평가한 기업가치를 가지고 투자자와 논의를 할 수도 있다.

하지만 대부분의 스타트업은 그 이전 단계에서 고민하는 상황이므로 투자자 마음속에 있는 포스트 머니(Post Money)를 기존의 기업가치로 정해진 지분율 기준으로 투자를 유치하는 실정이다. 참고로 포스트 머니라는 것은 현재의 기업가치(투자자의 돈이 들어오긴 전 단계의 기업가치는 프리 머니-Pre Money-라고 한다)에 투자자의 자금을 더한 이후의 기업가치를 의미한다. 프리 머니 80억에 20억 투자유치에 성공했다면 회사가 투자자에게 제공하는 지분의 비율은 20%(20억÷100억)가 될 것이다.

투자자는 다양한 평가방법을 통해 기업가치를 산정한다. 하지만 예측조차 하기 어려운 초기 스타트업의 경우 단순하게 IT서비스 기업 10억, 바이오 기업은 30억 등 해당 스타트업이 속한 산업과 기업의 단계에 따른 실무사례를 통해 기업가치를 정해두고 평가하는 경우도 있다. 개발자가 주요 인적자원으로 활용되는 IT 기업에서는 핵심개발자 한 명당 10억으로 책정하고 투자하는 등 실무적으로 재무수치 이외의 방법을 동원하여 평가하기도 한다.

3. 그럼에도 불구하고 준비해야 한다

'갑'인 투자자가 재무적인 추정치 이외 다양한 방법을 사용하여 임의대로 기업의 가치를 평가한다고 해서 '을'인 스타트업이 굳이 힘들게 자체적인 기업가치평가를 할 필요가 있을까? 결론부터 이야기하자면 그렇다. 회사는 정교한 재무추정을 주기적으로 수행해야 한다. 그 이유는 명확하다. 이익기준법의 기초가 되는 현금흐름 추정(세후 영업이익까지 추정하는 통상의 스타트업 재무계획)은 투자자가 투자 시에 참고목적으로 항상 제출을 요구하는 항목이며, 재무계획이 합리적인 가정으로 정교하게 짜인 경우 실제 투자자의 기업가치평가에 상당 부분 반영이 되기 때문이다.

무엇보다 회사가 지속 성장하기 위해서는 회사의 자금흐름에 대한 분석과 준비가 필요하다. 과거의 자금집행을 바탕으로 수익과 비용을 추정하여 미래 현금흐름을 추정한다면, 이를 회사 생존전략에서도 중요한 관리자료로 활용할 수 있다. 투자유치를 포함하여 스타트업의 실패확률을 줄이기 위해서라도 재무계획을 반드시 작성되는 것이 맞는 것이다. 최근에는 다양한 정부지원사업에서 재무관리에 대한 교육이 이뤄지고 있으니 교육과 멘토링 등을 통해 재무계획 작성방법에 도움을 받기 바란다.

Q14.
회계실사에 대한 대비

투자자로부터 투자유치에 긍정적인 답변을 받았습니다. 그런데 곧 회계법인으로부터 회계실사가 온다고 하는데 무엇을 어떻게 준비해야 할까요?

 투자자와 스타트업이 서로 합의한 기업가치를 바탕으로 일련의 절차가 진행되고 나면, 그다음은 무엇을 하게 될까? 투자자는 회계법인을 선임하여 스타트업의 현재 재무상황과 과거의 경영성과에 대해서 스타트업이 주장하는 바가 맞는지 확인작업을 거친다. 이를 회계실사라고 한다. 실무적으로는 회사의 수준에 따라 회계실사 시에 세무실사 활동까지 포함하기도 한다. 물론 실사(Due Diligence)를 수행할 정도의 규모가 되지 않는 초기 스타트업의 경우 단순 재무자료의 제출로 실사를 갈음하기도 한다. 그렇지만 작은 스타트업이라고 할지라도 투자와 직결되는 기존 투자자들 간의 계약서, 영업현황, 기술평가, 개발의 진행 정도 등의 사업 및 지분변동과 관련된 사항은 주요 실사대상에 해당된다. 이는 통상적으로 투자자들이 심사역을 파견하여 수행하고 있다.

1. 실사를 준비하자

실사는 회사의 주장이 맞는지를 검증하는 활동이다. 회사는 투자를 받기 위해 기존까지 쌓은 사업적 레퍼런스(Reference), 과거의 매출액과 영업이익, 현재 보유 중인 자산 및 부채 상황, 주요 영업 관련 계약사항, 주주명부와 잠재적 지분희석을 확인할 수 있는 기존 투자자와의 계약서, 스톡옵션계약서 등의 내용으로 회사의 가치와 주주의 권리를 주장한다. 투자자는 회사가 제시한 자료의 확인을 통해 회사의 주장이 맞는지를 확인하는 실사의 과정을 거친다. 실사 보고서상의 이슈가 부각되어 투자집행이 취소되거나 텀시트(Term Sheet) 상에 합의된 기업가치가 감소되는 상황이 종종 발생하기도 한다. 따라서 스타트업은 기업가치를 방어하기 위해서라도 실사준비를 성심껏 해야 하며, 혹시 모를 상황에 대비해야 할 필요가 있다.

실사의 필요성 및 사후절차

회사의 주장	검증 과정(실사)	최종 투자 집행
◆ 사업상 달성한 성과들	◆ 부실자산은 없는지?	◆ 회사의 최종 가치산정 (Valuation)
◆ 주요 영업·사업 계약 사항	◆ 우발부채는 없는지?	◆ 투자할 지분율 산정
◆ 과거 매출액 및 순이익	◆ 비경상적인 손익은 없는지?	◆ 투자계약서 날인
◆ 회사의 자산부채 현황	◆ 장부가액으로 평가된 자산·부채는 없는지?	◆ 투자금 납입
◆ 잠재적 의결권	◆ 잠재적인 세무·법률 위험은?	◆ 사후 관리 (분기별 보고·임의감사)
◆ 기존 투자자와의 계약	◆ 의결권에 영향을 미치는 항목은?	
◆ 잠재적인 세무·법률 위험	◆ 경영관리 역량은 어떠한지?	

2. 실사는 회사에도 좋은 기회가 된다

대부분의 스타트업이 실사란 어렵고 부담되고 번거로운 일이라고 생각하는데 사실 그렇지 않다. 실사는 스타트업이 모르는 회계, 세무, 법률 등 여러 가지 이슈를 점검받을 수 있고 이를 대비할 수 있게 한다.

일례로 필자가 방문했던 회사 중에는 동일 성격의 거래임에도 거래처별로 세금계산서를 총액기준(전체 금액에 대해서 세금계산서 발행)과 순액기준(수수료 수익만 세금계산서 발행)으로 구분하여 발행하는 케이스가 있었다. 이는 부가가치세 과소납부 이슈로 이어질 수 있는 사안이었다. 거래구조를 설계할 당시에 스타트업이 이러한 구분된 거래구조가 세무이슈를 유발하는지 알기 어렵다 보니 생긴 이슈였다. 이렇듯 실사를 통해 회사의 문제점을 식별하고 개선할 수 있는 기회를 가질 수 있게 된다.

일반적으로 회계실사에서 투자자 또는 공인회계사가 요청하는 주요 자료 및 확인 내역은 다음과 같다.

재무/회계 및 세무실사 요청자료 예시

구분	요청자료
재무/ 회계실사	· 최근 3년간의 재무제표, 감사보고서, 감사조서, 결산서 등 · 주요 매출/매입 계약서 · 과거 3년간의 비용, 수익의 분기별 또는 월별 금액의 변동내역 · 정부지원사업 현황 및 정부보조금 회계처리 정책 · 개발비 계상 내역과 개발비 회계처리 정책 · 비경상적인 비용의 유무 및 재발 가능성 · 운영자금의 내역과 예상 운영자금, 자본적 지출의 내역과 소요예상액 · 매출채권, 매입채무, 재고자산 등의 회전율 및 영업이익률 분석 등 · 세무신고자료, 미납부세금, 세무당국과의 분쟁내역, 합병 관련 회계처리 · 제조원가명세서, 변동원가계산서, CVP 분석자료 등의 관리회계 자료

세무실사	· M&A 등 투자에 따른 세무비용 추정(증자, 분할, 주식매매 등) · 투자(피인수)회사의 잠재적 세무위험 → 세무위험이 있는 거래 또는 재산 · 특수관계인과의 거래에 따른 세무위험(가지급금, 차명주식 등) · 세무신고자료, 미납부세금, 세무당국과의 분쟁내역, 합병 관련 회계처리 · 국세, 지방세 및 4대 보험 미납 여부 등 부외부채 확인 · 세무조정사항 검토를 통한 잠재적 세무위험 식별 · M&A에 따른 세무조정(이월결손금의 인정 여부 등) · 잠재적 세무위험의 분담에 대한 SPA에서의 반영(투자자가 회사 인수 시)

이외에도 회사의 업종과 현황에 따라 추가로 자료를 요청할 수 있으므로 스타트업은 세무대리인 등 외부자문사와 협의하여 자료를 준비하고 실사에 면밀히 대응해야 한다.

3. 실사 지적사항 사례

회계실사와 관련하여 나오는 대표적인 이슈가 있는데, 바로 단기대여금, 가수금, 개발비 이슈이다.

먼저 단기대여금은 사업과 무관한 자금을 타인에게 빌려준 내역을 기록한 항목인데, 금액의 많고 적음을 떠나 투자자 입장에서 네거티브(negative) 한 계정에 해당한다. 회사의 자본을 원칙 없이 사적으로 사용한다는 인상을 주며, 납입되는 자본금을 어떻게 운용할지에 대한 신뢰감이 감소되기 때문이다. 스타트업 입장에서는 단기대여금 계정을 정리하거나 정확한 증빙(계약서 및 사유)을 보관하는 것이 필요하다.

두 번째, 가수금은 회사 경영진이 사업을 위해 회사에 긴급히 투입한 자금이다. 예를 들어 회사에 자금이 부족하여 직원들에게 지급할 급여가 부족하다면, 대표이사 개인 자금을 회사에 입금하여 지급하게 되는데 이렇게 회사에 유입된 자금은 차입금의 성격으로 가수금으로 기록된다. 가수금이 주주·임원·종업원 차입금과 다른 것은 정식으로 계약서를 작성하고 빌린 형태가 아니라는 점이다. 다만 투자자금이 회사에 유입되면 회사성장을 위해 투자금을 사용하는 것이 아닌 가수금을 상환하는 데 돈을 사용할 수 있으므로, 투자자 입장에서는 투자를 전제로 해당 가수금을 출자전환 할 것을 요청하기도 한다. 가수금이 출자전환이 되면, 해당 자금을 당장 회수할 수는 없겠지만 출자전환 시 지분율을 방어할 수 있다는 점에서 경영자에 유리한 측면도 있다. 다만, 출자전환 시 유상증자 발행가액의 경우 투자자의 지분희석과 관련이 있으므로 투자자들과의 협의 하에 결정하는 것이 바람직하다.

개발비는 기술·제품·서비스 개발을 위해 투입되는 자금으로 R&D 인력비용 등이 개발비라는 무형자산으로 계상될 수 있다. 이미 회사 밖으로 지출된 비용(인건비 등)을 회계상 손실처리하지 않고 자산으로 인식하는 방법은 일부 스타트업이 손실규모를 줄이거나 이익규모를 늘리고 자본잠식을 피하고 부채비율을 낮추기 위해 사용하는 방법이다. 하지만 회계상 개발비 자산인식 요건을 충족하지 못하는 상황이 대부분이고, 실사를 통해 개발비가 자산성이 없다는 것이 확인되면 일시에 무형자산손상차손을 인식하여 회사의 수정재무상태표상 자본잠식 상태로 전환되기도 한다. 이럴 경우 투자자는 경영자에게 출자를 요청하기도 한다. 개발비에 대해서는 'Q9. 무형자산' 관련 내용을 참고하자.

그 외 부외부채로서 국세와 지방세 및 4대 보험 체납금액이 있는데 재무제표에 부채로 계상되어 있지 않은 경우가 있다. 근로자퇴직급여 보장법상 1년 이상 장기 근속자에게 지급해야 할 퇴직급여충당부채가 미계상되어 실사 지적사항으로 노출되는 경우도 많다.

4. 실사 이후 단계

실사 결과 특이사항이 없거나 수용 가능한 지적사항인 경우 투자심의절차가 마무리되고 투자계약서 날인 이후 투자금이 집행된다. 투자금이 들어왔다고 해서 끝난 게 아니다. 오히려 시작이라고 볼 수 있다. 투자계약서에는 사후관리를 위한 내용이 담겨 있다. 자금사용용도 제한, 분기별 가결산 재무제표 제출 및 집행내역 보고가 대표적이다. 연 단위로는 외부 회계감사인으로부터 회계감사를 받도록 투자계약서에 규정하기도 한다.

따라서 회계관리 측면에서 많은 변화가 일어난다. 투자 이전에는 회계관리가 단순신고, 기한 준수로 인한 가산세 미발생, 절세 목적에 국한된 재무제표 작성이었다면, 투자 이후에는 성장중심의 재무제표 작성, 손익관리, 주기적으로 수행되는 결산활동 등 목적과 업무 범위에 있어 큰 변화가 수반된다. 투자 이후 통상 스타트업들은 이러한 관리업무를 대응하기 위해 회계 전담직원을 채용한다거나, 외부에 의존했던 장부작성 및 신고업무를 내재화하는 변화를 꾀하기도 한다. 그래야 회사의 손익을 적시에 정리하고 투자자와의 IR활동도 원활하게 이뤄질 수 있으며, 과거를 분석하여 미래를 잘 대비할 수 있기 때문이다.

  재무제표는 회사의 성적표이다. 그 성적표를 확인하고 문제점이 무엇인지 파악하여 개선방안을 도출해 실행하고 그 결과를 다시 확인하는 일련의 과정은 반드시 필요한 활동이다. 투자 이전 단계에서의 관리활동이 상대적으로 우선순위가 밀렸었다면 투자 이후 단계에서는 상당히 중요한 활동으로 인지되어야 할 것이다. 그래야 회사 내부적으로 성장을 위한 점검을 할 수 있고 투자자와의 원활한 관계를 바탕으로 후속 투자에 대해서도 기대감을 높일 수 있기 때문이다.

Q15. 크리에이터의 세금 관련 주의점

콘텐츠 기반의 스타트업은 동영상 콘텐츠 개발에 관심이 많습니다. 또한 최근에는 콘텐츠 제작을 사업으로 하는 1인 기업 형태의 크리에이터가 많은데, 콘텐츠를 제작하는 크리에이터나 스타트업이 세금과 관련하여 주의해야 할 사항은 무엇이 있을까요?

1. 크리에이터도 세금을 신고해야 한다

크리에이터나 콘텐츠 제작 스타트업(이하 '크리에이터'로 통칭)은 다양한 SNS 채널을 통해 자신들이 만든 콘텐츠를 제공하고 있다. 이때, SNS 채널을 통한 광고수입이나 시청자가 제공하는 포인트 등이 크리에이터의 주된 수입원이 되는데, 여기서 발생한 소득은 과세대상에 해당함으로 크리에이터는 해당 소득을 국세청에 신고해야 한다.

최근 국세청에서 유튜버 등 고소득 크리에이터들에 대한 세금 추징을 준비한다는 언론보도가 있었다. 광고수익을 지급하는 SNS 채널이 국내회사인지 외국회사인지에 따라 세금납부 절차가 달라지기 때문에 크리에이터의 주의가 필요하다.

국내회사의 경우 크리에이터에게 수익을 지급할 때 원천세 명목으로 세금의 일부를 차감하고 지급하는 반면, 외국회사는 그렇지 않다. 즉,

국내 SNS 회사는 크리에이터의 소득을 국세청에 신고하고 있지만 외국 회사는 신고하지 않고 소득을 지급하고 있다는 의미이다. 때문에 유튜버 등 외국 SNS 채널에서 활동하는 크리에이터는 개별적으로 국세청에 직접 세금을 신고해야 한다.

국내외 SNS 회사별 수익 지급방식 비교

구분	국내 SNS 회사	외국 SNS 회사
채널명	아프리카TV, 카카오TV 등	유튜브, 트위치 등
지급방식	3.3% 사업소득 원천세 차감 후 소득지급	국세청 신고 없이 인출 시의 환율로 환전하여 소득지급

하지만 국내회사로부터 광고수익을 받는다고 해서 크리에이터가 세금신고를 하지 않아도 된다는 의미는 아니다. 크리에이터는 SNS 채널을 통한 광고수익 이외에도 행사수익이나 제품홍보 수익 등 다양한 방법으로 수입이 생기는데, 우리나라의 누진세율 구조상 크리에이터는 이를 모두 합산해 국세청에 신고해야 한다. 이때, 중요한 것은 회계장부를 작성해서 비용을 인정받는 것이다. 그래야 과세소득을 낮춰 세금을 줄일 수 있기 때문이다. 한편 크리에이터의 경우 복잡한 세금 문제, 광고계약 등의 활동 필요성 때문에 매니지먼트회사와 계약해 관리를 받기도 한다.

만약, 장부를 작성하지 않는다면, 세금 차이가 발생할 수 있다. 구체적인 세금효과에 대해서는 아래의 사례를 참고해보자.

장부작성 여부에 따른 크리에이터 세금 비교

구분	장부작성 O	장부작성 X	세금차액
종합소득세	642만 원	1,026만 원	-384만 원
지방세	64만 원	102만 원	-38만 원
무신고 가산세 등	-	349만 원	-349만 원
합계	706만 원	1,477만 원	-771만 원

*수익금액 1억, 콘텐츠 제작비용 5천만 원
*신고기한으로부터 1년 내 납부 가정

표에서 확인한 바와 같이 장부작성 여부에 따라 약 770만 원의 차이가 발생한다. 이렇게 세금 차이가 큰 이유는 장부작성을 하지 않으면 비용인정이 어렵고 무신고로 인해 가산세 항목이 추가되기 때문이다.

2. 콘텐츠 제작 관련 비용을 파악하고 증빙을 잘 챙겨두자

한편, 크리에이터들이 세금신고 때 비용으로 인정받을 만한 항목을 이해하고 관리하는 것이 중요한데, 기본적으로 콘텐츠 제작과 직접 관련된 비용은 세법상 비용으로 인정받을 수 있다. 예를 들어, 뷰티 크리에이터의 경우 방송을 위해 구매한 화장품 구입비용과 방송용 촬영장비, 콘텐츠 편집비용 등을 세법상 비용으로 인정받을 수 있다. 중요한 것은 세법상 인정받을 수 있는 적격증빙을 보관해야만 가산세를 내지 않고 세금을 줄일 수 있다는 것이다.

콘텐츠 종류별 제작 관련 비용인정항목 예시

콘텐츠 종류	비용인정 가능한 항목
뷰티, 패션	(콘텐츠 제작용) 화장품, 의류, 액세서리 구입비용 등
먹방, 요리	(콘텐츠 제작용) 식재료, 조리도구, 스튜디오 대관료 등
키즈, 유아	(콘텐츠 제작용) 장난감 구입비용, 테마파크 입장료 등
공통사항	촬영장비, 조명장비, 콘텐츠 편집비용, 작업PC 구입, 게스트 출연료 등

3. 부가적인 수입 발생에 대한 누락분에 주의하자

크리에이터는 SNS 채널을 통한 광고수익 이외에도 제품판매, 광고촬영, 행사참석, 후원 등 부가적인 수입이 발생할 수 있는데 이들 수입이 누락되면 세무조사 시에 세금폭탄을 맞을 수도 있다. 사업적인 활동으로 판단될 경우 형태와 관계없이 사업소득을 과세될 수 있으므로 반드시 회계장부를 작성하여야 한다. 그러므로 적격증빙과 수입의 구분 등 전반적인 관리방안에 대하여 전문가의 자문이 필요할 수도 있다.

4. 직원을 고용할 경우 세무서에 사업자등록을 하자

1인 크리에이터들도 있겠지만 최근에는 이사배나 대도서관 등 스타 크리에이터들이 많이 생겨나고 있다. 이들은 거의 기업이라고 볼 수 있을 정도의 규모를 자랑한다. 매니저, 콘텐츠편집 직원, 관리직원 등 다수의 직원을 고용하는 경우 스타 크리에이터는 사업자등록을 하고, 등록된 사업장 명의로 직원을 고용하는 것이 중요하다. 창업에 대한 소득세 감면 혜택이나 고용창출에 따른 세액공제 등 사업장을 통해 세금신고를 함으로써 절세가 가능하기 때문이다. 크리에이터는 본인의 수입에 대하여 사업장 명의로 세금계산서를 발급하고 부가가치세를 신고납부해야 한다.

사업자등록 여부에 따른 세금 비교

구분	사업자등록 O	사업자등록 X
직원고용 가능 여부	직원고용 가능	직원고용 불가
부가가치세	부가가치세 과세	부가가치세 면세
세금감면혜택	적용 가능	적용 어려움

필자의 고객 중에 구독자 수가 100만이 넘는 크리에이터가 있는데, 본인을 브랜딩하여 뷰티제품을 제조하는 회사를 설립하는 등 다양한 영역으로 사업을 확장하고 있다.

자연스레 크리에이터가 설립한 회사와 크리에이터 간에 브랜딩을 활용하는 계약을 체결하고 광고활동이 이뤄지는 경우가 있는데, 이는 특수관계인 간의 거래이므로 세무이슈를 방어하기 위해서는 거래의 실질과 가격의 적정성 측면에서 문서화가 수반되어야 한다. 유명 크리에이터의 경우 걸어 다니는 중소기업이라는 말이 허황된 이야기가 아니며, 높은 수익을 자랑하는 만큼 세무서의 관심이 집중되는 경향이 있기 때문이다.

마지막으로 MCN 업체와 계약이 되어 있는 크리에이터는 동영상 편집, 광고 계약 에이전시 등과 같은 서비스를 제공받고 약정된 비율에 따라 수익을 배분받는다. MCN 업체는 계약에 따라 세금 정산절차를 달리하고 있으므로 크리에이터 입장에서는 장부를 잘 작성하여 매년 5월 말까지 종합소득세를 신고해야 세금도 줄일 수 있고 가산세도 방지할 수 있을 것이다.

Q16. 세무신고 일정에 대해 알아보자

사업을 시작하는 입장에서 알아야 할 최소한의 세무신고 일정이 궁금합니다.

창업가를 만나서 세금과 관련된 이야기를 나누다 보면 '스타트업 초기에는 사업에 집중해야지. 세금 문제는 복잡하니 세무회계사무소에 맡기면 되지'라는 생각을 갖고 있는 창업가들이 의외로 많다는 것을 알 수 있다. 하지만 만약, 여러분들이 열심히 사업해서 번 돈을 세무불이행에 따른 가산세와 지연이자, 증빙불비로 지출해야 한다면? 줄여야 할 세금을 못 줄이고 소위 '세금폭탄'을 맞게 된다면?

세금은 남의 일이 아니다. 창업가와 회사에 직접 관계되는 중요한 문제이다. 경영관리 항목의 다른 영역과 달리 세무처리는 실수나 오류가 발생하게 되면 바로 세금 증가로 직결되므로 이에 대한 창업가의 이해는 필수적이라고 할 수 있다. 물론 전문적인 분야는 공인회계사나 세무사에 위탁하는 것이 규모가 크지 않은 회사들에게는 선택과 집중을 할 수 있는 방법일 것이다. 하지만 서두에 언급하였듯이 세금폭탄을 피하고 절세를 하기 위해서는 세무에 대한 창업가의 전반적인 이해가 필수불가결하다고 할 수 있다.

연간 세무일정을 확인하는 것만으로도 신고불이행에 따른 가산세를 피할 수 있으므로 이번에는 연간 세무일정에 대해 살펴보도록 하자(법인사업자는 사업연도 종료일을 12월 31일로 가정).

매달 10일은 원천징수분 신고납부기한

스타트업이 직원이나 아르바이트를 고용하고 이들에게 급여를 지급할 경우 급여를 이체함으로써 사업주의 의무가 모두 끝나는 것일까? 그렇게 생각한다면 세무상 가산세 등의 불이익이 사업주를 기다리고 있을 것이다. 인건비 성격이나 인적용역을 제공하는 거래상대방에게 사업소득 또는 기타소득을 지급하는 경우 지급일로부터 다음 달 10일까지 소득의 일부를 원천징수하고 이를 관할세무서에 신고납부하여야 한다. 소득종류별로 원천세 원천징수 기준과 비율이 다르므로 신고 전 이에 대한 확인이 필요하다.

1월: 부가가치세 신고 및 근로소득간이지급명세서 제출

1월은 부가가치세 신고의 달이다. 부가가치세는 과세사업자에게 부과되는 세목으로 개인사업자는 전년도 7월부터 12월까지에 대해 매월 1월 25일까지 확정신고납부를 이행해야 한다. 법인사업자 역시 동일하게 1월 25일까지 신고납부하여야 한다.

또한, 근로소득(일용근로소득 제외)과 사업소득을 지급하는 스타트업(원천징수의무자)은 1월 31일까지 전년도 하반기 지급분에 대하여 간이지급명세서의 제출의무가 있으며 이를 불이행할 경우 0.25%의 가산세가 있으니 주의해야 한다.

2월: 면세사업자 사업장현황신고 및 일용근로자(년 4회) 지급명세서 제출

부가가치세 면세사업자는 1년에 한 번 2월까지 사업장현황신고를 하여야 하고 일용근로자를 고용했던 회사는 년 4회(2월 말, 4월 말, 7월 말, 10월 말) 지급명세서를 제출하여야 한다.

한편, 원천징수의무자가 이자소득, 배당소득, 연금소득을 지급할 경우 수령자 기준으로 전년도 소득별 지급내역인 지급명세서를 2월 말까지 관할세무서에 제출하도록 규정하고 있다. 불필요한 가산세(1%)를 납부하지 않으려면 꼭 챙겨야 할 사항이다.

3월: 법인세신고 및 사업, 근로, 퇴직소득 지급명세서 제출

사업연도 종료일이 12월인 법인사업자는 전년도 결산에 대해 다음해 3월까지 법인세를 신고납부하여야 한다. 그리고 사업소득, 근로소득, 퇴직소득을 지급한 사업자(법인, 개인 모두 적용)는 지급명세서를 제출하여야 한다.

4월: 부가가치세 예정신고 및 지방소득세 신고납부

법인사업자의 경우 1월부터 3월까지의 부가가치세 적용 거래에 대해 4월 25일까지 예정신고납부를 하여야 한다. 또한 3월까지 신고납부한 법인세 이외 지방소득세를 4월까지 신고납부하여야 한다. 2014년 사업연도부터 지방소득세가 독립세로 분리되어 별도의 신고납부가 필요하다.

5월: 종합소득세-일반 개인사업자

개인사업자는 전년도 사업소득 등에 대해 다음 해 5월까지 신고납부를 하여야 한다.

6월: 종합소득세-성실사업자

개인사업자 중 업종별 전년도 매출액이 아래의 규모를 초과할 경우 해당 개인사업자는 성실사업자에 해당하여 그해 6월까지 종합소득세 신고납부를 하여야 한다.

업종별 성실사업자 신고대상

업종구분	수입금액
농업, 임업, 어업, 광업, 도매 및 소매업, 부동산매매업, 부동산개발 및 공급업 등	15억
제조업, 숙박 및 음식점업, 전기/가스/증기/공기 조절 공급업, 수도/하수/폐기물처리/원료재생 및 환경복원업, 건설업, 운수업, 창고업, 출판, 영상, 방송통신 및 정보서비스업, 금융 및 보험업, 상품중개업, 욕탕업 등	7.5억
부동산 임대업, 부동산 관련 서비스업, 임대업, 전문/과학/기술 서비스업, 사업시설관리 및 사업지원 서비스업, 교육 서비스업, 보건업 및 사회복지 서비스업, 예술/스포츠/여가 관련 서비스업, 협회 및 단체, 수리 및 기타 개인 서비스업 등	5억

7월: 부가가치세 확정신고 및 근로소득간이지급명세서 제출

개인사업자와 법인사업자 모두 1월부터 6월까지의 부가가치세에 대한 확정신고를 7월 25일까지 신고납부하여야 한다. 또한, 상반기(1월~6월)에 근로소득(일용근로소득 제외)과 사업소득을 지급하는 스타트업(원천징수의무자)은 간이지급명세서의 제출의무가 있다.

8월: 법인세 중간예납

법인사업자는 직전년도에 납부한 세금의 반을 사업연도 중인 8월에 중간예납해야 한다. 만약 직전년도에는 법인세를 납부하였으나 올해 손실이 예상되는 경우에는 반기결산을 통해 신고하면 세금을 미리 납부하지 않아도 된다.

10월: 부가가치세 예정신고

법인사업자는 7월부터 9월까지의 부가가치세 적용 거래에 대해 10월 25일까지 예정신고납부를 하여야 한다. 일반적인 사업자의 기초적인 세무일정 이외 특정 영위업종에 부과되는 별도 세목 등은 전문가와 상의하여 신고기한까지 적시에 신고납부하여야 한다. 이 밖에도 직원을 고용한 사업자는 4대 보험 납부와 매년 보수신고의무가 있으므로 이를 파악하여 불필요한 과태료를 부과받지 않도록 주의를 기울여야 한다.

제2장

노무, 사람 냄새나는 인사관리

　현재 취업난에 많은 청춘이 고민하고 있다. 본인이 원하는 기업에 입사하기 위하여 20대의 모든 시간을 들였지만 이를 이루지 못하고 좌절하며 방황하는 경우가 많다. 하지만 위기를 기회 삼아 본인이 꿈꾸던 기업, 혹은 본인이 생각하고 있던 아이템을 실행으로 옮기기 위해 창업을 선택하는 이들의 수도 만만치 않다. 본인이 원하는 기업을 스스로 만들고자 많은 청춘이 뜨거운 열정을 품에 안고 스타트업 창업에 도전하는 것이다.

　이들은 스스로 만들어낼 성공이라는 목표에 매우 자신감에 차 있고, 현실적이기보다는 이상적이지만, 그 이상을 현실로 만들어내기 위하여 불확실한 미래에 베팅을 거는 희망찬 모습을 보이기도 한다.

　스타트업은 대부분 소규모로 시작한다. 소규모라 함은 대표 1인이 모든 것을 멀티 플레이어처럼 회사 운영에 필요한 것을 혼자 다 해내는 것을 이야기할 수도 있다. 하지만 그보다는 자신의 뜻·이상이 맞는 동반자와 함께 회사를 창업하는 경우가 훨씬 많다. 동반자들도 스타트업의 대표가 이야기하는 미래가 장밋빛이 될지 흙빛이 될지 알 수 없지만, 그 회사가 가진 비전을 믿기에 본인의 청춘을 함께 하는 것일 것이다. 혼자라면 소비시장이라는 망망대해를 헤쳐 나가는데 무섭고 두려울 것이나 함께 해주는 동반자들로 인해 새로운 시작이 두근거리고 벅

찰 것이다. 이렇게 미래로 향하는 성공의 퍼즐 조각을 잘 맞춘다면 업계에 잘 자리 잡고, 언젠가 No. 1으로 자리매김할 수 있으리라.

하지만 인생은 우리의 생각처럼 되지 않을 때가 더 많은 법이다. 현실적인 판단과 결정의 크기보다는 이상이라는 불확실성에 건 베팅이 잘못된 것이었다는 것을 알게 되었을 때, 냉혹한 현실을 직면하게 되는 것이다.

겨울의 구들장보다 더 차가운 현실을 맞닥뜨리지 않기 위해서는 철저한 사전 준비가 필수이다. 회사의 수익을 담당할 아이템과 회사를 유지·운영할 수 있게 해주는 재원은 사전준비에 절대 빠질 수 없는 것이다.

하지만 많은 대표가 간과하는 것이 있다. 아이템과 재원은 과업의 달성을 위한 최소한의 충분조건이다. 가장 중요한 것은 아이템을 성장시키고 재원을 유지·운영하는 사람이다.

많은 스타트업을 상담하다 보면 스타트업이 재무/회계에서부터 법률, 특허에 굉장히 큰 신경을 쓰고 있음을 알 수 있다. 하지만 인력의 채용이나 관리, 해고 등에 대하여는 무지하거나 전혀 준비되지 않은 경우가 허다하다. 이 때문에 추후 문제가 발생하였을 때 회사 내의 불필요한 손실이 발생하고 구성원들의 사기 저하로 생산성이 낮아지는 등의 일을 경험하게 된다.

스타트업 회사들은 지금 당장 모자란 재원을 투자받고, 그에 대하여 세금 처리를 하고, 또 회사 아이템의 보호를 위한 특허가 굉장히 중요하기에 인사노무 관리는 소홀하게 되는 것이다.

스타트업 초기에는 재무, 법률, 특허가 가장 최우선이라 느낄 수 있지만, 인사노무 관리도 그에 못지않게 굉장히 중요하다. 하지만 나의 이런 이야기에 귀를 기울이는 대표들은 많이 없다. 아마 인사노무 관리가 보험의 성격에 가깝기 때문일 것이다. 현재 나에게 인사노무에 대한 위험이 닥치지 않았고, 우리 회사는 굉장히 가족 같으며 나의 직원들이 나에게 뒤통수를 칠 일이 절대로 없을 것이라 굳게 믿고 있기 때문이다. 회사가 대표의 믿음대로 운영되면 얼마나 좋을까?

회사가 굉장히 잘 되거나 아니면 그 반대의 경우가 될 때 인사노무관리에서 문제가 드러난다. 혈육보다 더 믿는다고 생각했던 직원이 내 맘과 같이 나오지 않고 법을 들먹이며 노동청에 간다, 신고할 것이다 등의 이야기를 하면 그때부터는 소위 멘붕에 빠진다. 이미 일이 발생하고 난 후에 수습하는 것은 굉장히 어렵다.

앞서 말한 것처럼, 인사노무는 보험과 닮았다. 건강했을 때는 내가 원하기만 하면 보험을 들 수 있었지만, 몸이 아프기 시작한 이후에는 보험에 가입하고 싶어도 하지 못하는 경우가 생기기 때문이다.

스타트업을 꾸려나가는 대표, 인사관리자 등이 이 책을 통해 작은 보험을 들었으면 하는 마음이다. 수많은 케이스가 있어 그것을 모두 담기는 어렵다. 하지만 채용부터 퇴직까지 법의 테두리 내에서 회사의 권리와 의무가 무엇인지를 알고 있다면, 생각지도 못한 순간이 닥쳐왔을 때 그 문제를 해결하기가 더 쉬울 것이다.

이 책 한 권으로 인사노무의 모든 것을 커버할 수는 없겠지만, 여러분 회사의 운영과 관리에 조금이나마 도움이 되기를 바라며 인사노무 파트의 첫머리를 시작해보고자 한다.

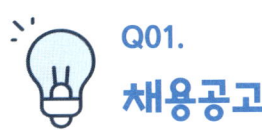

Q01. 채용공고

동업자와 스타트업을 시작한 지 1년이 넘어갑니다. 이제 직원을 채용하려고 하는데 채용사이트 상의 공고방식이 따로 있는지, 채용 시 주의해야 할 사항이 있는지에 대하여 알고 싶습니다.

직원을 채용해야 한다면 당신은 머릿속에 인터넷의 여러 채용사이트를 떠올리게 될 것이다. 채용사이트에 채용광고를 올리는 것은 채용공고를 업로드할 때 '*' 표시의 빈칸을 채우면 되기 때문에 그리 어려운 일은 아니다. 직원 구인 시 이미 해당 직원에 대한 스펙이나 임금 등은 미리 정해놓은 상태일 것이니까.

하지만 많은 스타트업이 공고를 내도 지원자가 없다고 하소연한다. 인력채용이 경영에 있어 큰 고민 중 하나로 자리매김 하고 있는 것이다. 그래서 스타트업에서는 구직자가 지원하고 싶은 매력적인 채용공고를 올리는 것에만 혈안이 되어 있다. 하지만 법에 저촉되지 않는 선에서 매력적인 채용공고를 올리는 것이 더 중요하다.

채용공고는 기업을 처음 마주하는 것이기 때문에 기업의 이미지에 지대한 영향을 미친다. 따라서 신중히 채용공고문을 작성해야 한다.

1. 채용공고문 작성하기

채용공고는 구직자들이 회사에서 어떤 조건으로 어떠한 일을 하게 될지에 대해서 적어놓은 것이다. 구직자들이 궁금해할 내용에 대하여 가능한 자세히 작성하여 주는 것이 좋다.

채용공고문 작성 예시

구분	세부사항
회사소개	스타트업랩은 변호사, 회계사, 변리사, 노무사, 가맹거래사, 창업지도사 등으로 구성된 전문자격사 그룹으로, 스타트업과 예비창업가에게 경영관리의 구체적이고 필요한 실무지식을 제공하여 '망하지 않는' 스타트업을 지속/성장시키는 데 실질적인 도움을 주는 회사입니다.
근무장소	스타트업랩 본사
모집부문 (주요업무)	행정업무지원
지원자격	엑셀 실력 중급이상(만 18세 이상)
임금	시급: 10,400원(주휴수당 포함) 단, 수습기간 시급 9,400원 /식대 10만 원 별도 지급
근무기간	1년(3개월 수습)
근무시간	근무일: 월~금 근로시간: 10:00 - 16:00(단시간 근로)
복리후생	4대 보험 가입(단, 수습기간 이후부터 가입 가능)
지원방법	E-mail 및 방문 지원
지원절차	1차: 이력서 및 자기소개서 2차: 면접 *1차, 2차 합격자에게만 개별연락

① 근무장소와 업무내용

구직자들은 대개 본인들의 집과 가까운 곳(근무장소)과 본인들이 일하고 싶은 업종(업무내용)으로 채용공고를 분류하여 확인한다.

따라서 채용공고에 이에 대한 내용이 자세히 명시되어 있어야 우리 회사가 원하는 인재들이 제대로 지원을 하게 될 것이다.

근무장소는 정확히 명시해주는 것이 중요하다. 회사의 사업장이 1개라면 상관없지만 여러 곳이라면 본사에서 일할 것인지 지사로 발령을 갈 수도 있는지가 지원의 중요 포인트가 될 것이기 때문이다. 더불어 이를 베이스로 하여 근로계약서에 근무장소를 명시해 특정 장소(본사 혹은 지사, 본사&지사)로 지정한 경우 회사는 근로자의 동의 없이 다른 근무장소로 이동시키는데 제약을 받게 된다.

업무내용은 입사 후 회사에서 구직자가 하게 되는 업무의 내용이다. 스타트업의 특성상 '컴퓨터 프로그래머'라 하더라도 인사·총무나 회계업무 등 일당백의 업무를 처리해야 하는 경우도 있다. 그렇기에 채용공고까지는 아니더라도 근로계약서 작성 시 회사 사정에 따라 업무가 변경될 수 있다는 점을 명시하거나 업무의 범위를 넓게 작성하는 것이 바람직하다.

② 임금

임금은 근로계약을 맺을 때 가장 중요한 부분이다. 근로자가 제공한 노동의 대가를 법의 테두리 내에서 지급해야 한다.

2021년 최저임금은 8,720원, 2022년 최저임금은 9,160원이다. 최저임금이라 함은 법으로 임금의 최저한도를 정해놓은 것이기에 이를 어길 수 없다. 다만, 수습기간의 경우에는 예외적용이 가능하다. 이 부분은 'Q4. 수습기간'에서 자세한 내용을 설명하겠다.

③ 근무기간

노동관계법령에서는 근무기간을 기간이 정해진 경우와 기간이 정해져 있지 않은 경우로 나눈다.

근로계약기간이 끝나는 날이 정해져 있으면 우리가 흔히 말하는 기간제, 계약직 근로자이다. 기간제(혹은 계약직) 근로자로서 계약을 할 수 있는 기간은 2년이며 이를 넘으면 기간의 정함이 없는 근로자로 전환된다.

즉, 1년의 계약을 2번(총 2년)까지 할 수 있으나 이를 넘어서 계약을 하면 회사는 이 근로자를 기간의 정함이 없는 근로자로 사용하게 되고, 함부로 해고할 수 없게 됨을 기억해야 한다.

우리 회사에는 2개월만, 3개월만, 아니면 2주만, 하루만 일할 사람이 필요한데 그럴 경우에는 근무기간을 어떻게 쓰면 되는지 묻는 분들이 있다. 그 경우에는 일하는 기간을 근무기간에 명시하면 된다. 예를 들어 회사에 하루 동안 일할 사람이 필요하다면 그 사람의 근무기간은 하루로 명시하여 주면 되는 것이다(예: 1월 1일~1월 1일).

④ 근무시간

근로기준법상 근로시간은 (성인기준) 1일 8시간, 1주 40시간이다.

채용공고를 보다 보면 간혹 "근로시간: 8시간(점심시간 미포함)"이라 쓴 것을 볼 수 있다. 그럼 새벽 6시에 출근해서 8시간을 일하는 것인지, 저녁 7시에 출근해서 8시간을 일하는 것인지 근무시간이 명확하지 않다. 따라서 출근시간과 퇴근시간을 정확히 작성하여야 한다(예: 09:00~18:00).

⑤ **복리후생**

채용사이트에는 회사에서 제공하는 복리후생을 작성하는 곳이 있다. 많은 회사가 이곳에 식대 제공, 4대 보험 가입 등을 명시해놓는 것을 볼 수 있다. 그런데 4대 보험 가입이 과연 복리후생일까?

사용자가 근로자를 사용한다면, 근로자가 회사에서 근로 후 그에 대한 대가로 임금을 받는다면 4대 보험의 가입은 필수이다(일부 예외적 경우 제외). 그렇기에 4대 보험은 복리후생이라 할 수 없다. 예전 많은 회사에서는 회사에서 부담해야 하는 4대 보험료가 부담되어 근로자가 원한다 하더라도 4대 보험에 가입해주지 않는 경우가 있었기 때문에 4대 보험의 가입이 복리후생으로 느껴지는 것이 아닐까?

그리고 회사에서 수습기간을 두는 경우 수습기간이 끝난 후 4대 보험에 가입할 수 있다고 아는 경우가 많다. 하지만 근로계약을 맺는 순간부터(일부 예외적 경우 제외) 4대 보험에 가입해야 한다.

⑥ **지원절차**

지원절차는 회사 내에서 정해진 절차를 작성하면 된다. 다만 상시근로자수 30인 이상의 사업장은 해당 항목에 대하여 「채용절차의 공정화에 관한 법률」을 준수하여야 한다. 현재 상시근로자수 30인이 되지 않는 사업장이라 하여도 언젠가 우리 회사가 잘되어 30인이 넘을 수도 있으니 이 해당 규정에 대해 잘 알아두는 것이 좋겠다.

• 구인자는 채용서류를 받은 경우 지체 없이 구직자에게 접수 사실

을 알려야 한다.[1]
- 구인자는 채용서류를 받을 때 1) 구직자 본인의 용모·키·체중 등의 신체적 조건, 2) 출신지역·혼인여부·재산, 3) 구직자 본인의 직계존비속 및 형제자매의 학력·직업·재산을 요구하면 안 된다.[2]
- 구인자는 채용절차 진행 시 회사 내부사정으로 채용일정, 채용심사의 지연 사실, 채용과정의 변경 등이 있다면 해당 내용을 홈페이지 게시, 문자전송, 이메일, 팩스, 전화 등으로 알려야 한다.[3]
- 구인자는 채용 대상자를 확정한 경우 지체 없이 구직자에게 채용 여부를 알려야 한다.[4]
- 구인자는 구직자를 채용한 후에 정당한 사유 없이 채용광고에서 제시한 근로조건을 불리하게 변경할 수 없으면 이를 위반 시 500만 원 이하의 과태료에 처해질 수 있다.[5]
- 구인자는 채용 결과 발표 이후 채용되지 못한 구직자가 채용서류 반환을 요구할 경우 본인 확인 후 반환해야 한다.[6]

---

1 채용절차의 공정화에 관한 법률 제7조 제2항
2 채용절차의 공정화에 관한 법률 법 제4조의3
3 채용절차의 공정화에 관한 법률 제8조
4 채용절차의 공정화에 관한 법률 제10조
5 채용절차의 공정화에 관한 법률 법 제4조 제3항, 제17조 제2항 제1호
6 채용절차의 공정화에 관한 법률 제11조 제1항

2. 채용취소

"안녕하세요. 스타트업랩입니다. 축하드립니다. 이번 채용에 최종합격하셨습니다. 입사일 등은 추후 다시 이메일로 연락드리도록 하겠습니다."

지원절차를 통하여 채용이 정해진 구직자에게 회사는 합격연락을 취할 것이다. 구직자는 바라던 취업에 성공하였고, 회사는 회사 성장을 함께할 동료가 새로 생겼다. 구직자와 회사 서로 새로운 시작을 함께하는 상황이 굉장히 두근거릴 것이다.

"안녕하세요. 스타트업랩입니다. 죄송하지만 당사의 사정으로 지난번에 연락드렸던 채용이 취소되었습니다."

그런데 위와 같이 회사의 사정에 의하여 합격자를 채용하지 못할 상황이 생겼다면 어떻게 해야 할까?

회사가 정당한 사유 없이 채용 내정자의 채용을 취소한다면 불법행위가 성립할 수 있고, 부당해고의 문제가 발생할 수 있다. 판례에 의하면 '채용 내정 취소 통지는 해고에 해당하고, 채용 내정 취소에 정당한 이유가 없는 한 채용 내정 취소는 무효'라고 판시하고 있기 때문이다.[7]

따라서 채용 내정자는 민사소송을 하거나 노동위원회에 구제신청을 할 수 있다.

---

[7] 서울지법98가합 20043, 1999-04-30

채용 내정이라 함은 채용 후보자와 회사 쌍방이 근로조건과 입사일을 정해 입사가 확정된 상태를 말한다. 후보자가 면접 전형에 합격한 후 처우 협상 과정에서 채용이 결렬된 것은 채용 취소가 아니다. 따라서 후보자는 단지 최종합격 통보를 한 행위가 채용 내정을 의미하지 않음을 기억해야 한다.

입사 최종합격 통보 후 취소를 한 것만으로는 민사소송이나 부당해고 등의 사건으로 이어지지 않을 수 있으나 그 자체만으로 회사의 이미지가 손상될 수도 있으니 회사는 새로운 직원의 채용을 신중히 고려하여야 할 것이다.

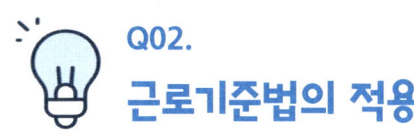
Q02. 근로기준법의 적용

사업장에 근무하는 근로자의 수에 따라서 근로기준법이 달리 적용된다고 들었는데, 어떤 규정이 어떻게 적용되는지 궁금합니다.

근로기준법은 대한민국에서 사업을 운영하는 모든 사업장에 적용된다. 하지만 근로기준법 제11조[1]에 의하여 사업장에 근로하는 상시근로자수에 따라 근로기준법의 적용 범위가 달라진다.

상시근로자수 5인 이상을 사용하는 사업장에는 모든 근로기준법이 적용되지만 상시근로자수 5인 미만 사업장에는 일부 규정만 적용된다. 동거하는 친족만을 사용하는 사업(장)과 가사(家事)사용인에게는 근로기준법이 적용되지 않는다.

---

[1] 근로기준법 제11조(적용 범위)
① 이 법은 상시 5명 이상의 근로자를 사용하는 모든 사업 또는 사업장에 적용한다. 다만, 동거하는 친족만을 사용하는 사업 또는 사업장과 가사(家事) 사용인에 대하여는 적용하지 아니한다.
② 상시 4명 이하의 근로자를 사용하는 사업 또는 사업장에 대하여는 대통령령으로 정하는 바에 따라 이 법의 일부 규정을 적용할 수 있다.

1. 상시근로자수에 따른 근로기준법의 적용 범위

상시근로자수에 따른 근로기준법의 적용 범위는 아래와 같다.

상시근로자수에 따른 근로기준법 적용 범위

내용	상시근로자수(명)				비고
	1~4	5~9	10~19	20~	
공민권 행사 보장	O	O	O	O	제10조
근로조건의 명시	O	O	O	O	제17조
임금대장 작성	O	O	O	O	제48조
휴게시간·주휴일	O	O	O	O	제54조, 제55조
연장·야간·휴일근로, 보상휴가제	-	O	O	O	제56조, 제57조
해고 등의 제한	-	O	O	O	제23조
해고사유 서면통지	-	O	O	O	제27조
해고예고(수당)	O	O	O	O	제26조
연차휴가 및 생리휴가	-	O	O	O	제60조, 제73조
취업규칙 작성·신고	-	-	O	O	제93조
근로시간(주40시간제)	-	O	O	O	제50조

스타트업 중에서는 처음 시작 시 5인 미만으로 시작하는 회사가 많기 때문에 상시근로자수 5인 미만 사업장이 지켜야 하는 근로기준법 규정에 대해서는 반드시 기억해두자!

- 근로조건의 명시
- 해고의 예고, 해고금지 기간
- 휴게

- 주휴일
- 출산휴가
- 육아휴직
- 퇴직급여
- 최저임금
- 근로기준법 제63조[2]

2. 상시근로자수 산정방법

'상시근로자수'는 일정한 기간에 하나의 사업 또는 사업장에서 통상근로자(정규직), 기간제근로자, 단시간근로자 등의 고용형태를 불문하고, 근로하는 모든 근로자를 말한다.

① 산정방법

상시근로자수는 해당 사업 또는 사업장에서 법을 적용해야 하는 사유가 발생한 날을 기준으로 이전 1개월(이하 '산정기간') 동안 사용한 근로자의 연인원을 같은 기간 중의 가동 일수로 나누어 산정한다(근로기준법 시행령 제7조의2).

---

[2] 제63조 적용의 제외. 이 장과 제5장에서 정한 근로시간, 휴게와 휴일에 관한 규정은 다음 각 호의 어느 하나에 해당하는 근로자에 대하여는 적용하지 아니한다.
① 토지의 경작·개간, 식물의 재식(栽植)·재배·채취 사업, 그 밖의 농림 사업
② 동물의 사육, 수산 동식물의 채포(採捕)·양식 사업, 그 밖의 축산, 양잠, 수산 사업
③ 감시(監視) 또는 단속적(斷續的)으로 근로에 종사하는 사람으로서 사용자가 고용노동부장관의 승인을 받은 사람
④ 대통령령으로 정하는 업무에 종사하는 근로자
→ 사업의 종류와 관계없이 관리·감독 업무 또는 기밀을 취급하는 업무

$$\text{상시근로자수} = \frac{\text{산정기간 동안 사용한 근로자 연인원}}{\text{산정기간 중 가동일수}}$$

　산정 사유 발생일 전 1개월 내 가동일 수가 22일이고, 연인원(1개월 내 사용한 근로자수)이 98명일 경우를 가정해보자. 상시근로자수는 98/22, 즉 4.45명이다. 5인 이상 사업장에 해당하지 않는 것이다.

법률 용어사전

- **법 적용 사유**: 휴업수당 지급, 근로시간 적용 등 법의 적용 여부를 판단하여야 하는 사유를 의미
- **가동일수**: 1개월 동안 실제로 영업을 한 사업의 날(실제로 근로자를 사용한 날)
- **총 근무인원**: 법 적용 사유 발생일 전 1개월 동안 근무한 근로자의 총인원으로 인턴, 아르바이트생 외국인 근로자 모두 포함
- **법 적용 사업장**: 사업장에 대하여 5명 이상의 근로자를 사용하는 사업장

② 산정 예외

　상시근로자수 산정 후 5인 이상 사업장에 해당되는 경우라도 산정기간에 속하는 일별로 근로자수를 파악하였을 때, 법 적용 기준에 미달한 일수가 1/2 미만인 경우에는 법 적용 사업(장)으로 본다.

　또한 산정기간의 상시근로자수가 법 적용기준(5명) 미만이더라도 산정기간 동안에 일별 근로자수가 법 적용기준 미만인 일수가 1/2 미만인 경우에는 법 적용 사업(장)으로 본다.

5인 이상 사업장 인정 여부

상시근로자수 산정 결과	5인 미만 가동일 수	5인 이상 사업장 인정 여부
5인 미만	5인 미만 가동일 수 1/2 미만	인정
	5인 미만 가동일 수 1/2 이상	
5인 이상	5인 미만 가동일 수 1/2 이상	인정되지 않음
	5인 미만 가동일 수 1/2 미만	

Q03.
근로계약서

직원을 채용하여 근로계약서를 작성하려고 합니다. 인터넷 포털사이트에 근로계약서를 검색하니 너무 많은 양식이 나와서 어떤 것을 사용해야 할지 잘 모르겠습니다. 추천해주실 만한 것이 있나요?

근로계약서는 정해진 양식이 없다. 법으로 정해놓은 내용만 들어가 있으면 된다. 포털사이트를 검색하거나, 사무양식을 제공하는 사이트 등에서 근로계약서 양식을 쉽게 구할 수 있다. 혹은 잘 아는 타 스타트업 대표에게서 근로계약서 양식을 전해 받을 수도 있다.

중요한 것은 양식이 아니라 그 안에 들어가 있는 내용이다. 사무양식을 제공하는 사이트 등에서 구하는 것 중에서는 그럴싸한 문구들로 작성되어 있는 근로계약서 등이 많이 있지만, 법에서 반드시 명시되어 있어야 하는 규정들이 빠져있는 경우가 많기 때문에 사용을 권하지 않는다.

전문가에게 근로계약서 작성을 의뢰하는 경우가 아니라면 고용노동부의 표준근로계약서의 사용을 권장한다. 고용노동부 표준근로계약서는 '기간을 정함이 없는 경우', '기간의 정함이 있는 경우', '연소자(18세 미만인 자)&친권자(후견인)동의서', '건설일용근로자', '단시간근로자', '영문근로계약서' 등을 제공한다. 고용노동부의 표준근로계약서는 한글[1]파일로 되어 있으며 수정이 가능하다. 따라서 고용노동부 표준근로계약서 내용 외에 다른 조항(법에 위배되지 않는 사항)을 삽입할 수 있다.

---

[1] 스타트업의 경우 한글 프로그램을 사용하지 않는 경우가 왕왕 있어 본 양식을 사용하지 못하는 회사가 많다. 따라서 필자는 본인 블로그에 워드 파일로 고용노동부 근로계약서 양식을 작성하여 올려놓았다.
(https://blog.naver.com/cplapyh)

표준근로계약서 예시

표준근로계약서(기간의 정함이 없는 경우)

_____(이하 "사업주"라 함)과(와) _____(이하 "근로자"라 함)은 다음과 같이 근로계약을 체결한다.

1. 근로개시일 :   년   월   일부터
2. 근 무 장 소 :
3. 업무의 내용 :
4. 소정근로시간 : __시__분부터 __시__분까지 (휴게시간 : 시 분~ 시 분)
5. 근무일/휴일 : 매주 __일(또는 매일단위)근무, 주휴일 매주 __요일
6. 임 금
   - 월(일, 시간)급 : _____원
   - 상여금 : 있음 (   ) _____원, 없음 (   )
   - 기타급여(제수당 등) : 있음 (   ), 없음 (   )
     · _____원, _____원
     · _____원, _____원
   - 임금지급일 : 매월(매주 또는 매일) _____일(휴일의 경우는 전일 지급)
   - 지급방법 : 근로자에게 직접지급(   ), 근로자 명의 예금통장에 입금(   )
7. 연차유급휴가
   - 연차유급휴가는 근로기준법에서 정하는 바에 따라 부여함
8. 사회보험 적용여부(해당란에 체크)
   ☐ 고용보험 ☐ 산재보험 ☐ 국민연금 ☐ 건강보험
9. 근로계약서 교부
   - 사업주는 근로계약을 체결함과 동시에 본 계약서를 사본하여 근로자의 교부요구와 관계없이 근로자에게 교부함(근로기준법 제17조 이행)
10. 근로계약, 취업규칙 등의 성실한 이행의무
    - 사업주와 근로자는 각자가 근로계약, 취업규칙, 단체협약을 지키고 성실하게 이행하여야 함
11. 기 타
    - 이 계약에 정함이 없는 사항은 근로기준법령에 의함

년   월   일

(사업주) 사업체명 :   (전화 :   )
        주   소 :
        대 표 자 :   (서명)
(근로자) 주   소 :
        연 락 처 :
        성   명 :   (서명)

Q04. 수습기간

직원 채용 시 수습기간을 두고 싶습니다. 수습기간을 둔다면 기간을 얼마나 할 수 있는지, 어떤 것을 판단할 수 있는지, 급여는 연봉의 80%로 지급해도 되는지 궁금합니다.

    근로자의 업무능력향상 등을 이유로 근로계약 체결 후 일정 기간 교육(작업능력을 키우기 위한 교육 등)을 받는 기간을 수습이라 한다. 수습기간은 정식채용을 결정한 이후 적응기간으로 두는 것이 일반적이다. 하지만 많은 사업장에서 업무 적합성 여부를 판단하여 정식채용을 결정하기 위한 기간으로 수습기간을 활용한다.

    면접 당시 수습기간이 있다고 구두통보 하였더라도 근로계약서에 수습에 대한 내용을 정확히 명시되어 있지 않으면 구두에 의한 수습기간은 효력을 잃고 바로 정규직으로 채용된다.

    수습기간에는 근로자가 구체적으로 수행할 직무에 요구되는 객관적 능력 및 자격 등을 판단한다. 성실성, 인품 등 주관적 요소도 판단대상에 포함될 수 있다.

    수습기간은 근로계약기간의 당사자인 근로자와 사용자가 합의하여 정하는 것이 원칙이지만 근로자를 불안한 지위에서 벗어나게 해줄 필요성에 따라 적정한 기간을 요구하고 있으며, 그 기간은 3개월 이내로 통용되고 있다.

간혹 수습기간의 연장을 하는 경우가 있는 이는 근로자 일방에게 불리한 처우이기 때문에 사용자와 근로자 간의 합의가 있어야만 수습기간을 연장할 수 있다.

근로계약기간을 1년 이상으로 정한 경우 수습을 시작한 날로부터 3개월의 기간은 최저임금(시간급)의 90% 금액을 지급할 수 있고, 이는 반드시 근로계약서에 명시되어야 한다(다만, 고용노동부 지침 및 가이드라인상 단순노무직은 감액 불가능). 대개 회사들은 수습기간 동안 월 임금의 70~80%를 지급하는 것으로 합의하는 경우가 많다. 월 임금의 70~80%가 최저임금의 90%보다 많은 경우에는 그렇게 지급해도 괜찮지만, 그보다 적으면 무조건 최저임금의 90%를 지급하여야 한다.

수습기간 중의 근로자는 정규직 근로자에 비하여 해고사유를 좀 더 폭넓게 인정한다. 다만 교육을 받는 기간이라는 점을 감안하여 업무부적격에 대한 객관적 평가근거와 사회통념상의 타당한 사유가 필요하며 수습기간이 끝났다는 사유로 해고할 수 없다.

수습기간이 끝나고 정규직 근로자가 되었다면 수습기간은 근속기간에 산입하여야 한다. 즉, 퇴직금 산정기간에 수습기간이 포함되어야 한다는 것이다.

Q05.
야근수당(이라 부르지만 연장근로수당으로 이해해야 한다)

우리 회사는 9시 출근 6시 퇴근입니다. 그런데 요즘 회사가 바빠져서 직원들이 매일 저녁 9시까지 야근을 합니다. 야근수당을 챙겨주고 싶은데 어떻게 계산해야 하나요?

만 18세 이상 성인근로자가 하루에 일할 수 있는 최대한의 시간을 법정 근로시간이라고 한다. 1일 8시간, 1주일 40시간이다. 그리고 사용자와 근로자가 합의하는 경우 1주일에 12시간까지 연장근로가 가능하다.

법정 근로시간 내에서 사용자와 근로자가 일하기로 약속한 근로시간은 소정근로시간이라 부른다. 근로계약서에 명시된 소정근로시간을 넘어 일하는 경우, 이를 시간외근로라 칭한다. 시간외근로는 연장·야간·휴일근로로 나누어진다. 야근은 연장근로를 의미하며 이는 정해진 소정근로시간을 초과하여 일하는 것이다.

연장·야근·휴일근로의 개념

적용대상	적용내용
연장근로	통상근로자에게는 법정 근로시간을 초과하는 근로를 의미
야근근로	오후 10시부터 익일 오전 6시까지 하는 근로
휴일근로	법정휴일이나 약정휴일에 하는 근로

위에 소개된 질문의 경우 저녁 6시에 퇴근해야 하는데 9시에 퇴근하니 3시간의 연장근로를 한 것이다. 시간외근로(연장·야간·휴일근로)를 하는 경우에는 통상 시급의 50%를 가산한 수당을 지급하여야 한다. 가산수당은 상시근로자수 5인 이상 사업장의 경우에만 적용된다.

* 계산 예시

- 시급 10,000원 근로자가 3시간 연장근로 시

    저녁 6시~9시: 10,000원×3시간=30,000원

    가산임금: 10,000원×3시간×0.5=15,000원

    ▶ 총 45,000원

Q06.
휴게시간

회사에서 새로운 직원을 채용하였고, 그 직원은 하루에 6시간 일을 합니다. 휴게시간을 얼마나 주어야 하나요?

휴게제도는 근로자가 계속해서 근로함에 따라 쌓이는 피로를 회복시키고 권태감을 감소시켜 근로 의욕을 확보·유지하는 데 목적이 있다. 따라서 사용자의 지휘·감독에서 벗어나 근로자가 자유롭게 이용할 수 있어야 한다.

근로시간이 4시간인 경우 30분 이상, 8시간인 경우 1시간 이상의 휴게시간을 근로시간 도중에 주어야 하며, 근로자는 이를 자유롭게 이용할 수 있어야 한다.[1] 질문처럼 6시간 근로를 하는 경우는 근로시간이 4시간 이상인 경우이므로 30분의 휴게시간을 근로시간 도중에 주면 된다.

법에 따라 휴게시간은 근로자가 자유로이 이용할 수 있는 것이 원칙이나, 이는 근로자에게 절대적인 자유를 인정한 것은 아니며, 최소한의

---

[1] 근로기준법 제54조(휴게)
① 사용자는 근로시간이 4시간인 경우에는 30분 이상, 8시간인 경우에는 1시간 이상의 휴게시간을 근로시간 도중에 주어야 한다.
② 휴게시간은 근로자가 자유롭게 이용할 수 있다.

제약은 인정될 수 있다. 즉, 일부 장소의 제약이 있다 하더라도 근로시간과 휴게시간이 명확히 구분되고 근로자가 독립적으로 휴게시간을 활용할 수 있는 공간이 마련되어 있다면, 사업장 내의 최소한의 질서유지를 위하여 이용장소와 이용방법에 대해 제한을 가할 수 있다.[2] 즉, 휴게시간 중 외출을 제한한다 하더라도 사업장 내에서 자유롭게 휴식을 취할 수 있는 경우에는 법 위반이라 할 수 없는 것이다.

---

[2] 법무 811-28862, 1980.5.15

Q07. 관공서 공휴일에 관한 규정

뉴스를 보니 '관공서 공휴일에 관한 규정'이 모든 사업장에 적용된다고 하던데 언제부터 어떻게 적용이 되는지 궁금합니다.

휴일은 근로자가 실제로 사업장에서 일을 하지 않지만 사용자가 근로자에게 임금을 지급하는 날이다. 근로자의 피로를 회복하고, 건강하게 일할 수 있도록 재충전의 시간과 여가를 즐길 수 있는 기회를 제공하기 위하여 만들어진 날이다.

휴일은 법정휴일과 약정휴일로 나누어진다. 법정휴일은 근로기준법상 주휴일과 근로자의 날(매년 5월 1일)이며, 약정휴일은 사용자와 근로자가 자유롭게 쉬는 날을 정한 것이다.

휴일의 종류

법정휴일	· 주휴일 · 근로자의 날(매년 5월 1일)
약정휴일	· 근로계약서나 취업규칙에 지정되어 있거나 회사가 지정한 날 (예: 회사의 창립기념일 등)

달력에 표시된 신정, 3·1절 등등 빨갛게 표시된 공휴일이라 부르는 날은 「관공서 공휴일에 관한 규정」에 따라 관공서가 쉬는 날이고, 민간기업이 쉬는 날이 아니었다. 다만, 기업에 따라 공휴일을 관공서와 같이 공휴일을 휴일로 하기도 하고, 혹은 휴일로 하지 않고 있는 경우가 있어 모든 근로자가 공평하게 휴식을 보장받아야 한다는 의견이 꾸준히 제기되어 왔다. 따라서 2019년 근로기준법 시행령 개정으로 관공서와 일부 민간기업에서만 쉬었던 공휴일은 모든 민간기업에게 유급휴일이 되었다.

근로기준법 시행령 개정안에 따라 민간기업은 명절, 국경일 등 공휴일과 대체공휴일을 유급휴일로 보장해야 한다.

공휴일	대체공휴일
- 국경일 중 3·1절, 광복절, 개천절, 한글날 - 1월 1일 - 설·추석 연휴 3일 - 석가탄신일 - 크리스마스 - 어린이날 - 현충일 - 공직선거법상 선거일 - 기타 수시 지정일(임시공휴일)	- 설·추석 연휴 - 어린이날 - 국경일 중 3·1절, 광복절, 개천절, 한글날이 토·일요일 또는 다른 공휴일과 겹치면 다음 비공휴일을 대체 공휴일로 정함(설·추석 연휴는 토요일과 겹치는 경우 제외)

모든 민간기업에게 공휴일과 대체공휴일을 적용하게 하는 경우 기업에게 어려움이 닥칠 수 있어 '공휴일의 유급휴일화'는 기업의 규모(상시근로자수)에 따라 순차적으로 적용되었다.

공휴일의 법정휴일화 적용 시기

사업규모(상시근로자수)	시행시기
300명 이상 및 공공기관	2020. 1. 1.
30명~299명	2021. 1. 1.
5명~29명	2022. 1. 1.

2022. 1. 1.부터 상시 근로자수 5인 이상의 사업장에서는 공휴일뿐만 아니라 대체공휴일도 유급휴일로 보장해야 한다(석가탄신일과 크리스마스는 대체공휴일이 적용되는 공휴일이 아님).

공휴일(대체공휴일 포함)을 유급휴일로 부여해야 하지만, 불가피하게 근무할 수밖에 없는 경우에는 공휴일에 근무하는 대신 다른 근로일을 특정하여 유급휴일로 부여(휴일 대체)할 수 있다.[1]

이 경우 사용자는 1) 근로자대표와 서면 합의를 해야 하며, 2) 근로자에게 교체할 휴일을 특정하여 24시간 전에 고지해야 한다.

만약 휴일 대체를 하지 않은 채 근로자가 공휴일(대체공휴일 포함)에 근로했다면 휴일근로 가산수당(근로기준법 제56조 제2항)을 포함한 임금을 추가로 지급해야 한다.

- 1일 8시간 이내는 50% 가산
- 1일 8시간 초과에 대해서는 100% 가산

그러나 휴일 대체를 했다면 원래의 공휴일은 통상의 근로일이 되고,

---

[1] 근로기준법 제55조 제2항 단서

그날의 근로는 휴일근로가 아닌 통상의 근로가 되므로, 휴일근로 가산수당을 지급할 의무는 없다.

Q08. 주휴수당

단기 아르바이트를 채용한 적이 있는데 해당 아르바이트생에게 주휴수당을 미지급하였다면서 노동청에서 출석요구를 받았습니다. 주휴수당은 처음 들어보는데 제가 지급해야 할 의무가 있는 것인가요?

근로기준법 제55조[1]에 따라 법에서 정하는 아래의 일정한 조건을 충족한 근로자에게는 유급주휴일이 발생하며, 우리는 이를 주휴수당이라는 명칭으로 근로자에게 지급해야만 한다. 주휴수당을 지급해야 하는 규정은 다음과 같다.

1. 1주 소정근로일을 개근한 경우

'소정근로일'이라 함은 근로자와 사용자가 1주일 동안 일하기로 약속한 날을 말한다. 근로계약 등에서 정한 근로일수를 출근하면 개근으로 보며 지각이나 조퇴가 있어도 사업장에 나왔다면 출근으로 인정한다.

---

[1] 근로기준법 제55조(휴일)
① 사용자는 근로자에게 1주에 평균 1회 이상의 유급휴일을 보장하여야 한다.

2. 1주 평균 소정근로시간이 15시간 이상인 경우

'소정근로일'이 근로자와 사용자가 1주일 동안 일하기로 약속한 날이라면 '소정근로시간'은 근로자와 사용자가 일하기로 약속한 근로일에 몇 시부터 몇 시까지 일하기로 약속한 시간을 말한다. 근로계약서에 작성한 시간이 15시간 이상이라면 주휴수당이 발생한다.

토, 일 7시간씩 일을 하기로 근로계약서를 작성한 경우 1주 소정근로시간은 14시간이기 때문에 주휴수당은 발생하지 않는다. 이때, 근로자와 사용자가 서로 동의하여 토요일에 3시간의 연장근로가 발생한 경우, 즉 1주에 17시간 일을 하게 된 경우에는 주휴수당이 발생할까?

아니다. 소정근로시간으로 기준으로 하기 때문에 근로계약서에 작성된 시간이 기준이 된다. 따라서 연장근로시간은 주휴수당을 계산하는 조건에 영향을 미치지 않는다.

3. 다음 주에 근로제공이 예정된 경우

근로자가 주휴수당을 받기 위해서는 1주일간 소정근로일을 개근하고, 1주를 초과하여(8일째) 근로가 예정된 경우 주휴수당이 발생한다는 것이 고용노동부의 입장이었다. (근로기준정책과-6551, 2015. 12. 7. 회시)

즉, 사용자와 근로자가 일하기로 약속한 근로일이 월~금요일인 경우 금요일까지 일을 하고 토요일에 퇴직을 할 때는 다음 주에 일할 것이 예정되어 있지 않아 주휴수당은 발생하지 않는다는 것이었다.

하지만 2021년 8월 4일 1주간 근로관계가 존속되고 그 기간 동안의 소정근로일에 개근하였다면, 1주를 초과한 날(8일째)의 근로가 예정되어 있지 않더라도 주휴수당이 발생한다고 고용노동부 지침이 변경되었다. (임금근로시간과-1736, 2021. 8. 4. 회시)

사용자와 근로자가 일하기로 약속한 근로일이 월~금요일인 경우 약속한 날에 모두 개근을 했고, 주휴일이 일요일인 경우 일요일까지 근로관계를 유지하고 그다음 월요일에 근로관계가 끝나면 주휴수당이 발생한다는 것이다.

★ 예시 1 - 주휴수당 미발생

월	화	수	목	금	토	일	월	화
근로관계 유지					퇴직			

★ 예시 2 - 주휴수당 발생

월	화	수	목	금	토	일	월	화
근로관계 유지						주휴일	퇴직	

★ 예시 3 - 주휴수당 발생

월	화	수	목	금	토	일	월	화
근로관계 유지								퇴직

주휴수당은 다음과 같이 계산하여 지급하면 된다.

$$\text{통상근로자 주휴수당} = \frac{\text{1주간의 소정근로시간}}{\text{40시간}} \times \text{8시간} \times \text{시급}$$

　근로자와 사용자 사이에 주휴일을 정하지 않았다면(월~금 근로하는 사업장의 경우) 대개 주휴일은 일요일이며, 이는 변경될 수 있다. 또한 사용자와 근로자가 합의하여 일요일이 아닌 요일로 정할 수도 있다.

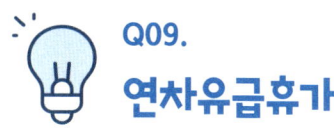

Q09. 연차유급휴가

연차유급휴가에 관한 규정이 변경되었다고 들었습니다. 직원들에게 연차유급휴가를 얼마나 주어야 하는지, 어떤 점을 유의하여야 하는지 궁금합니다.

연차유급휴가는 근로자가 일정한 출근율을 갖춘 경우 비교적 장기간에 걸쳐 '근로의무를 면제'해줌으로써 근로자의 정신적·육체적 건강 회복 및 사회적·문화적 생활을 충분히 보장해주기 위한 법정휴가제도이다. 2018년 5월 29일 근로기준법 개정으로 연차유급휴가에 대한 규정이 변경되었다.

1. 연차유급휴가의 기본 발생 원칙

① 계속근로 1년 미만 근로자

법 개정 전 계속근로연수 1년 미만인 근로자에 대하여 1달간 개근 시 1일의 연차유급휴가가 주어졌다. 최초 1년간의 근로에 대하여 유급휴가를 주는 경우에는 월 단위 휴가 일수를 포함하여 15일로 하고, 근로자가 월 단위 휴가를 이미 사용한 경우에는 그 사용한 휴가 일수를 15일에서 공제했다. 즉, 입사 2년까지 사용할 수 있는 연차는 15일이었다.

2018년 5월 29일 법 개정 후 1개월간 개근 시 1일의 연차유급휴가가 발생하고, 입사 1년 경과 후 발생하는 15일의 연차유급휴가도 별도로 계산하여 입사 2년까지 최대 26일의 연차를 사용할 수 있게 되었다. 그런데 2021년 10월 14일 대법원에서 "1년 기간제 근로계약을 체결한 근로자에게 부여되는 연차휴가일수는 최대 11일"이라는 판단을 내려졌다. 1) 2018년 5월 29일 시행된 근로기준법의 개정 이유는 최초 1년간의 근로에 대한 유급휴가를 사용한 경우 이를 다음 해 유급휴가에서 빼는 규정을 삭제하여 1년차에 최대 11일, 2년차에 15일의 유급휴가를 각각 받을 수 있게 하기 위한 것으로, 최초 1년간 연차휴가를 사용한 경우 그다음 해 연차휴가가 줄어드는 것을 방지하기 위한 것이므로, 이를 근거로 1년 동안만 근로를 제공한 근로자에게 제60조 제2항과 제1항이 중첩적으로 적용된다고 볼 수는 없다는 것이다. 또한, 2) 연차휴가를 사용할 권리는 다른 특별한 정함이 없는 한 그 전년도 1년간의 근로를 마친 다음 날 발생한다고 보아야 하므로, 그 전에 퇴직 등으로 근로관계가 종료한 경우에는 연차휴가를 사용할 권리에 대한 보상으로서의 연차휴가수당도 청구할 수 없다고 판시한 것이다.

이러한 대법원의 판결은 기존 고용노동부의 행정해석과 배치되는 판결이었다. 이에 따라 고용노동부는 대법원의 판결을 받아들여 2021년 12월 16일 행정해석을 변경하게 되었다. 딱 1년(365일) 근무하고 퇴직할 경우 최대 11일의 연차가 발생한다는 것이다. 이는 계약직 근로자뿐만 아니라 정규직 근로자에게도 모두 동일하게 적용된다.

② 계속근로 1년 이상 근로자

1년간 80% 이상 출근한 근로자는 15일의 연차유급휴가를 사용할 수 있다.

③ 계속근로 3년 이상 근로자

3년 이상 계속 근로한 근로자는 기본휴가 일수 15일에 최초 1년을 초과하는 계속근로연수 매 2년에 대하여 1일을 가산한 유급휴가를 최대 25일까지 사용할 수 있다.

2. 연차유급휴가의 사용방법

연차유급휴가는 근로자가 원하는 시기에 사용하는 것이 원칙이다. 다만, 근로자가 연차유급휴가를 사용하고자 하는 시기가 사업에 막대한 지장을 끼치는 경우에는 그 사용 시기를 변경할 수 있다. 단, 이는 시기를 변경할 수 있는 것일 뿐 연차유급휴가를 부여하지 않을 수는 없다.

3. 연차유급휴가의 촉진

법에 명시된 절차에 따라 연차유급휴가 촉진절차를 거친 경우에는 근로자가 연차유급휴가를 모두 소진하지 못하였더라도 수당을 지급하지 않아도 된다. 1년 미만 근로자의 경우, 연차유급휴가 사용촉진 절차는 아래와 같다. 이때 먼저 발생한 연차유급휴가 9일과 이후 발생한 연차유급휴가 2일의 사용촉진 시기가 다름에 유의하여야 한다.

1년 미만 근로자의 연차 사용촉진 시기

	1차 촉진 (사용자→근로자) 연차 미사용 일수 고지 및 사용 시기 지정·통보 요구	(근로자→사용자) 사용 시기 지정·통보	2차 촉진 (사용자→근로자) 근로자의 사용 시기 미통보 시 사용자가 사용 시기 지정·통보
연차 9일	10. 1.-10. 10. (3개월 전, 10일간)	10일 이내	11. 31.까지 (1개월 전)
연차 2일	12. 1.-12. 5. (1개월 전, 5일간)	10일 이내	12. 21.까지 (10일 전)

1년간 80% 이상 출근한 근로자의 연차유급휴가 사용촉진 절차는 아래와 같다.

1년간 80% 이상 출근한 근로자의 연차 사용촉진 절차

1차 촉진 (사용자→근로자) 연차 미사용 일수 고지 및 사용 시기 지정·통보 요구	(근로자→사용자) 사용 시기 지정·통보	2차 촉진 (사용자→근로자) 근로자의 사용 시기 미통보 시 사용자가 사용 시기 지정·통보
7. 1.-7. 10. (6개월 전, 10일간)	10일 이내	10. 31.까지 (2개월 전)

위에 명시된 절차에 따라 그 시기에 맞추어 서면을 통한 촉구를 하여야 한다. 구두나 이메일 등 서면이 아닌 방법으로 연차유급휴가 사용촉진을 하는 경우 근로기준법에 의한 휴가 사용촉진이 이루어졌다고 볼 수 없어 미사용휴가에 대한 보상의무가 면제되지 않는다. 다만, 회사가

전자결재체계를 완비하여 전자문서로 모든 업무의 기안, 결제, 시행과정을 진행하여 개별 근로자에게 명확히 촉구 또는 통보되는 경우[1]에는 근로기준법에 명시된 서면의 촉구로 인정된다. 따라서 사내 이메일을 활용하거나 게시판을 게시하는 것은 적법하지 않다.

4. 연차유급휴가 미사용수당 청구권

근로자가 연차유급휴가를 1년간 사용하지 못한 경우에는 사용하지 못한 연차유급휴가 일수만큼 통상임금 또는 평균임금으로 근로자에게 미사용수당을 지급하여야 한다.

이는 전년도 근로의 대가를 통해 올해 발생하는 것으로 원칙적으로 1년 이내 사용하여야 한다. 1년이 지나면 근로자의 연차유급휴가권을 소멸하며 해당 휴가발생일로부터 1년이 종료한 다음 날(임금지급일)에 미사용수당을 청구할 수 있는 권리가 생긴다.

다만, 사용자의 귀책사유로 인하여 연차유급휴가를 사용하지 못한 경우에는 소멸하지 않으며 청구권의 소멸시효는 3년이다.

---

[1] 근로기준과-1983,2010.11.16., 근로개선정책과-5353,2011.12.19., 근로개선정책과-5353,2011.12.19

Q10. 최저임금의 산입범위

> 최저임금의 산입범위가 달라졌다고 하는데 기사를 읽어봐도 도무지 이해가 되지 않습니다.

근로계약은 사용자와 근로자의 사적인 계약이기 때문에 임금을 얼마로 결정하든 당사자의 몫이다. 하지만 이를 아무런 제약 없이 사용자와 근로자가 자유롭게 정하도록 한다면 근로자의 임금은 한없이 낮아질 위험이 있다.

이와 같은 현상을 방지하기 위하여 국가가 사용자와 근로자 사이의 임금 결정과정에 개입하여 근로자 임금을 일정 수준 이상으로 강제함으로써 저임금 근로자를 보호하는 제도가 바로 최저임금이다.

최저임금은 근로자를 사용하는 모든 사업장에 적용된다. 법에서 정하는 특별한 경우를 제외하고 아르바이트, 기간제근로자, 일용근로자 등 근로형태나 계약형태에 상관없이 모든 근로자가 최저임금을 보장받는다. 최저임금위원회에서 결정된 최저임금은 새롭게 다가오는 해의 첫날, 즉 매년 1월 1일에 적용된다.

기존 최저임금 산입범위(최저임금에 포함되는 임금)는 근로자가 받는 임금에서 격월·분기별 정기상여금, 숙박비·식비 등 복리후생수당이 제외되었다.

  기본급과 직무수당 등 맡은 업무와 관련하여 매월 지급되는 수당만 포함되는 등 최저임금에 포함되는 임금 범위가 협소하여 매월 1회 이상 정기적으로 지급하는 임금을 최저임금에 산입하는 것으로 최저임금법이 개정되었다.

  임금이 아니거나, 매월 지급되지 않는 임금은 최저임금에 산입되지 않으며 예외적으로 매월 1회 이상 지급되는 임금이라도 아래에 해당하는 경우 최저임금에 산입되지 않는다.

- 소정근로시간 또는 소정근로일 외에 대한 임금 중 아래의 임금
    - 연장·휴일근로에 대한 임금 및 연장·야간·휴일가산수당
    - 연차 유급휴가 미사용수당
    - 법정주휴일을 제외한 유급휴일(약정유급휴일 등)에 대한 임금
    - 명칭에 관계없이 소정근로를 초과하여 지급되는 임금으로서 연장·휴일·야간근로수당 또는 연차 유급휴가 미사용수당에 준하는 것으로 인정되는 경우
- 통화 이외의 것으로 지급하는 복리후생비
- (한시적 미산입) 상여금, 그 밖에 이에 준하는 임금 및 현금성 복리후생비 중 최저시급 월 환산액의 일정 비율
    - 상여금, 그 밖에 이에 준하는 임금(현금성 복리후생비)의 월 지급액 중 최저시급 월 환산액 10% 초과, 복리후생비는 2% 초과(2022년 기준)

최저시급 월 환산액의 비율

연도	'19년	'20년	'21년	'22년	'23년	'24년~
매월 지급 상여	25%	20%	15%	10%	5%	0%
현금성 복리후생	7%	5%	3%	2%	1%	0%

최저임금의 산입 여부

구분			산입 여부
매월 지급	소정근로 외의 임금	① 연장·휴일근로에 대한 임금 및 연장·야간·휴일 가산수당	미산입
		② 연차유급휴가 미사용수당	
		③ 법정주휴일을 제외한 유급휴일에 대한 임금	
		④ 기타 ①, ②, ③에 준하는 임금(월차휴가 미사용수당 등)	
	상여금, 그 밖에 이에 준하는 임금	① 산정단위가 1개월을 초과하는 상여금, 장려가급, 능률수당, 근속수당	월 환산액의 10% 초과분 산입
		② 1개월을 초과하는 기간의 출근성적에 따라 지급하는 정근수당	
	생활보조·복리후생성 임금	통화 이외의 것으로 지급	미산입
		통화로 지급	월 환산액의 2% 초과분 산입
	상기 임금을 제외한 나머지 임금		산입

* 예제

• 상여금 최저임금 산입

2022년 최저임금 1,914,440원의 10%는 191,440원이 최저임금 계산 시 제외됨.

상여금이 300,000원이라고 가정했을 때

▶ 300,000-191,440=108,560원 최저임금에 산입

기본급 1,700,000원, 상여금 400,000원인 경우

1,700,000원+400,000원-191,440원(상여금산입범위 제외)

=1,908,560원(최저임금 미달)

- 복리후생비 최저임금 산입

    2022년 최저임금 1,914,440원의 2%는 38,289원이 최저임금 계산 시 제외됨.

    식대가 100,000원, 차량유지비 200,000원이라고 가정했을 때
    ▶ 100,000원+200,000원-38,289원=261,711원 최저임금 산입

    기본급 1,700,000원, 식대 100,000원인 경우

    1,700,000원+300,000원-38,289원(상여금산입범위 제외)

    =1,961,711원(최저임금 충족)

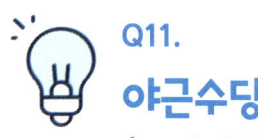

Q11.
야근수당
(포괄임금제? 고정연장근로수당제도?)

우리 회사는 매월 마지막 2주는 항상 야근을 하고 있습니다. 그래서 매월 임금에 야근수당을 넣어서 주고 싶은데 그렇게 할 수 있을까요?

근로기준법 제56조에는 '사용자는 연장근로와 야간근로 또는 휴일근로에 대하여 통상임금의 100분의 50 이상을 가산하여 지급하여야 한다'고 명시되어 있다. 보통의 임금산정은 사용자와 근로자가 합의하여 기본급을 결정하고 매월 업무에 따라 연장·야간·휴일 근로가 발생하면 그에 대한 연장·야간·휴일 근로수당을 합산하여 지급한다. 하지만 매달 고정적으로 연장근로가 정해져 있어 해당 연장근로를 월급에 포함해서 임금을 지급하는 방식이 바로 질문자가 원하는 방식이다.

질문자가 말한 임금체계를 많은 사람이 포괄임금제라 부르고 있다. 한다. 하지만 이는 틀린 명명이다. 포괄임금제는 근로기준법상 근거 규정은 없지만 판례를 통해 인정된 제도로, '근로시간 산정 및 측정이 불가능한 경우'에만 적법하게 활용할 수 있는 제도다.

| 포괄임금제 |

- 근로시간을 정확히 측정할 수 없는 예외적인 경우
- 실제 근로를 제공한 시간과 관계없이 정확히 법정수당을 산정하여 약정한 경우 (사업장 밖에서 주로 근무하며 근로시간을 근로자 재량으로 결정하는 경우나 매일의 근로시간이 기상, 기후 조건에 좌우되어 정확한 시간을 측정하기 어려운 경우)
- 금액의 많고 적음을 구분하지 않고 정산하는 것

따라서 단순히 근로시간 관리가 곤란하거나, 근로시간과 휴게시간이 혼재된 경우, 시간외근무가 예상되는 경우 등은 포괄임금제를 적용할 수 없다. 질문자의 회사는 근로시간을 측정할 수 있기 때문에 포괄임금제를 적용할 수 없지만 그 대신 '고정연장근로수당제도'를 이용하면 된다.

'고정연장근로수당제도'를 회사에 도입하기 위해서는 근로계약서에 기본적으로 소정근로시간에 대한 대가인 기본급이 명시되어 있어야 하고, 그 외 고정적으로 연장하는 시간에 대한 연장근로시간의 시간과 그 수당이 명시되어 있어야 한다.

고정연장근로수당제 근로계약서 작성 예시

항목	금액	산정기준
기본급	1,914,440원	월 209시간(주휴 포함)
고정연장근로수당	261,060원	월 19시간
합계	2,175,500원	

여기서 주의할 점은 '고정연장근로수당제도'로 연장근로수당이 월 임

금에 포함되었다 하더라도 월 임금에 포함된 연장근로시간보다 더 많이 일했으면 더 일한 만큼의 연장근로수당은 따로 더 지급해야 한다. 즉, 월 19시간의 연장근로수당이 포함되어 있지만 실제 월 24시간의 연장근로를 하였다면 5시간의 연장근로수당을 추가로 더 지급하여야 한다.

Q12. 임금명세서 교부

매월 임금명세서를 직원에게 보내주는 것이 법으로 정해졌다고 하는데 그 내용에 대해서 자세하게 알고 싶습니다.

매월 사용자는 근로자에게 근로의 대가로 임금을 지급한다. 회사에 따라 임금명세서를 교부하는 곳도 그렇지 않은 곳도 있다. 간혹 임금명세서를 교부해주지 않는 것을 어디에 신고하는지 묻는 질문을 받는데 임금명세서를 교부가 법으로 정해진 의무가 아니라 신고할 수 없었다.

하지만 2021년 11월 19일 근로기준법 제48조가 개정됨에 따라 사업주는 근로자에게 임금을 지급할 때 아래의 내용을 적은 임금명세서를 서면 또는 「전자문서법」에 따른 전자문서로 반드시 교부해야 한다.

1. 임금명세서 기재사항

① 근로자를 특정할 수 있는 정보

성명, 생년월일, 사원번호 등

② 임금지급일

정기지급일

③ 임금총액

근로소득세 등 공제 이전 임금총액 기제 및 공제 후 실지급액 함께 기재

④ 임금의 구성항목별 금액

기본급과 각종 수당(연장·야간·휴일근로수당, 가족수당, 식대, 직책수당 등), 상여금, 성과금 등 임금을 구상하는 모든 항목을 포함해야 하며, 그 금액도 기재

⑤ 임금의 구성항목별 계산방법

- 임금의 구성항목별 금액이 어떻게 산출되었는지 산출식 또는 산출방법을 작성하되, 근로자가 바로 알 수 있도록 구체적인 수치가 포함된 산출식을 적거나 지급요건을 기재
- 연장·야간·휴일근로를 하는 경우 추가된 근로시간에 대한 임금 이외에 가산수당일 발생하므로 실제 연장·야간·휴일 근로시간 수를 포함하여 계산방법 작성
- 모든 임금 항목에 해한 산출식 또는 산출방법을 기재할 필요는 없으며, 출근일수·시간 등에 따라 금액이 달라지는 항목에 대해서만 계산방법을 작성

⑥ 공제 항목별 금액과 총액 등 공제내역

임금의 일부를 공제한 경우 그 항목과 금액을 기재(근로소득세, 사회보험료 근로자 부담분, 노동조합 조합비 등).

2. 임금명세서 교부방식

① 서면 또는 전자문서 가능

서면 또는 「전자문서 및 전자거래기본법」 제2조 제1호에 따른 전자문서로 교부해야 함

- 서면 임금명세서 직접 교부
- 사내 전산망의 정보처리시스템, 애플리케이션 등을 통한 전달
- 전자임금명세서를 작성하고 자동으로 송·수신되도록 구축된 정보처리시스템을 활용하여 전송
- 전자임금명세서를 작성하고 공인전자주소, 포털사이트 등에서 제공하는 이메일 등 각종 전자적 방법을 이용하여 전송
- 임금총액 등 근로기준법령상 기재사항을 포함하여 휴대전화 문자 메세지로 전송

3. 임금명세서의 교부 판단

① 근로자가 확인 가능할 것

근로자가 확인할 수 있는 방법으로 임금명세서를 교부해야 한다. 컴퓨터에 접속하기 어려운 현장직 근로자에게 사내 인트라넷을 통해 임금명세서를 올리고 열람시간을 제한하는 것은 바람직하지 않기 때문에 근로자가 확인할 수 있는 방식을 고려해야 한다.

② 전자문서에 의한 임금명세서 교부 판단

- 사내 전산망에 임금명세서를 올리는 경우 근로자가 개별적으로 부여받은 아이디로 로그인하여 자유롭게 열람하고 출력할 수 있는 경우 교부한 것으로 본다.
- 이메일, 문자메세지, 카카오톡 등 메신저로 임금명세서를 발송한 경우 일반적으로 '발송된 때'를 임금명세서를 교부한 것으로 본다. 다만, 반송 처리되거나, 문자메시지가 수신되지 않은 경우가 있을 수 있으므로 이메일 등이 근로자에게 도달했는지 확인할 필요가 있다.

4. 임금명세서 교부 시기

사용자는 근로자에게 임금을 지급할 때 임금명세서도 함께 주어야 한다.

5. 임금명세서 의무 위반 시 제재

임금명세서 교부의무를 위반한 사용자에게는 500만 원 이하의 과태료가 부과된다.

위반행위	근거법조문	과태료(만원)		
		1차	2차	3차 이상
사. 법 제48조 제2항에 따른 임금명세서 교부의무를 위반한 경우	법 제116조 제2항 제2호			
1) 임금명세서를 교부하지 않은 경우		30	50	100
2) 임금명세서에 기재사항을 적지 않거나, 사실과 다르게 적어 교부한 경우		20	30	50

[별지 제17호의2서식]

임 금 명 세 서

지급일 : 0000-00-00

성명		생년월일(사번)	
부서		직급	

세부 내역				
지 급		공 제		
임금 항목	지급 금액	공제 항목	공제 금액	
매월 지급				
격월 또는 부정기 지급				
지급액 계		공제액 계		
		실수령액		

근로일수	총 근로시간수	연장근로시간수	야간근로시간수	휴일근로시간수

계산 방법		
구분	산출식 또는 산출방법	지급액
연장근로수당		
야간근로수당		
휴일근로수당		
근로소득세		
국민연금		
고용보험		
건강보험		
장기요양보험		

※ 해당 사업장 상황에 따라 기재가 필요 없는 항목이 있을 수 있습니다.

210mm×297mm[일반용지 60g/㎡(재활용품)]

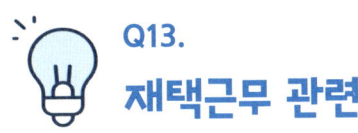

Q13.
재택근무 관련

현재 여러 요인으로 인하여 회사 직원들에게 사무실로 출근보다 재택근무를 권하고 있습니다. 처음에는 직원들이 재택근무를 좋아하다가 점차 근태관리가 어려워지고, 지겨워하며 재택근무를 거부하는 사태까지 벌어지고 있는데 어떻게 해야 하나요?

근래 들어 재택근무를 채택하는 스타트업 회사들이 늘어나고 있다. 재택근무라는 것은 말 그대로 근로자가 회사로부터 부여받은 업무를 자택 등 지정된 장소에서 수행하는 근무유형을 말한다.

재택근무를 한다 하더라도 재택근무를 하는 근로자들에게는 근로기준법을 비롯하여 회사 내 취업규칙 등에 따른 근로시간이나 휴게는 그대로 적용된다. 따라서 근로시간 중 사용자의 승인이 없이 혹은 휴가를 사용하지 않고 근무 장소를 임의로 벗어나거나 사적용무를 하는 것은 회사 내 복무규정을 어기는 것이 될 수 있다. 다만, 재택근무가 집에서 근무하는 것이기 때문에 일상생활과 혼재된다 하더라도 업무에 지장이 없는 최소한의 활동은 양해해야 할 것이다.

간혹 근태관리를 목적으로 재택근무자의 위치를 추적하고자 하는 회사들이 있다. 「위치정보의 보호 및 이용 등에 관한 법률」 제15조는 정보주체의 동의를 얻지 않은 위치정보 수집을 금지하고 있어 재택근로자로부터 위치정보(GPS 등)를 수집하기 위해서는, 사전에 근로자에게서 1) 수집·이용 목적, 2) 수집항목, 3) 정보 보유·이용 기간, 4) 동의 거부 가능 사실 등을 고지한 후 동의를 받아야 한다.[1]

처음에 출·퇴근의 스트레스에서 벗어나 재택근무를 선호하다가 이제는 집과 회사의 경계가 없어져 재택근무를 비선호하게 된 근로자들이 많다. 재택근무자가 회사의 명령을 어기고 일방적으로 사무실로 출근하는 경우에는 근무지이탈로 징계사유에 해당할 수 있지만, 통상의 근무지 이탈과는 달리 사무실로 출근하는 것이기 때문에 징계를 하는 것은 바람직하지 않다. 다만, 사전 관리자의 승인은 받도록 하는 절차를 마련해두도록 하자. 감염병 예방을 위해 재택근무가 반드시 필요함에도 불구하고 사무실로 출근한 경우에는 징계할 수 있다.

---

1 개인정보보호법 제15조 제2항

Q14. 4대 보험 미가입자 퇴직금 지급 여부

입사 당시 직원이 4대 보험에 가입하고 싶지 않다고 하여 3.3%로 인건비 신고를 하였습니다. 그 후 그 직원이 1년 7개월 정도 일하고 퇴사하였는데 퇴직금을 달라고 합니다. 4대 보험에 가입하지 않았는데도 퇴직금을 지급해주어야 하나요?

    4대 보험의 가입 여부는 퇴직금 지급과 무관하다. 퇴직급여제도는 해고, 사직 등 퇴직의 외형적인 명칭 또는 종류와 관계없이 근로계약이 종료되면 계속근로연수 판단하여 의무적으로 지급되는 것이다. 계속근로기간 1년에 대하여 30일분 이상의 평균임금이 지급되어야 한다.

    퇴직금은 계속근로연수 1년 이상인 근로자가 퇴직하는 경우에 지급하는 것이다. 이 때문에 1년 7일을 일한 경우 1년분의 퇴직금만 정산하여 주면 된다고 생각하는 회사들이 왕왕 있다. 퇴직금은 일한 기간 전체를 계산하여 지급하여야 하므로 1년 7일분의 퇴직금이 지급되어야 한다.

    다만, 4주간을 평균하여 1주간의 소정근로시간이 15시간 미만인 근로자에 대하여는 퇴직금 지급의무가 없다.

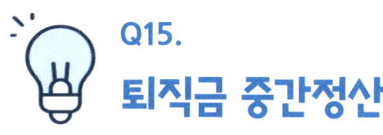

Q15. 퇴직금 중간정산

회사의 직원이 청약신청을 위해서 퇴직금 중간정산을 신청하였습니다. 퇴직금 중간정산을 해주어도 될까요?

퇴직금은 근로자가 퇴직으로 발생하는 것이 원칙이다. 근로자가 계속 근로한 기간에 대하여 퇴직금을 미리 정산할 수 있다(다만, 회사의 재직기간이 1년 이상인 근로자만 퇴직금 중간정산을 신청할 수 있다).

퇴직금 중간정산을 위한 법적 요건은 다음과 같다.

| 퇴직금 중간정산의 법적 요건 |

1. 무주택자인 근로자가 본인 명의로 주택을 구입하는 경우
2. 무주택자인 근로자가 거주 목적으로 보증금, 전세금을 부담하는 경우(한 사업장에서 1회에 한함)
3. 근로자 본인, 배우자 또는 근로자 또는 배우자의 부양가족이 6개월 이상 요양을 필요로 하는 경우
4. 퇴직금 중간정산을 신청하는 날로부터 역산하여 5년 이내에 파산선고를 받거나 개인회생절차개시 결정을 받은 경우
5. 사용자가 기존 정년을 연장하거나 보장하는 조건으로 단체협약 및 취업규칙 등을 통하여 일정나이, 근속 시점 또는 임금액을 기준으로 임금을 줄이는 제도를 시행하는 경우

6. 사용자가 근로자와의 합의에 따라 소정근로시간을 1일 1시간 또는 1주 5시간 이상 변경하여 그 변경된 소정근로시간에 따라 근로자가 3개월 이상 계속 근로하기로 한 경우
7. 근로시간의 단축으로 근로자의 퇴직금이 감소되는 경우
8. 천재지변 등으로 피해를 입은 경우

퇴직금 중간정산 시 근로자의 요구(근로자의 적극적·명시적 방법)와 사용자 승낙이 있어야 한다. 사용자가 근로자의 중간정산 요구에 반드시 응해야 하는 것은 아니며, 근로자의 개별적 요구가 없는 한 사용자는 중간정산을 강제할 수 없다.

퇴직금 중간정산 후 계속근로연수는 정산 시점부터 새로이 기산된다. 질문자 회사 직원의 퇴직금 중간정산은 불가능하다. 법에 명시되어 있는 퇴직금 중간정산 사유 중 청약 신청은 포함되어 있지 않기 때문이다.

Q16. 근태불량 직원의 징계

1달에 15일 이상 지각하는 근태불량 직원을 징계하고 싶습니다. 어디서 들으니 아무렇게나 징계할 수 없다고 하는데 징계 가능한 절차와 방법이 궁금합니다.

    징계는 근로계약 상의 의무를 소홀히 하였을 때 직무의 성실한 수행과 사내 규칙을 준수하게 할 목적으로 사용자가 근로자에게 인사조치의 불이익을 주는 것을 말한다.

    징계권은 사용자가 가진 인사권의 범위에 속하는 것이기에 사용자의 재량이 인정된다. 다만, 근로기준법 제23조[1]에 따르면 정당한 사유 없는 징계는 하지 못하게 되어 있다. 이는 사용자가 인사권을 남용하여 근로자에게 부당한 대우를 할 수 없도록 법적으로 막아놓은 것이다.

---

[1] 근로기준법 제23조(해고 등의 제한)
   ① 사용자는 근로자에게 정당한 이유 없이 해고, 휴직, 정직, 전직, 감봉, 그 밖의 징벌(懲罰)(이하 "부당해고등"이라 한다)을 하지 못한다.

1. 징계사유

사용자의 징계처분이 정당하려면 근로자가 기업 질서를 어지럽게 한 사실이 있어야 하며 그러한 행위가 근로계약서나 취업규칙 등에 징계사유로 규정되어 있어야 한다. 대표적인 징계 사유의 예로는 근무 태만, 근무자가 사용자의 정당한 업무지시 및 명령을 위반한 경우, 직장 내 폭언·폭행·성희롱을 행한 경우, 근로자의 사생활이 기업 이미지와 사업활동에 영향을 끼친 경우 등이 있다.

2. 징계절차

근로계약이나 취업규칙에 징계절차 명시되어 있다면 그 절차를 따라야 한다. 이를 지키지 못했다면 해당 징계는 부당징계로 인정될 가능성이 높다. 회사 내에 절차 규정이 없다 하더라도 최소한 근로자에게 소명기회를 주어야 한다.

3. 징계양정

보통 징계는 경고, 견책, 감봉, 정직, 해고 순으로 점점 무거워진다. 근로자의 기업 질서 위반 사실의 정도에 맞는 징계의 종류를 선택해야 한다. 이는 사용자가 타당성을 잃어 재량권을 남용하지 않도록 하기 위한 것이다.

 회사의 직원이 지각이 잦아 근태가 불량한 경우, 근태불량이 근로계약서나 회사 내의 취업규칙의 징계사유로 명시되어 있다면 징계 사유로 인정될 수 있다. 더불어 회사 내 징계 규정이 명시되어 있다면 그 절차를 지켜 징계할 수 있다.

Q17.
직원의 해고

회사 내의 한 직원이 SNS에 회사 비방글을 올리고 유언비어를 퍼트려 회사의 명예를 심각하게 훼손하였습니다. 또한 다른 직원들과도 지속적으로 트러블을 만들어 다른 직원들도 해당 직원의 퇴사를 요구하는 상황입니다. 이 직원을 해고하고 싶은데 구체적인 방법에 대해서 알고 싶습니다.

해고는 사업장에서 실제로 불리는 명칭이나 절차에 관계없이 근로자 의사와는 무관하게 사용자가 일방적으로 근로관계를 종료시키는 것[1]이다.

근로계약은 민법이 기본이 되고 있어 계약자유의 원칙에 따라 일정한 요건이나 손해배상[2]을 전제로 자유롭게 해지할 수 있다. 그러나 사용자가 본인이 지닌 우월한 경제적·사회적으로 위치를 가지고 계약자유의 원칙을 악용하여 해고를 자유롭게 할 수 있기 때문에 특별법으로 제정된 근로기준법에 의하여 해고를 제한하고 있다.

따라서 사용자는 근로자를 해고할 때 해고의 사유, 절차, 양정 등을 지켜야 한다. 다만, 근로계약기간이 정해진 경우에는 양 당사자 간의 특

---

[1] 대법원 1993. 10. 26. 선고 92다54210 판결
[2] 민법 제658조부터 제663조까지

별한 사정이 없는 한 그 기간이 만료하면 해당 근로계약은 당연히 종료된다. 이는 해고가 아니다.[3] 하지만 단기간 근로계약을 장시간에 걸쳐 반복 갱신하여 그 근로계약이 형식에 불과한 경우도 있다. 이는 사용자가 정당한 사유 없이 근로계약의 갱신을 거절한 것이므로 해고와 마찬가지의 경우가 된다.

정당한 해고 검토 여부는 상시근로자수 5인 이상 사업장에서만 가능하다. 부당해고 구제신청은 상시근로자수 5인 이상 사업장의 근로자만 신청할 수 있기 때문이다.

1. 해고의 사유

사용자는 정당한 이유 없이 근로자를 해고하지 못한다.[4] 여기서 '정당한 이유'라 함은 사회통념상 근로계약을 계속시킬 수 없을 정도로 근로자에게 책임 있는 사유가 있는 경우를 말한다.[5]

근로자에 대한 해고처분이 정당하기 위해서는 근로자의 잘못이 회사가 정한 규칙의 해고사유에 해당하여야 하며 사회통념상 합리성을 벗어나지 않아야 한다.

사회통념상 고용관계를 계속할 수 없을 정도인지는 당해 사업의 목

---

[3] 대법원 1996. 8. 29. 선고 95다5783 판결, 2011. 10. 27. 선고 2010두17205 판결
[4] 근로기준법 제23조(해고 등의 제한)
① 사용자는 근로자에게 정당한 이유 없이 해고, 휴직, 정직, 전직, 감봉, 그 밖의 징벌(懲罰)(이하 "부당해고등"이라 한다)을 하지 못한다.
[5] 대법원 1992. 4. 24. 선고 91다17931 판결, 2002. 12. 27. 선고 2002두9063 판결

적과 성격, 사업장의 여건, 해당 근로자의 지위 및 직종, 업무의 내용, 비위행위의 동기와 경위, 이로 인하여 기업의 위계질서가 문란하게 될 위험성 등 기업질서에 미칠 영향, 과거의 근무태도 등 여러 가지 사정을 종합적으로 검토하여 판단한다.

2. 해고의 양정

해고사유가 취업규칙에 정한 징계해고사유에 해당하고 그 자체가 적법한 것이라고 하더라도, 구체적인 전후 사정에 비추어 근로자에게 가장 무거운 징계처분인 해고 결정은 신중해야 한다.[6]

징계 재량권의 남용 여부를 판단함에 있어서는 내부적으로 정한 징계 양정의 기준뿐만 아니라 그 징계의 원인이 된 비위사실의 내용과 성질, 징계에 의하여 달성하려고 하는 직무규율상의 목적 등 구체적인 사안에서 나타난 제반 사정을 모두 참작하여야만 한다.[7]

---

[6] 해고와 임금, 사법연수원, 2009, 355면
[7] 대법원 1998. 10. 9. 선고 97누1198 판결, 2006. 12. 21. 선고 2006두16274 판결

3. 해고의 절차

① 해고의 서면통지

근로기준법 제27조[8]에는 해고 시 서면통지가 명시되어 있다. 이는 사용자가 해고 여부를 더 신중하고 명확하게 결정하게 하려는 것이다. 다른 한편으로는 해고사유와 해고시기를 명확하게 함으로써 후일의 분쟁을 해결하는 데 도움을 주기 위함이기도 하다. 때문에 해고하려는 사용자는 근로자에게 서면으로 해고의 사유와 시기를 서면 통지하여야 한다.

서면통지의 방법에는 특별한 제한이 없지만 반드시 서면으로 통지하여야 효력이 있으며, 위 요건에 위반하는 해고통지는 해고의 효력이 없다.

② 해고의 예고

해고예고는 근로자의 지위 및 생계비보장과 재취업에 필요한 시간적 여유를 부여하기 위한 제도이다. 따라서 근로자를 해고할 때에는 정당한 사유가 있다고 하더라도 적어도 30일 전에 해고예고를 해야 한다. 즉시 해고하려면 30일분 이상의 통상임금을 지급하여야 한다.[9]

해고예고방법에는 특별한 제한이 없으나 해고사유와 해고시기를 명시하여 서면으로 해고의 예고를 미리 한 경우에는 앞서 언급한 근로기

---

[8] 근로기준법 제27조(해고사유 등의 서면통지)
① 사용자는 근로자를 해고하려면 해고사유와 해고시기를 서면으로 통지하여야 한다.

[9] 근로기준법 제26조(해고의 예고). 사용자는 근로자를 해고(경영상 이유에 의한 해고를 포함한다)하려면 적어도 30일 전에 예고를 하여야 하고, 30일 전에 예고를 하지 아니하였을 때에는 30일분 이상의 통상임금을 지급하여야 한다.

준법 제27조에 따른 해고의 서면통지를 한 것으로 인정될 수 있다.

다만, 각 호의 어느 하나에 해당하는 경우 해고예고를 하지 않아도 된다.

- 근로자가 계속 근로한 기간이 3개월 미만인 경우
- 천재·사변, 그 밖의 부득이한 사유로 사업을 계속하는 것이 불가능한 경우
- 근로자가 고의로 사업에 막대한 지장을 초래하거나 재산상 손해를 끼친 경우로서 고용노동부령으로 정하는 사유에 해당하는 경우
- 해고금지 기간

근로기준법은 근로자가 노동력을 상실한 기간이나 효과적인 구직활동을 할 수 없는 기간에는 근로자를 실직의 위협으로부터 보호하기 위하여 해고를 금지하는 기간을 두고 있다.

업무상 부상이나 질병으로 요양보상을 받는 근로자가 요양개시 후 2년이 지나도 부상 또는 질병이 완치되지 않아 사용자가 1,340일분의 일시보상을 한 경우, 사업을 계속할 수 없게 된 경우에는 예외적으로 해고시기의 제한을 받지 않으므로 해고가 가능하다.

- 업무상 부상 또는 질병의 요양을 위해 휴업한 기간과 그 후 30일간
- 출산 전후 휴가 기간과 그 후 30일간
- 육아휴직 기간

질문자의 회사에서 직원을 해고하고 싶다면 해고일 30일 전에 서면으로 해고통지를 하여야 한다. 해고통지서에는 해고사유와 시기와 명시되어 있어야 한다. 다만, 절차규정을 지켰다고 하여 즉, 해고예고를 하고, 서면통지를 하였다고 하여 본 해고가 정당한 해고가 될 수 있는 것은 아니다.

사건을 구체적으로 살펴보아 양정과 사유의 정당성을 살펴보아야 한다. 절차적인 하자로 부당해고가 되는 경우가 많으니 해고의 절차적 규정에 신경을 써야 한다.

Q18. 직원이 갑자기 퇴사한 경우

직원이 갑자기 사직서를 제출하고 일방적으로 출근하지 않고 있습니다. 이 경우 회사는 어떻게 해야 하나요?

일반적으로 근로계약서나 회사의 취업규칙 등에 근로자가 회사 사직을 원하는 경우 사직하고자 하는 날의 30일 이전에 사직서를 제출하도록 명시한 경우가 많다.

그러나 그 기간을 지키지 않고 30일보다 짧은 기간에 사직서를 제출하는 경우 회사는 당황할 수밖에 없다. 직원이 사직서를 제출 후 일방적으로 출근하지 않은 경우 회사는 어떤 자세를 취해야 할까?

근로자가 사직서를 제출하였더라도 회사에서 이를 수리한 상태가 아니기 때문에 사직서 제출 후 30일이 경과해야 근로계약이 종료된다. 따라서 근로자는 사직서 제출 후 30일 동안 근로계약서에 따라 근로를 제공해야 한다. 하지만 근로기준법 제7조[1]에 따르면 사용자는 근로자의 자유의사에 반한 근로를 강요하지 못한다. 근로자에게 근로를 강제할

---

[1] 근로기준법 제7조(강제 근로의 금지). 사용자는 폭행, 협박, 감금, 그 밖에 정신상 또는 신체상의 자유를 부당하게 구속하는 수단으로써 근로자의 자유의사에 어긋나는 근로를 강요하지 못한다.

수 없는 것이다.

　손해배상의 원칙상 회사는 근로자에게 근로제공 의무 불이행(근로자가 사직의 의사표시를 한 후 근로계약이 해지되기 전에 직장에 출근하지 않는 것은 채무불이행에 해당됨)으로 인해 발생한 손해에 대한 배상을 청구할 수 있다. 다만 이를 위해서는 사용자가 손해 및 손해액을 입증해야 하는데 이를 산술적이며 구체적으로 입증하기는 쉽지 않다.

　또한 근로계약은 사용자와 근로자 쌍방의 계약이기 때문에 계약 파기 시 양 당사자의 동의가 있어야 한다. 그럼에도 불구하고 근로자가 사직서만 제출하고 일방적으로 출근하지 않는다면 이는 회사를 무단이탈한 것으로 징계사유가 된다.

　회사의 모든 연락을 차단한 경우, 할 수 있는 모든 수단을 동원하여 (근로자의 주민등록상의 주소로 내용증명·이메일·문자 발송 등) 근로자 사직의사에 대한 사용자의 입장을 전하여 추후 발생할지도 모르는 분쟁에 대비해야 한다.

Q19.
직원이 사직의사를 철회한 경우

업무 중 의견 충돌이 지속적으로 일어났습니다. 그러다가 한 직원이 참지 못하고 사직서를 제출했습니다. 만류했지만 더 이상 회사를 다닐 수 없다고 하였고, 직원의 의사를 존중하여 사직서를 수리했습니다. 그런데 다음 날 회사에 나오더니 미안하다며 다시 회사에 나오겠다고 합니다. 이 경우 어떻게 처리해야 할까요?

스타트업은 업무 중 의견을 자유롭게 제안할 수 있는 환경이 조성되어 있는 경우가 많다. 그렇기에 의견 조율이 제대로 이루어지지 않으면 큰 감정싸움으로 번질 수 있다. 이로 인하여 결국 회사를 떠나는 일이 발생하는 경우를 왕왕 지켜본 적이 있다.

한때의 격양된 감정으로 제출한 사직서가 사실 진의(속에 품고 있는 참뜻 또는 진짜 의도)가 아니었고, 감정적으로 제출한 것이었으며, 이곳이 아니면 나의 자아를 실현할 수 없는 곳이라 여긴 직원이 다시 회사로 돌아와 제출된 사직서를 철회할 수 있을까?

대법원은 "근로자가 사직원을 제출하여 근로계약 관계의 해지를 청약하는 경우 그에 대한 사용자의 승낙의사가 형성되어 그 승낙의 의사표시가 근로자에게 도달하기 이전에는 그 의사표시를 철회할 수 있다. 다만 사직서 제출이 근로자의 일방적인 근로계약 해지의 통고일 경우 사용자에게 의사표시가 도달한 이후에는 사용자의 동의 없이는 비록 민법 제660조 제3항 소정의 기간이 경과하기 이전이라 하여도 사직의 의사표시를 철회할 수 없다"고 판시한 바 있다(대법원 2000. 9. 5. 선고 99두8657 판결 참조).

최근에는 사직서 제출 시 사직서의 내용이 '사직한다'는 것이 아니라 '사직 승인을 요청한다'는 형식이라면 사용자가 사직서의 수리 사실을 알려주기 전까지는 철회가 가능하다고 판시한 바 있다(대법원 2014. 5. 6. 선고 2012두6029 판결 참조).

사직의 의사표시는 특별한 사정이 없는 한 당해 근로계약을 종료시키는 취지의 해약고지로 볼 것이고, 사직의 의사표시가 사용자에게 도달한 이상 근로자로서는 사용자의 동의 없이는 철회할 수 없을 것이다.

고용노동부는 이와 관련하여 같은 취지로 판단하면서 "이때 사직의 의사표시가 근로계약을 종료시키는 취지의 해지통고에 해당되는지, 근로관계에 대한 합의해지의 청약에 해당되는지 여부는 사직서의 기재내용, 사직서 작성, 제출의 동기 및 경위, 사직의사표시 철회의 동기 기타 여러 사정을 참작하여 판단하여야 한다"고 하였다(고용노동부, 근로개선정책과-3882, 2014. 7. 9.).

사기나 강요에 의하여 사직서를 제출하였거나 경솔한 마음가짐으로 사직서를 제출하였을 경우 퇴직의사가 없다면 즉시 철회의사를 사용자에게 전달하였어야 한다. 이 경우에는 사직서 제출은 유효하게 철회된 것이다. 사용자가 이를 무시하고 근로자를 퇴직 처리하는 경우에는 부당해고의 분쟁거리가 발생할 수 있다. 즉, 사직서를 제출한 근로자의 사직서를 철회할지 수리한 채로 그냥 둘지는 사용자의 결정에 달려있다.

Q20. 회사가 매년 수강해야 하는 법정의무교육

회사에 매년 수강해야 하는 법정의무교육에는 어떤 것들이 있나요? 안 들으면 문제가 생기나요?

    회사에서는 업종과 사규에 따라 수강해야 하는 노동관계법상 법정의무교육(5가지)이 있다. 아래의 표를 참고하여 각 회사에서 수강해야 하는 법정의무교육을 받자.

    많은 회사가 팩스나 전화로 법정의무교육을 무료로 실시해준다는 연락을 받는다. 이를 미끼로 하여 일부 은행, 보험회사, 건강식품회사가 상품판매 및 영업행위를 하기도 한다.

    법정의무교육은 자체교육이 원칙이다. 참고사이트에서 교육자료를 다운받아 자체교육을 실시하면 된다. 외부 강사로부터 위탁교육을 받고자 하는 회사는 참고 사이트 등을 방문하여 전문강사를 소개받아 교육을 받기를 바란다.

법정의무교육 세부사항 안내

구분	교육대상, 횟수	위반 시 벌금 및 과태료	참고 사이트
개인정보보호교육 (개인정보보호법 제28조)	· 고객 또는 직원의 개인정보를 처리하는 모든 개인 정보 취급자 · 내부관리계획 설립 또는 연 1회 이상	· 미실시 과태료 없음 · 개인정보관리사고 시 최대 5억 원의 과징금, 대표자 징계	· 개인정보보호 종합포털 (내부관리계획 검색) · 자체교육 가능
성희롱예방교육 (남녀고용평등법 제13조)	· 사업주 및 모든 근로자 · 연 1회 이상	· 미실시 과태료 (500만 원 이하)	· 여성노동법률센터 등 고용노동부 인정기관에서 전문강사 교육[1] (고용노동부 사이트[2]) · 10인 미만 사업장은 자체교육 가능(여성가족부[3] 자료 활용)
산업안전보건교육 (산업안전보건법 제20조)	· 5인 이상 사업장 · 사업주 및 모든 근로자 · 연 4회(분기별 1회) 실시 (사무직·일반직 매 분기 3시간, 사무직 외 매 분기 6시간)	· 미실시 과태료 (500만 원 이하, 1인당 3~15만 원)	· 고용노동부 인정기관에서 전문강사 교육[4] (고용노동부 사이트) · 자체교육 가능
퇴직연금교육 (근로자퇴직급여보장법 제32조 제2항)	· 퇴직연금제도(개인형 퇴직연금제도 제외)를 설정한 사업장은 매년 1회 이상 가입자에게 해당 사업의 퇴직연금제도 운영사항 등에 관한 사항을 교육할 의무를 부과 · 매년 1회 이상 교육	· 미실시 과태료 (1천만 원 이하의 과태료)	· 서면 또는 전자우편 등을 통한 정기적인 교육 자료의 발송 · 직원연수, 조회, 회의, 강의 등 대면교육의 실시 · 정보통신망을 통한 온라인 교육의 실시 · 해당사업장 등에 상시 게시(확정급여형에 해당)
장애인 인식개선교육 (장애인고용촉진 및 직업재활법 제5조의2)	· 사업주 · 연 1회	· 미실시 과태료 (300만 원 이하)	· 고용노동부 인정기관에서 전문강사 교육(고용노동부 사이트) · 자체교육 가능

1 여성노동법률지원센터 http://www.yeono.org/default/

2 고용노동부 성희롱예방교육 지정기관 명단
http://www.moel.go.kr/info/publict/publictDataView.do?SearchSeq=1&bbs_seq=20180200434

3 여성가족부 성희롱예방교육자료
http://www.mogef.go.kr/mp/pcd/mp_pcd_s001.do?mid=plc504

4 산업안전보건교육 지정기관 명단
http://www.moel.go.kr/news/notice/noticeView.do?bbs_seq=1482211527833

Q21. 4대 보험 가입 여부

새로 입사한 직원의 수습기간이 끝난 후 4대 보험 가입 여부를 물어보았더니 거부하여 3.3%로 인건비 처리를 하고 있습니다. 사석에서 다른 회사 대표를 만났는데 4대 보험은 무조건 가입해야 한다며 제가 잘못 처리하고 있다고 하는데 그 대표 말이 맞는 건가요?

국민에게 발생한 사회적 위험[1]을 보험의 방식으로 대처함으로써 국민의 건강과 소득을 보장하는 제도가 바로 4대 보험 즉, 사회보험이다. 국민연금, 건강보험(장기요양보험), 고용보험, 산재보험 총 4가지로 나누어져 있으며 1인 이상 근로자를 고용한다면 의무적으로 가입해야 한다.

다만, 아래의 조건에 해당하는 경우에는 4대 보험 적용이 제외된다.

4대 보험 적용 제외대상

구분	주요 적용 제외대상
국민연금	· 만 60세 이상인 자 · 1개월 미만의 기간 동안 고용되는 일용근로자로서 근무일수가 8일 미만인 자 · 월 소정근로시간이 60시간 미만인 자 · 법인의 이사 중 근로소득이 없는 자

---

[1] 사회적 위험이란 질병, 장애, 노령, 실업, 사망 등을 의미한다. 이는 본인은 물론 부양가족의 경제생활을 불안하게 하는 요인이다.

건강보험	・1개월 미만의 기간 동안 고용되는 일용근로자로서 근무일수가 8일 미만인 자 ・월 소정근로시간이 60시간 미만인 자 ・의료급여 수급자
고용보험	・만 64세 이후에 고용된 자 ・월 소정근로시간이 60시간 미만인 근로자
산재보험	・예외 없음

1일 단위로 근로계약을 체결하거나, 1개월 미만 동안 고용되는 근로자의 경우 고용·산재보험은 가입하고 건강·연금보험은 가입하지 않았다. 하지만 이제 이것은 힘들어졌다. 1개월 이상 근무하면서 월 8일 이상 근무하거나 월 60시간 이상 근무하는 경우 건강보험과 연금보험에 가입해야 하기 때문이다. 더불어 2022년 1월 1일부터 일용직의 국민연금 가입기준이 변경되었다.

2021년	2022년
① 1개월 근로시간 60시간 이상이거나 ② 1개월 8일 이상 근무하는 근로자	① 1개월 근로시간 60시간 이상이거나 ② 1개월 8일 이상 근무하거나 ③ 월 220만 원 이상 소득을 가진 근로자

Q22.
4대 보험 정부지원제도

직원을 4대 보험에 가입시켜야 하는데 보험료가 부담됩니다. 정부로부터 지원받을 수 있는 제도가 없나요?

스타트업과 같이 소규모 사업을 운영하는 사업주와 소속 근로자의 사회보험료(고용보험·국민연금)의 일부를 국가에서 지원함으로써 사회보험 가입에 따른 부담을 덜어주고, 사회보험 사각지대를 해소하기 위하여 사회보험료를 지원해주는 사업이 바로 '두루누리 사회보험 지원사업'이다.

1. 지원대상

근로자수가 10명 미만인 사업에 고용된 근로자 중 월평균 보수가 230만 원 미만인 신규가입 근로자(지원신청일 직전 1년간 고용보험과 국민연금 자격취득 이력이 없는 근로자)와 그 사업주에게 지원해준다.

2020년까지는 예전에 사회보험에 가입했던 근로자에게도 지원해주었지만 2021년부터는 새롭게 가입한 근로자에게만 지원한다.

2. 지원수준 및 지원기간

신규가입 근로자 및 사업주가 부담하는 고용보험과 국민연금 보험료의 80%를 36개월까지만 지원한다.

3. 지원 제외대상

지원 대상에 해당하는 근로자가 1) 지원신청일이 속한 보험연도의 전년도 재산의 과세표준액 합계가 6억 원 이상이거나 2) 지원신청일이 속한 보험연도의 전년도(소득자료 입수 시기에 따라 보험연도의 전년도 또는 전전년도) 종합소득이 3,800만 원 이상인 경우에는 지원대상에서 제외된다.

4. 보험료 지원방법

'두루누리 사회보험 지원사업'을 신청하면 사업주가 월별보험료를 법정기한 내에 납부하였는지를 확인하여 완납한 경우 그다음 달 보험료에서 해당 월의 보험료 지원금을 뺀 나머지 금액을 고지하는 방법으로 지원한다. 다만, 그다음 달에 부과될 보험료가 없는 경우에는 해당 월의 지원금은 지원하지 않는다.

두루누리 사회보험료는 지원신청일이 속한 달의 고용보험료부터 해당 보험연도 말까지 지원하되, 보험연도 말 현재 고용보험료 지원을 받고 있고 그 보험연도 중 보험료 지원기간의 월평균 근로자인 피보험자 수가 10명 미만인 경우에는 다음 보험연도에 별도로 신청하지 않더라도 계속 지원을 받을 수 있다.

다만, 고용보험료의 경우 사업주가 보수총액신고 또는 피보험자격 취득신고를 법정기한 내에 하지 않은 경우에는 그 신고를 이행한 날이 속한 달의 고용보험료부터 지원하고, 지원대상이 되는 근로자인 피보험자가 일용근로자인 경우에는 사업주가 법정기한 내에 제출한 달의 '근로내용 확인신고서'에 기재된 사람에 대한 월별보험료만을 지원한다.

| 근로자수가 '10명 미만인 사업' 이란? |

- 지원신청일이 속한 보험연도의 전년도에 근로자인 피보험자수가 월평균 10명 미만이고, 지원신청일이 속한 달의 말일을 기준으로 10명 미만인 사업
- 지원신청일이 속한 보험연도의 전년도 근로자인 피보험자수가 월평균 10명 이상이나 지원신청일이 속한 달의 직전 3개월 동안(지원신청일이 속한 연도로 한정함) 근로자인 피보험자수가 연속하여 10명 미만인 사업
- 지원신청일이 속한 보험연도 중에 보험관계가 성립된 사업으로 지원신청일이 속한 달의 직전 3개월 동안(지원신청일이 속한 연도로 한정하며, 보험관계성립일 이후 3개월이 지나지 아니한 경우에는 그 기간 동안) 근로자인 피보험자수가 연속하여 10명 미만인 사업
- 근로자수 산정 시 출산전후휴가, 유산·사산 휴가, 육아휴직 또는 육아기 근로시간 단축에 해당하는 근로자는 제외하고 산정함
- 법인은 법인등록번호, 개인은 사업자등록번호 단위로 사업 규모를 판단함

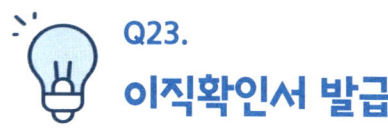

Q23. 이직확인서 발급

퇴사한 직원이 이직확인서라는 것을 발급해달라고 합니다. 어떻게 발급해주어야 하는지 궁금합니다.

이직확인서란 근로자의 실업급여 수급자격을 판단하기 위하여 반드시 필요한 서류다. 근로자가 이직 후 실업급여를 신청하려면 이직 전 직장에서 발급받은 이직확인서가 있어야 한다.

원래 사용자가 근로자에게 이직확인서 발급을 요청받은 경우 근로복지공단에 이직확인서를 제출하여야 했다. 그러나 2020년 8월 28일부터 이직확인서 처리기관이 근로복지공단에서 고용복지플러스센터로 변경되었다.

근로자가 사업주에게 이직확인서 발급요청서를 제출하거나, 고용복지플러스센터에서 이직확인서 발급을 요청받은 때에는 요청받은 날로부터 10일 이내에 사업주가 이직확인서를 발급해야 한다. 다만, 근로자가 이직한 다음 달의 15일까지 피보험자격상실신고서 및 이직확인서를 함께 제출하는 것도 가능하다.

이직확인서만 온라인으로 제출하는 경우 고용보험 홈페이지(www.

ei.go.kr)에 제출할 수 있으며, 이직확인서와 피보험자격을 동시에 온라인으로 제출하는 경우에는 고용산재보험 토탈서비스, 국민연금 EDI, 건강보험 EDI 중 한 곳을 선택하여 제출할 수 있다.

이직확인서를 기한 내에 발급하거나 제출하지 않은 경우에는 10만 원의 과태료가 부과된다(2차 위반 시 20만 원, 3차 위반 시 30만 원 과태료 부과).

또한 이직자가 실업급여 수급자격이 없거나 있는 것처럼 허위로 작성[1]하여 제출하는 경우 100만 원 과태료 부과된다(2차 위반 시 200만 원, 3차 위반 시 300만 원 과태료 부과).

거짓이나 그 밖의 부정한 방법으로 근로자가 실업급여를 부정수급할 수 있게 도와준 사용자의 경우(자진퇴사 하였으나 해고, 권고사직 등으로 이직사유를 작성하여 실업급여를 수급하게 해준 경우 등)에는 최대 5년 이하 징역 또는 5천만 원 이하 벌금의 처벌을 받을 수 있다.

---

[1] 허위작성에 해당하는 경우: 이직확인서와 피보험자격상실신고서에 함께 작성되는 이직일(상실일 전날), 이직사유(상실사유와 동일함)를 두 서류에 다르게 작성하는 것.

Q24. 모성보호 관련 노동관계법령

> 회사에 사내커플이 있습니다. 얼마 전에 임신을 해서 모성보호 관련하여 챙겨야 하는 노동관계법령들은 어떤 것들이 있는지 궁금합니다. 우리 회사는 연령대가 낮아서 아직 미혼인 직원이 많아 이번 일을 계기로 알아두고 싶습니다.

스타트업 회사들은 2~30대가 주 연령대를 이루기에 출산·육아에 관련된 노동관계법령에 대하여 알아두는 것이 좋다.

1. 임신기 근로자 보호

① 임신 근로자 연장·야간·휴일근로 불가능

다만, 임신 중 여성근로자가 명시적으로 청구하고 근로자대표와 사전협의 후 고용노동부 장관의 인가가 있으면 예외적으로 허용한다.

② 태아검진

임산부가 정기 건강진단을 받는 시간은 유급으로 보장한다.

임신기간별 정기건강진단 시간

임신기간	정기건강진단 시간
28주까지	4주에 1회
29주~36주	2주에 1회
37주 이후	1주에 1회

③ 임신 초기 및 후기 근로시간 단축 가능

임신 12주 이내 또는 36주 이후 임금 손실 없이 1일 2시간 근로시간 단축신청이 가능하다. 사업주에게 근로시간 단축 개시 예정일 3일 전까지 신청 가능하다.

④ 임신근로자 유연근무제 시행

2022년 1월 1일부터 임신한 근로자는 사용자와 약정한 1일 소정근로시간을 유지하면서 업무의 시작·종료시간을 유연하게 변경할 수 있다. 사용자는 이를 허용하지 않는 경우 500만 원 이하의 과태료가 부과된다. 해당 제도는 ③의 임신기 근로시간 단축제도와 함께 사용할 수 있다.

⑤ 임신 중 육아휴직 사용

2021년 11월 19일부터 임신 중(출산 전) 여성근로자도 육아휴직을 사용할 수 있다. 유산이나 조산 등 특정 위험에 상관없이 누구나 신청 가능하며, 임신 시점부터 '출산 전 휴가'까지 육아휴직을 신청할 수 있다. 출산 후 육아휴직과 합쳐 1년 이내로 사용하면 된다.

임신 중 육아휴직의 경우 횟수에 대한 제한이 없어 얼마든지 분할 사용 가능하다. 차감되지 되지 않는다. 원래 남녀고용평등법에 따라 만 8세 이하 또는 초등학교 2학년 이하의 자녀를 양육하기 위해 육아휴직을 허용하며 육아휴직 기간은 1년 이내로 2회 분할하여 사용할 수 있게 되어 있으나 임신 중 사용한 육아휴직은 육아 휴직 2회 분할 횟수에 포함되지 않는다. 예를 들어 임신 중인 A씨가 임신 기간 중 2개월의 육아휴직을 썼을 경우, A씨에게는 출산 후 10개월의 육아휴직 기간이 남아 있게 되고 10개월 육아휴직을 사용할 때 2회 분할하여 사용 가능하다.

2. 출산전후휴가

① 출산전후휴가

근로기준법상 출산 전후 90일(출산 후 45일 이상이어야 함)의 휴가가 보장되며, 다태아의 경우 120일(출산 후 60일 이상이어야 함)을 사용할 수 있다.

출산예정일이 출산일보다 늦어진 경우 90일(120일)을 초과하더라도 출산 후 45일(60일)이 보장되어야 한다. 다만 늘어난 휴가 기간은 무급으로 할 수 있다.

② 수유시간

사업주는 생후 1년 미만의 유아를 가진 여성 근로자가 청구 시, 1일 2회 각각 30분 이상의 유급 수유시간을 주어야 하며 수유시간, 횟수 등은 사업장 내에서 협의하여 1일 1시간 등으로 운영할 수 있다.

3. 배우자 출산휴가

배우자 출산을 사유로 10일의 휴가가 사용 가능하며, 배우자가 출산 예정이거나 출산한 날부터 90일이 지나지 않은 근로자가 사용 가능하다.

배우자가 출산한 날부터 90일 내에서 1회 분할 가능하다. 배우자 출산휴가 기간에 휴일은 포함되지 않고 출근해야 하는 의무가 있는 날 10일간 사용할 수 있다. 파견직, 기간제, 5인 미만 사업장 근로자 등 조건 불문 '배우자 출산을 이유'로 하는 남성근로자는 모두 사용 가능하다.

4. 육아휴직

① 육아휴직의 사용

만 8세 이하 또는 초등학교 2학년 이하의 자녀가 있고, 근속기간 6개월 이상인 근로자는 자녀 1명당 최대 1년의 육아휴직을 사용할 수 있다.

사업주에게 휴직 시작 예정일의 30일 전까지 신청서류를 제출하여 육아휴직을 사용할 수 있으며 한 자녀에 대하여 부모가 각각 1년씩 사용 가능하다. 동시에 사용할 수도 있다(한 자녀 당 총 2년의 육아휴직 보장). 육아휴직은 1회에 한하여 분할사용이 가능(육아휴직 중 1회 연장 가능)하다.

② 육아휴직 지원금 신설

2022년 1월 1일 육아휴직을 허용한 우선지원대상기업 사업주에게는 월 30만 원을 지원한다. 특히 자녀 생후 12개월 내 3개월 이상 육아휴직을 허용하는 경우 사업주에게 첫 3개월에 대해서는 월 200만 원씩 지원한다. 또한 우선지원대상기업 사업주가 육아기 근로시간 단축을 부여한 경우, 사업장 내 첫 번째~세 번째 단축 사용 근로자까지 월 10만 원을 인센티브로 추가 지급한다.

구분	지원대상	대상자녀 나이	사용기간	지원액 (근로자 1인당)
육아휴직 지원금	우선지원대상 기업	12개월 이내	첫 3개월	월 200만 원
			나머지 기간	월 30만 원
		12개월 초과	전 기간	월 30만 원

중소기업(우선지원대상기업) - 고용보험법 시행령 제12조 제1항 관련 별표 1

상시 근로자수	업종
500명 이하	제조업
300명 이하	광업, 건설업, 운수 및 창고업, 정보통신업, 사업시설관리, 사업지원 및 임대서비스업, 전문·과학 및 기술 서비스업, 보건업 및 사회복지 서비스업
200명 이하	도매 및 소매업, 숙박 및 음식점업, 금융 및 보험업, 예술, 스포츠 및 여가 관련 서비스업
100명 이하	그 밖의 업종

5. 육아기 근로시간 단축

육아휴직 대신 근로시간 줄이는 방법으로 만 8세 이하 또는 초등학교

2학년 이하의 자녀가 있고, 근속기간 6개월 이상 근로자가 이용할 수 있다.

최대 2년(자녀 1명당 1년+육아휴직 잔여기간)간 사용할 수 있으며 육아기 근로시간 단축 후 근로시간은 1주일 최소 15시간, 최대 35시간 근로할 수 있다.

육아기 근로시간 단축은 사업주에게 단축 시작 예정일의 30일 전까지 신청서류를 제출하면 된다. 횟수 제한 없이 분할사용 가능하며(1회 기간 3개월 이상), 자녀 1명당 1년씩 사용 가능하다.

육아휴직 1년 사용 중 남은 기간을 육아기 근로시간 단축으로 사용 가능하여, 육아휴직 1년을 사용하지 않으면 육아기 근로시간 단축을 최대 2년까지 사용할 수 있다.

6. 가족돌봄제도

① 가족돌봄휴직

조부모, 부모, 배우자, 배우자의 부모, 자녀 또는 손자녀의 질병, 사고, 노령으로 인하여 그 가족을 돌보기 위한 휴직이 필요한 근로자가 사용할 수 있다.

연간 최장 90일(분할사용 가능. 단, 1회 30일 이상 사용)을 사용할 수 있으며 가족돌봄휴직을 시작하려는 날의 30일 전까지 사업주에게 신청서 제출해야 한다.

② 가족돌봄휴가

조부모, 부모, 배우자, 배우자의 부모, 자녀 또는 손자녀의 질병, 사고, 노령으로 인하여 그 가족을 돌보기 위한 휴직이 필요한 근로자가 사용할 수 있다.

연간 최장 10일(단, 가족돌봄휴가 기간은 가족돌봄휴직 기간에 포함됨)을 사용할 수 있으며 사업주에게 가족돌봄휴가 신청서를 제출(당일 신청 가능)하면 사용할 수 있다.

③ 가족돌봄 근로시간 단축

6개월 이상을 근무한 근로자가 자신의 가족이나 본인의 건강을 돌보기 위한 경우, 만 55세 이상의 근로자가 은퇴를 준비하는 경우, 근로자의 학업을 위한 경우에 1년 이내(본인의 학업이 아닌 경우에는 2년 추가 사용 가능)에서 근로시간을 단축하는 제도가 바로 가족돌봄 근로시간 단축제도이다. 이 제도는 2022년 1월 1일부터 5인 이상 사업장부터 전면 확대 적용된다.

1) 근로자가 가족의 질병, 사고, 노령으로 인하여 가족을 돌봐야 하는 경우, 혹은 2) 근로자 본인이 질병, 사고로 인한 부상 등으로 건강을 돌봐야 하는 경우, 3) 55세 이상의 근로자가 은퇴를 준비하는 경우 4) 근로자가 학업을 위하여 근로시간 단축을 원하는 경우 회사에 근로시간 단축을 청구할 수 있다(단, 회사에 6개월 이상 근속하는 근로자만 신청 가능).

근로시간 단축 후 근로시간은 1주당 15~30시간 이내가 되어야 하며, 근로시간의 단축기간은 최대 3년(1년+연장 2년)간 사용할 수 있으나 본인 학업을 위해 단축하는 경우에는 총 1년만 해당 제도를 이용할 수 있다.

다만, 1) 사업주가 직업안정기관에 구인신청을 하고 14일 이상 대체인력을 채용하기 위하여 노력했으나 대체인력을 채용하지 못했거나, 2) 업무 성격상 근로시간을 분할하여 수행하기 곤란하거나, 3) 가족돌봄 등 근로시간 단축 종료일부터 2년이 지나지 않은 근로자가 신청한 경우에는 근로시간 단축을 허용하지 않을 수 있다.

근로시간 단축을 시작하려는 날 30일 전까지 사업주에게 신청서를 제출하면 가족돌봄 근로시간 단축을 사용할 수 있다. 사업주가 근로자가 근로시간 단축을 신청한 날부터 30일 이내에 해당 제도의 허용 여부를 밝히지 않으면 근로자가 신청한 내용대로 근로시간 단축을 허용한 것으로 간주된다.

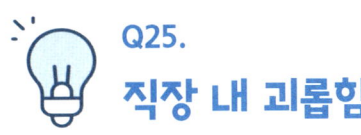
Q25.
직장 내 괴롭힘

> 팀장에게서 한 직원이 대표인 저에게 직장 내 괴롭힘을 당하고 있어 괴롭다는 제보를 했다고 합니다. 대표인 제가 직장 내 괴롭힘 당사자로 지목되면 회사에 불이익이 있나요?

직장 내 괴롭힘 방지에 대한 법이 시행되고 있다는 것을 모르는 사람이 없을 정도로 직장 내 괴롭힘에 대한 관심이 늘어나고 있다. 그만큼 직장 내 괴롭힘에 대한 신고가 많아지고 있어 스타트업에서는 직장 내 괴롭힘에 대한 내용을 알아두어야 한다.

직장 내 괴롭힘 방지 법안은 2019년 7월 16일 시행되었다. 해당 법으로 회사는 직장 내 괴롭힘 발생 시 사건의 조사, 피해자 보호, 가해자 징계에 대한 의무를 부여받았다. 그 후 2021년 10월 14일 법의 개정 크게 3가지가 변화되었다.

1. 사용자(친족 근로자 포함)가 가해자인 직장 내 괴롭힘

사용자(친족 근로자 포함)가 가해자가 된 경우 과태료 부과 법 개정 전

직장 내 괴롭힘의 행위자는 사용자 또는 근로자로 규정하고 있었다. 하지만 법 개정 후 사용자의 친족 중 사용자의 배우자, 4촌 이내의 혈족, 4촌 이내의 인척도 가해자에 포함되었다. 사용자뿐만 아니라 친인척이 사업장 내 근로자에게 직장 내 괴롭힘 행위를 하는 경우 1천만 원 이하의 과태료가 부과된다.

- 혈족: 부모와 자식, 형제자매 등 혈연관계를 맺고 있는 사람(예: 부모, 조부모, 자식, 손자녀, 형제자매, 부모의 형제자매 등)
- 인척: 혼인에 의해 나와 관련된 사람(예: 배우자의 부모, 배우자의 형제자매, 형제자매의 배우자, 자식의 배우자 등)

2. 사용자 조치의무 위반 시 과태료 부과

누구든지 직장 내 괴롭힘을 인지한 경우 신고할 수 있었다. 사용자는 이를 인지한 경우 지체 없이 사건을 조사하고, 피해자를 보호하며, 직장 내 괴롭힘으로 인정되는 경우 가해자를 징계하여만 한다. 하지만 이러한 조치의무를 다하지 않은 경우 500만 원 이하의 과태료가 부과된다.

3. 비밀 누설 시 과태료 부과

사건 조사 시 알게 된 내용을 다른 사람에게 누설한 경우에는 500만

원 이하의 과태료가 부과된다. 다만, 조사와 관련된 내용을 사용자에게 보고하거나 관계 기관의 요청에 따라 필요한 정보를 제공하는 경우는 과태료 부과 대상에서 제외된다.

질문자의 경우처럼 사용자가 직장 내 괴롭힘으로 지목된 경우 1천만 원 이하의 과태료에 처해질 수 있다. 다만 괴롭힘의 횟수나 괴롭힘의 피해자의 범위에 따라서 과태료는 달라질 것이다.

위반행위	근거법조문	과태료(만원)		
		1차	2차	3차 이상
카. 사용자 또는 사용자의 친족인 근로자가 법 제76조2에 따른 직장 내 괴롭힘을 한 경우	법 제116조 제1항			
1) 사용자가 한 사람에게 수차례 직장 내 괴롭힘을 하거나 2명 이상에게 직장 내 괴롭힘을 한 경우		500	1000	1000
2) 사용자와 친족인 근로자가 직장 내 괴롭힘을 한 경우		200	500	1000
3) 사용자가 그 밖의 직장 내 괴롭힘을 한 경우		300	1000	1000
타. 법 제76조3 제2항에 따른 직장 내 괴롭힘 발생 사실 확인을 위한 조사를 하지 않은 경우	법 제116조 제2항 제2호	300	500	500
파. 법 제76조3 제4항에 따른 근무장소의 변경 등 적절한 조치를 하지 않은 경우	법 제116조 제2항 제2호	200	300	500
하. 법 제76조3 제5항에 따른 징계, 근무장소의 변경 등 필요한 조치를 하지 않은 경우	법 제116조 제2항 제2호	200	300	500
거. 법 제76조3 제7항에 따른 직장 내 괴롭힘 발생 사실 조사 과정에서 알게 된 비밀을 다른 사람에게 누설한 경우	법 제116조 제2항 제2호	300	500	500

직장 내 괴롭힘이라는 것은 사용자 또는 근로자는 직장에서의 지위 또는 관계 등의 우위를 이용하여 업무상 적정범위를 넘어 다른 근로자에게 신체적·정신적 고통을 주거나 근무환경을 악화시키는 행위를 말한다. 업무에 관한 실수 등을 짚어주는 것은 직장 내 괴롭힘이 아니다. 다만, 해당 행위를 하면서 상대방의 자존심을 짓밟는 언행을 하거나 폭력을 쓴다면 그것은 직장 내 괴롭힘이 될 수 있다.

어떤 것이 직장 내 괴롭힘인지 아닌지 명확히 정의 내려 말할 수는 없다. 다만, 인격적으로 우리 회사를 위하여 일해 주는 고마운 사람, 나의 하루, 시간을 함께 보내는 사람이라 생각한다면 직장 내 괴롭힘은 없지 않을까 싶다.

제3장

무형자산의 코어, 지식재산

　창업의 초기 단계에서 지식재산권의 확보는 대단히 중요한 일이다. 그러나 일반적으로 창업의 초기 단계에서는 자금의 조달이 힘들기 때문에 지식재산권에 비용을 지불할 여력이 없다 보니 지식재산권을 확보하지 않은 상태에서 사업을 진행하는 경우가 많다.

　지식재산권이 확보되지 못한 채로 사업이 진행되는 경우, 자신의 노력을 통해 개발한 아이템, 브랜드가 후발 경쟁업체에 의해 모방 되어 피해를 보게 될 수 있다. 뿐만 아니라, 오히려 후발 경쟁업체가 지식재산권을 확보하여 역으로 자신의 아이템이나 브랜드를 사용하지 못하게 되는 경우도 빈번하게 발생한다. 따라서 본격적인 영업이나 마케팅을 실시하기 전에 반드시 지식재산권을 확보하는 것이 필요하다.

　스타트업은 적절한 시기에 지식재산권을 미리 확보하기 위해 여러 지식재산권제도에 대해서 전반적으로 파악하고 있어야 하며, 미리 발생할 지식재산권 분쟁에 대해서도 대비해야 할 것이다.

Q01. 지식재산이란 무엇입니까?

> 지식재산의 시대이다. 지식재산의 확보는 사업에서 가장 우선순위에 두어야 할 과제라고 해도 지나치지 않다. 특히, 최근 부상하고 있는 기술 기반 스타트업의 경우 초기에 지식재산 확보에 문제가 생기면 사업의 진행이 사실상 어렵다. 지식재산은 케이스가 다양할 뿐만 아니라 직관적으로 이해하기 어려운 제도들이 많기 때문에 전문가의 도움을 받아야 하며, 최소한의 관련 지식을 숙지해야 할 필요성도 있다. 이하에서는 지식재산의 기본 개념 및 종류에 대해서 살펴보자.

'지식재산'이란 인간의 창조적 활동 또는 경험 등에 의하여 창출되거나 발견된 지식, 정보, 기술, 사상이나 감정의 표현, 영업이나 물건의 표시, 생물의 품종이나 유전자원, 그 밖에 무형적인 것으로 재산적 가치가 실현될 수 있는 것을 의미하는 것으로서, 특허권, 실용신안권, 상표권, 디자인권, 저작권 등으로 분류된다.

1. 지식재산권의 종류

지식재산권의 종류에는 특허권, 실용신안권, 상표권, 디자인권, 저작권이 있다. 일반적으로 특허권, 실용신안권, 상표권, 디자인권을 합쳐

산업재산권으로 분류한다.

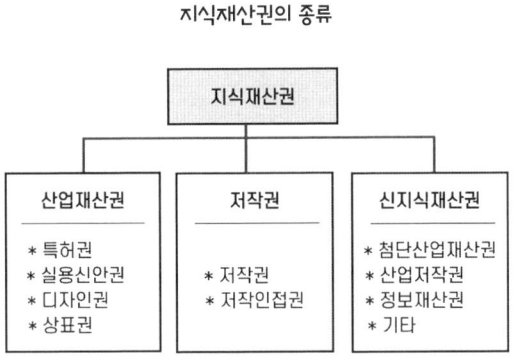

① 특허권, 실용신안권

기술적 사상(Technical Idea)을 보호하는 권리로써, 쉽게 말하자면 제품의 기능에 대한 보호를 수행하는 권리이다. 물건발명의 경우, 특허권과 실용신안권 양자로 보호 가능하나, 방법발명, 공정발명, 제법발명, 조성물발명의 경우, 특허권으로만 보호할 수 있다. 특허권과 실용신안권은 등록 가능성 판단 시 진보성의 정도, 우선심사 요건, 등록 후 존속기간 등에서 차이가 있다.

② 상표권

제품(또는 서비스)의 출처 및 제품 판매자(또는 서비스 제공자)의 신용을 보호하고, 소비자의 출처혼동 방지를 위한 권리이다. 상표는 일반적으로 제품의 '브랜드'로 이해하면 된다.

③ 디자인권

공업제품(물품)의 외형을 보호하는 권리이다. 보다 구체적으로 설명하면, 디자인권은 공업제품의 외형에서 느껴지는 미적 감각을 보호하기 위한 권리이다. 공업제품의 외형에 기능적인 특징이 있는 경우에는 원칙적으로 특허권이나 실용신안권으로 보호하여야 한다.

④ 저작권

인간의 사상이나 감정이 표현된 창작물, 즉, 저작물을 보호하는 권리이다. 저작물로는 소설, 수필, 문제집 등의 어문저작물, 수채화 등의 미술저작물, 가요, 국악 등의 음악저작물, 컴퓨터프로그램저작물 등이 있다.

2. 지식재산권의 필요성

① 시장에서 독점적 지위 확보

지식재산권은 독점적, 배타적인 효력이 있으므로, 자신의 제품, 서비스 등에 대한 지식재산권을 확보해두는 경우, 후발업체의 모방을 차단, 또는 시장진입을 저지하여 시장에서 독점적인 지위를 확보하는 것이 가능해진다.

② 분쟁 예방 및 권리보호

자신의 발명 및 개발기술을 적시에 권리화 함으로써 타인과의 분쟁을 사전에 예방할 수 있는 방어적인 기능을 수행한다. 한편, 타인이 자신의 권리를 무단 사용하는 경우, 확보된 권리를 이용하여 적극적으로 대응하여, 자신의 발명, 기술 또는 신용을 법적으로 보호하는 것이 가능하다.

③ R&D 투자비 회수 및 향후 추가기술

지식재산권은 기술개발의 투자비를 회수할 수 있는 확실한 수단이며, 확보된 권리를 바탕으로 타인과 분쟁 없이 추가적으로 응용 기술을 개발 가능하게 한다.

④ 정부의 각종 정책자금 및 세제지원 혜택

특허권 등 지식재산권을 보유하고 있는 경우, 특허기술사업화 자금지원, 우수발명품시작품 제작지원을 비롯하여 각종 정부자금 활용과 세제지원 혜택을 받을 수 있다.

Q02. 특허란 무엇이며, 등록절차는 어떻게 됩니까?

A씨는 새로운 타입의 스마트폰 충전기를 개발하고 제품을 출시하기 위해 준비 중이다. A씨는 경쟁업체가 자신의 기술을 도용할 것을 대비하여 특허등록을 받고 싶어한다. 특허란 무엇인지, 특허등록을 위한 절차, 요건, 효력 등은 어떻게 되는지 알아보자.

1. 특허권이란

특허제도는 인간의 정신적 창작의 결과물인 발명을 보호하기 위해 출원인[1]에게 일정 기간 독점, 배타적인 특허권을 부여하는 제도이다.

① 의의 및 법적성질

특허권은 발명이라는 기술적 사상의 창작에 대해 특허법에 따라 부여된 독점적, 배타적인 권리를 의미한다. 특허권자는 특허발명을 독점적으로 사용할 수 있고, 타인이 특허권의 보호범위 내의 기술을 무단으로 실시하는 것을 배타적으로 배제할 수 있다.

---

[1] 출원이라 함은 특허, 실용신안 등의 산업재산권을 특허청에 등록하기 위해서, 최초의 서류인 출원서를 제출하는 절차를 의미하며, 출원인이라 함은 출원을 하는 자, 즉, 특허, 실용신안 등의 산업재산권에 대한 권리를 가지기 위해서 출원을 실시하는 자를 의미한다. 출원인은 산업재산권이 특허청에 등록되는 경우 특허권자가 된다.

② 보호대상 및 보호범위

특허권은 기술적 사상의 창작인 특허발명을 보호하는데, 이러한 특허권의 보호범위는 특허 명세서(특허 기술 내용이 기재된 서면)의 청구범위(권리로써 보호받고자 하는 기술적인 사항을 기재하는 항목)에 적혀 있는 사항에 의하여 정해진다. 따라서 특허출원 시에는 청구범위 기재에 신경을 써야 한다. 청구범위에 엉뚱한 내용이 기재되어 있으면, 기술을 제대로 보호받을 수 없다.

③ 존속기간

특허권의 존속기간이란 특허권자가 특허발명을 독점적으로 실시할 수 있는 기간을 의미한다. 특허권의 존속기간은 특허법 제87조 제1항에 따라, 특허권을 설정등록[2]한 날부터 특허출원일 후 20년이 되는 날까지이다. 따라서 특허출원일 후 20년이 지나면 등록된 특허권은 소멸되며, 소멸된 특허권에 따른 기술은 누구나 사용할 수 있는 자유기술이 된다.

2. 특허등록절차

특허권은 저작권과는 달리, 등록주의[3]를 취하고 있다. 특허권은 제3자에게 효력이 미치게 되기 때문에 특허권의 존부 및 그 범위를 명확하

---

[2] 설정등록이란 특허출원에 대한 심사관의 특허등록 결정 후에 출원인이 설정등록료를 납부하게 되면, 특허청장이 직권으로 특허등록원부에 소정의 사항을 기재함으로써 특허등록이 완료되는 절차를 의미한다.
[3] 권리의 보호 및 효력발생의 요건으로서 행정청의 설정등록이 필요한 경우를 의미한다.

게 할 필요성이 있기 때문이다.

특허심사 절차

- 1. 방식심사: 출원의 주체, 법령이 정한 방식성 요건 등 절차의 흠·결유무를 점검
- 2. 출원공개: 특허출원에 대하여 그 출원일로부터 1년6월이 경과한 때 또는 출원인의 신청이 있는 때는 기술내용을 공개 공보에 게재하여 일반인에게 공개
- 3. 실체심사: 발명의 내용파악, 선행기술 조사등을 통해 특허여부를 판단
- 4. 특허결정: 심사결과 거절이유가 존재하지않을시에는 특허결정서를 출원인에게 통지
- 5. 등록공고: 특허결정되어 특허권이 설정 등록되면 그 내용을 일반인에게 공개함

출처: 특허청 홈페이지

① 절차 일반

특허출원서가 특허청에 제출되면, 특허출원 절차가 개시된다. 특허청에서는 먼저 출원서류가 법에서 정하는 절차적, 형식적 요건을 구비하고 있는지를 심사한다. 이와 같은 방식상의 흠결 유무를 검토한 후, 흠결이 없으면, 실체적인 심사, 즉, 실체심사를 통해 발명의 특허등록 가능성을 판단한다. 실체심사결과, 출원된 발명의 특허성이 인정되는 경우 특허청은 특허등록 결정을 하게 된다.

한편 실체심사를 통해 출원된 발명의 특허성이 인정되지 않는다고 판단되면, 특허청은 출원인에게 의견을 진술하고, 명세서를 보정할 기회를 준다. 출원인이 이에 대응하여 특허성을 입증하는 경우 특허청은

특허등록 결정을 하게 된다. 그러나 출원인의 의견개진을 통해서도 특허성이 입증되지 않으면 특허는 거절 결정되는데, 이후 출원인은 재심사청구, 거절 결정 불복심판 등의 절차를 이용해 이를 계속해서 다툴 수 있다.

② 기간

일반적으로 특허출원부터 특허등록까지는 1년~2년 사이의 기간이 소요된다. 그러나 특정한 요건이 만족되는 경우 우선심사를 특허청에 신청하게 되면, 특허출원부터 특허등록까지의 기간을 50% 이상 단축할 수 있다.

③ 등록요건

대표적인 특허등록요건으로 신규성, 진보성, 선출원 등이 있다. 신규성이란 발명의 내용이 기존과는 달리 신규해야 하는 요건이고, 진보성이란 발명의 내용이 기존의 기술로부터 용이하게 도출되지 않아야 하는 요건이고, 선출원은 당해 출원된 발명의 출원일 이전에 타인이 동일한 발명을 먼저 출원하지 않아야 하는 요건이다.

상기와 같은 요건 이외에도 진정한 권리자일 것, 특허 명세서의 기재방법을 준수할 것 등의 요건도 있다. 특허가 등록되기 위해서는 특허법에 기재되어 있는 등록요건 모두를 만족시켜야 한다.

④ 등록 후 특허권의 효력

특허권자는 업(業)으로써 특허발명을 실시할 권리를 독점할 수 있고,

등록특허의 보호범위 내에서 타인의 무단실시에 대해서는 배타적으로 민형사상 조치를 취할 수 있다.

이러한 특허권의 효력은 특허권이 존속하는 기간 동안 대한민국 내에서 미치게 된다. 따라서 대한민국에서 특허권이 있다 하여도 일본이나 미국 등의 타국에는 대한민국 특허권의 효력을 주장할 수 없다. 즉, 타국에 특허권을 행사하기 위해서는 각국에 특허출원을 하여 등록을 받아야 한다.

Q03. 아이디어만으로도 특허가 되나요?

A씨는 가전제품 개발 엔지니어이다. A씨는 길을 걷다 문득 선풍기에 설치되는 모터 구조에 대한 새로운 아이디어가 떠올랐다. 이러한 아이디어는 매우 단순한 것이었기 때문에 그 아이디어가 실제로 제품화되기까지는 많은 구체화와 개량이 될 필요성이 있었다. A씨의 단순한 아이디어는 특허로 등록받을 수 있을까?

1. 특허법상 발명

특허법상 발명이란 자연법칙을 이용한 기술적 사상의 창작으로서 고도(高度)한 것을 의미한다. 즉, 특허를 등록받기 위한 발명은 첫째, 자연법칙을 이용해야 하며, 둘째, 기술적 사상이어야 하며, 셋째, 창작의 정도가 고도해야 한다.

자연법칙은 자연계에 존재하는 원리, 원칙, 법칙 등을 의미한다. 특허법상 발명은 자연법칙을 '이용'해야 하므로 자연법칙 자체는 발명에 해당될 수 없고, 자연법칙에 위배되는 영구운동장치도 발명에 해당될 수 없다. 한편 인간의 약속, 영업방법[1], 규칙, 게임 룰(Game Rule) 등도 자연

---
1 영업방법, 즉, 비즈니스 모델(BM, Business Model)도 원칙적으로는 특허의 대상이 아니다. 그러나 영업방법이 PC, 스마트폰과 같은 단말장치에 의해서 구현되는 경우에는 예외적으로 특허의 대상이 될 수 있다.

계에 존재하는 원리로 볼 수 없으므로 발명에 해당될 수 없다.

기술적 사상(技術的 思想)이란 어떠한 목적을 달성하기 위한 구체적인 수단의 추상적 또는 개념적인 착상을 의미하는 것이다. 즉, 특허법상 발명은 반드시 기술 자체일 필요는 없으며 그 기술의 사상이면 조건을 충족하게 된다. 즉, 특허등록을 위한 특허법상 발명은 반드시 시제품과 같은 형태로 만들어져 있어야 하는 것은 아니며, 장차 실제 제품으로 만들어질 기술로서 실현 가능성만 있어도 된다.

'고도'하다고 하는 것은 그 수준이 높아야 함을 의미한다. 따라서 특허법상 발명은 기술적 사상이 고도, 즉 기술의 정도가 높아야 하며, 이는 특허와 실용신안을 구별하는 기준이 되기도 한다.

특허법상 발명의 조건에 따라 발명에 해당되지 않는 예로는 자연법칙 그 자체(열역학 법칙), 자연법칙에 위반된 것(영구운동장치), 자연법칙을 이용하지 않은 것(수학공식, 게임 룰), 컴퓨터프로그램 자체, 단순한 정보, 미술품 등의 창작물, 발견(자연물 자체를 발견하는 것) 등이 있다. 이외에도 자연법칙 상으로 보아 발명의 효과가 현저하게 의심스럽거나 그 수단이 너무 추상적인 경우에는 미완성발명에 해당하여 특허법상 발명이 될 수 없다.

2. 아이디어의 경우

살펴본 바와 같이 특허법상 인정되는 발명은 자연법칙을 이용한 기술적 사상의 창작으로서 고도한 것이어야 하는데, 단순한 아이디어의 경우 구체적이지 못하기 때문에 '구체적인 수단의 추상적 또는 개념적인 착상'에 해당하지 않게 되어 특허를 받을 수 없다.

특허를 받기 위해서는 단순한 아이디어를 더욱 구체화하여 '구체적인 수단'에 이르러 '기술적 사상'[2]의 단계에 도달되게 해야 한다. 구체성의 정도가 높은 수준일수록 특허의 등록 가능성도 높아진다고 할 수 있다.

그러므로 A씨의 아이디어가 구체성이 있어 기술적 사상에 이르렀다면 특허등록이 가능하나, 초기의 아이디어, 즉, 착상 단계의 단순 아이디어라면, 특허법상 발명에 해당되지 않아, 특허등록을 받을 수 없을 것이다.

---

[2] 아이디어가 최종적으로 구체화되면 시제품이 되는데, 여기서 '기술적 사상'은 아이디어와 시제품의 중간단계라고 생각하면 된다.

Q04. 특허가 등록되면 영원히 권리를 가지는 건가요?

특허권은 기술공개의 대가로서 독점적인 지위를 보장하기 위해 부여되는 권리이다. 특허에 대한 독점적인 지위가 영속되는 경우 타인이 유사 개량 기술을 실질적으로 개발할 수 없기 때문에 일반적인 사물에 대한 소유권과는 다르게 특허에는 존속기간이 부여되어 있다. 특허권의 존속기간과 존속기간이 연장되는 예외적인 제도에 대해서 살펴보자.

1. 존속기간

특허권의 존속기간이란 특허권자가 특허발명을 독점적으로 실시할 수 있는 기간을 의미한다. 특허권의 존속기간은 특허법 제87조 제1항에 따른 특허권을 설정등록한 날부터 특허출원일 후 20년이 되는 날까지이다. 따라서 특허출원일 후 20년이 지나면 등록된 특허권은 소멸되며, 소멸된 특허권에 따른 기술은 누구나 사용할 수 있는 자유기술이 된다.

2. 존속기간 연장등록 제도

존속기간 연장등록 제도란 특허발명을 실시하기 위하여 여타 법령에 따른 허가·등록 등에 필요한 유효성·안정성 등의 시험으로 인해 오랜 시간이 소요되는 발명인 경우, 시험으로 인해 실시할 수 없었던 기간에 대하여 특허권의 존속기간을 연장할 수 있는 제도이다.

| 존속기간 연장등록 제도 관련 법령 |

제89조(허가등에 따른 특허권의 존속기간의 연장)
① 특허발명을 실시하기 위하여 다른 법령에 따라 허가를 받거나 등록 등을 하여야 하고, 그 허가 또는 등록 등(이하 "허가등"이라 한다)을 위하여 필요한 유효성·안전성 등의 시험으로 인하여 장기간이 소요되는 대통령령으로 정하는 발명인 경우에는 제88조 제1항에도 불구하고 그 실시할 수 없었던 기간에 대하여 5년의 기간까지 그 특허권의 존속기간을 한 차례만 연장할 수 있다.

② 제1항을 적용할 때 허가등을 받은 자에게 책임있는 사유로 소요된 기간은 제1항의 "실시할 수 없었던 기간"에 포함되지 아니한다.

이러한 존속기간 연장등록 제도는 유효성, 안정성 등의 시험이 있어야 하는 의약발명의 경우 적용되는 제도로서, 이를 이용하면 최대 5년까지 존속기간을 연장할 수 있다.

Q05. 제가 공개한 기술인데도 특허를 받을 수 없나요?

특허는 신규한 기술에 대해서만 부여되는데, 여기서 신규하다는 것은 특허출원일 이전에 동일한 기술이 공중에 공개되지 않았음을 의미한다. 따라서 자신이 기술을 스스로 공개하였다 하더라도 공개일 이후에 동일한 기술을 특허출원하면 원칙적으로 거절된다. 그러나 특허법에서는 일정한 조건이 충족되는 경우 예외를 두어 출원인의 이익을 도모하고 있다.

1. 신규성

신규성(Novelty)이란 발명의 내용이 알려지지 않은 것을 의미하는 특허요건이다.[1] 신규성에 따르면 특허출원 전에 국내 또는 국외에서 공지·공연실시되거나, 반포된 간행물에 게재되거나, 전기통신회선을 통해 공중이 이용할 수 있는 발명과 동일한 발명은 특허를 받을 수 없다. 즉, 이전에 없던 새로운 발명만이 특허를 받을 수 있다.

특허권은 신규한 기술에 대해 허여되어야 하므로, 특허출원일 이전에 공개된 기술과 동일한 기술은 특허를 받을 수 없는데, 여기서 공개된

---

[1] 특허제도는 새로운 발명을 공개한 자에게 그 공개에 대한 대가로 독점권을 주는 것이다. 때문에 발명이 신규하지 않은 경우 보호할 필요가 없으므로 우리 특허법은 신규성을 특허등록의 요건으로 삼고 있다.

기술이란 국내뿐만 아니라 해외에서 공개된 것까지 포함한다.

　신규성을 상실시키는 공개기술의 예시로는 동일한 기술 내용이 학회에 발표된 것, 동일한 기술 내용이 기재된 문서가 인터넷상에 공개된 것, 동일한 기술 내용이 기재된 포스터, 전단지 등이 배포된 것 등이 있다.

2. 진보성

　진보성(Inventive Step)이란 해당 발명이 속하는 기술분야에서 통상의 지식을 가진 사람이 앞서 기술한 신규성에서 공개된 기술을 이용해 쉽게 발명할 수 없는 것을 의미하는 것으로서, 공개된 기술보다 진보한 발명에 대해서만 특허를 허여하기 위해 규정된 특허요건이다.

　특허권은 종래의 공개된 기술에 비해 진보한 기술에 대해서만 허여되어야 한다. 그러므로 그 발명이 속하는 기술분야에서 통상의 지식을 가진 사람이 특허출원일 이전에 공개된 유사한 기술로 용이하게 도출하거나 2개 이상의 유사기술의 조합으로 용이하게 도출되는 기술은 진보성이 흠결되어 특허등록을 받을 수 없다.

　상술한 진보성은 실무적으로 가장 문제 되는 특허요건으로, 대부분의 특허출원의 거절이유는 진보성 흠결이다.

　진보성 판단의 심사, 실무과정은 다음과 같다. 먼저, 출원된 특허의 특허청구범위에 기재된 발명을 특정한 다음, 특허청구범위에 기재된 발명과 유사한 공개기술을 특정한다. 이후, 특허청구범위에 기재된 발명과 가장 가까운 공개기술을 선택한 다음, 양자를 대비하여 각 구성요소 간의 차이점을 파악한다. 그다음으로 해당 기술분야에서 통상의 지식을 가진 사람(기술자, 당업자라고도 한다)의 입장에서 구성요소 간의 차이점이 특허청구범위에 기재된 발명과 기술적으로 가장 가까운 공개기술로부터 용이하게 도출될 수 있는지 여부를 판단한다. 이때에는 출원 전 해당 분야의 관용적, 기술적인 상식 및 경험 등을 이용해야 한다.

여기서, 보다 구체적으로 양자를 대비할 때에는 양 발명의 목적, 구성, 효과를 종합적으로 검토하되, 특허청구범위에 기재된 발명에 따른 구성의 곤란성을 중심으로 목적의 특이성 및 효과의 현저성을 참작하여 종합적으로 판단한다.

상기와 같은 방법으로 판단한 결과 구성 간의 차이점이 발명이 속하는 기술분야에서 통상의 지식을 가진 사람의 입장에서 충분히 도출 가능한 것이라고 판단되면, 해당 발명은 진보성이 없는 발명이 되어 특허를 등록받을 수 없게 된다.

3. 공지 예외 주장 출원

살펴본 바와 같이 특허출원 전에 발명이 공지된 경우에는 신규성이 상실되거나 진보성이 인정되지 않아 특허를 받을 수 없다. 자기 자신이 공개한 것이라고 해도 마찬가지이다. 하지만 사업을 하다 보면 특허출원 전에 부득이하게 자신이 자신의 발명을 공개해야 할 상황이 생길 수 있다. 이러한 경우에도 신규성 원칙을 기계적으로 적용하게 되면, 출원인에게 매우 불합리하게 되므로, 우리 특허법은 일정한 경우 예외를 두고 있다.

| 공지 예외 주장 관련 법령 |

제30조(공지 등이 되지 아니한 발명으로 보는 경우)
① 특허를 받을 수 있는 권리를 가진 자의 발명이 다음 각 호의 어느 하나에 해당하게 된 경우 그 날부터 12개월 이내에 특허출원을 하면 그 특허출원된 발명에 대하여 제29조 제1항 또는 제2항을 적용할 때에는 그 발명은 같은 조 제1항 각 호의 어느 하나에 해당하지 아니한 것으로 본다.

1. 특허를 받을 수 있는 권리를 가진 자에 의하여 그 발명이 제29조 제1항 각 호의 어느 하나에 해당하게 된 경우. 다만, 조약 또는 법률에 따라 국내 또는 국외에서 출원공개되거나 등록공고된 경우는 제외한다.
2. 특허를 받을 수 있는 권리를 가진 자의 의사에 반하여 그 발명이 제29조 제1항 각 호의 어느 하나에 해당하게 된 경우

② 제1항 제1호를 적용받으려는 자는 특허출원서에 그 취지를 적어 출원하여야 하고, 이를 증명할 수 있는 서류를 산업통상자원부령으로 정하는 방법에 따라 특허출원일부터 30일 이내에 특허청장에게 제출하여야 한다.

③ 제2항에도 불구하고 산업통상자원부령으로 정하는 보완수수료를 납부한 경우에는 다음 각 호의 어느 하나에 해당하는 기간에 제1항제1호를 적용받으려는 취지를 적은 서류 또는 이를 증명할 수 있는 서류를 제출할 수 있다.

1. 제47조 제1항에 따라 보정할 수 있는 기간
2. 제66조에 따른 특허결정 또는 제176조 제1항에 따른 특허거절결정 취소심결(특허등록을 결정한 심결에 한정하되, 재심심결을 포함한다)의 등본을 송달받은 날부터 3개월 이내의 기간. 다만, 제79조에 따른 설정등록을 받으려는 날이 3개월보다 짧은 경우에는 그 날까지의 기간

특허법 제30조에 따르면, 자기 의사에 의하여 발명을 공지하거나, 자

기 의사에 반하여 발명이 공지된 경우에도 공지된 날로부터 12개월 이내에 특허출원을 하는 경우 신규성 및 진보성 판단에 있어서 공지 발명을 공지되지 않은 것으로 판단한다. 이러한 제도를 '공지 예외 주장 제도'라고 하며, 특허출원 시 출원서에 그 취지를 기재하고, 공지되었음을 증명하는 서류를 첨부하여 특허출원하는 것으로서 제도를 이용할 수 있다.

살펴본 바와 같이 특허출원 전에 동일한 내용을 먼저 공개하더라도 공지 예외 주장 제도를 이용하여 특허등록을 받을 수는 있겠지만, 출원일자가 늦어지게 되면 늦어진 기간 동안 타인이 비슷한 기술을 개발하여 공개하는 경우도 발생할 수 있기 때문에, 특허출원은 가급적 발명이 완성되는 대로 즉시 진행하는 것이 좋다.

Q06. 제 기술을 도용해서 타인이 특허를 받았습니다. 어떻게 해야 하나요?

특허법은 진정한 권리자, 즉 발명자이거나 발명자로부터 출원할 권리를 적법하게 승계받은 자에게만 특허를 허여한다. 그러나 기술을 도용하여 무단으로 특허를 출원하는 사례가 빈번하다. 무권리자 출원은 무엇이며, 그에 대한 조치로는 어떠한 것이 있는지 알아보자.

1. 무권리자의 출원

발명자의 발명을 지득한 무권리자가 특허출원한 경우에는 특허법 제33조 제1항에 위반되어 특허를 등록받을 수 없다. 그러나 특허청 심사단계에서 출원인이 무권리자임을 심사관이 판단하기는 사실상 불가능하다. 따라서 심사단계에서 제33조 제1항 위반의 사유가 통지되는 경우는 거의 없다.

| 무권리자 출원 관련 법령 |

제33조(특허를 받을 수 있는 자)
① 발명을 한 사람 또는 그 승계인은 이 법에서 정하는 바에 따라 특허를 받을 수 있는 권리를 가진다. 다만, 특허청 직원 및 특허심판원 직원은 상속이나 유증(遺贈)의 경우를 제외하고는 재직 중 특허를 받을 수 없다.

② 2명 이상이 공동으로 발명한 경우에는 특허를 받을 수 있는 권리를 공유한다.

2. 특허무효심판

특허가 등록되면, 등록공보가 발행되어 공중에 공개되는데, 이 시점 이후에야 비로소 진정한 발명자는 자신의 기술이 도용되었음을 알게 된다. 무권리자가 특허를 받은 경우는 특허무효사유에 해당되기 때문에 진정한 발명자는 무권리자가 특허를 등록받았다는 이유로 특허무효심판 청구할 수 있다. 특허무효심판을 청구하여 등록 권리자가 무권리자임을 입증하면, 특허는 소급하여 무효처리된다. 특허무효심판은 특허 등록 후 언제든지 청구할 수 있다.

| 특허무효심판 관련 법령 |

제133조(특허의 무효심판)
① 이해관계인(제2호 본문의 경우에는 특허를 받을 수 있는 권리를 가진 자만 해당한다) 또는 심사관은 특허가 다음 각 호의 어느 하나에 해당하는 경우에는 무효심판을 청구할 수 있다. 이 경우 청구범위의 청구항이 둘 이상인 경우에는 청구항마다 청구할 수 있다.

1. 제25조, 제29조, 제32조, 제36조 제1항부터 제3항까지, 제42조 제3항 제1호 또는 같은 조 제4항을 위반한 경우
2. 제33조 제1항 본문에 따른 특허를 받을 수 있는 권리를 가지지 아니하거나 제44조를 위반한 경우. 다만, 제99조의2 제2항에 따라 이전등록된 경우에는 제외한다.
3. 제33조 제1항 단서에 따라 특허를 받을 수 없는 경우
4. 특허된 후 그 특허권자가 제25조에 따라 특허권을 누릴 수 없는 자로 되거나 그 특허가 조약을 위반한 경우
5. 조약을 위반하여 특허를 받을 수 없는 경우
6. 제47조 제2항 전단에 따른 범위를 벗어난 보정인 경우
7. 제52조 제1항에 따른 범위를 벗어난 분할출원인 경우
8. 제53조 제1항에 따른 범위를 벗어난 변경출원인 경우

② 제1항에 따른 심판은 특허권이 소멸된 후에도 청구할 수 있다.

③ 특허를 무효로 한다는 심결이 확정된 경우에는 그 특허권은 처음부터 없었던 것으로 본다. 다만, 제1항 제4호에 따라 특허를 무효로 한다는 심결이 확정된 경우에는 특허권은 그 특허가 같은 호에 해당하게 된 때부터 없었던 것으로 본다.

④ 심판장은 제1항에 따른 심판이 청구된 경우에는 그 취지를 해당 특허권의 전용실시권자나 그 밖에 특허에 관하여 등록을 한 권리를 가지는 자에게 알려야 한다.

3. 특허취소신청

특허는 등록 결정 이후 설정등록함으로써 등록된다. 한편, 살펴본 바

와 같이 무권리자에 의해 출원되었음에도 불구하고 설정등록되었다고 생각되는 경우에는 누구든지 6개월 이내에 특허심판원에 특허취소를 신청할 수 있다. 이를 특허취소신청이라고 한다.

특허취소신청제도는 특허등록 초기에 하자 있는 특허를 취소할 수 있게 하여 장래에 불필요한 특허소송 등의 분쟁을 예방하고 권리의 안정성을 도모하기 위해서 2017년 3월 1일 자로 도입되었다.

특허취소신청제도는 특허무효심판[1]에 비해 절차가 간편하고 처리 기간이 빠르기 때문에 분쟁 초기 단계에서 널리 이용될 것으로 생각된다.

특허취소신청에 의해 특허취소가 확정되면, 특허권은 소급하여 소멸한다. 이때, 일사부재리[2]의 효과는 없기 때문에, 동일한 증거로 무효심판을 청구할 수 있다.

---

[1] 특허등록을 소급적으로 무효시키는 당사자계 행정심판
[2] 어떤 사건에 대하여 일단 판결이 내려지고 그것이 확정되면 그 사건을 다시 소송으로 심리·재판하지 않는다는 원칙

Q07.
특허출원 후에 보강된 기술의 경우 다시 출원해야 하나요?

A씨는 신규한 페인트 합성방법을 개발하여 특허출원을 하였다. 특허출원 후 A씨는 페인트 합성방법을 추가적으로 연구하였는데, 연구 중 기존에 비해 효과가 2배 이상 향상된 실험데이터를 확보하게 되었다. A씨는 추가로 확보한 실험데이터를 기출원된 특허에 추가하고자 한다.

1. 국내우선권 주장 출원

특허가 출원되고 나면, 오기재 정정 등의 이유 이외에 새로운 기술 내용은 추가할 수 없다. 새로운 실험데이터를 추가하기 위해서는 국내우선권 주장 출원(특허법 제55조)을 해야 한다. 국내우선권 주장 출원의 경우, 원출원이 출원된 이후, 1년 이내에 가능하다.

| 국내우선권 주장 관련 법령 |

제55조(특허출원 등을 기초로 한 우선권 주장)
① 특허를 받으려는 자는 자신이 특허나 실용신안등록을 받을 수 있는 권리를 가진 특허출원 또는 실용신안등록출원으로 먼저 한 출원(이하 "선출원"이라 한다)의 출원서에 최초로 첨부된 명세서 또는 도면에 기재된 발명을 기초로 그 특허출원한 발명에 관하여 우선권을

주장할 수 있다. 다만, 다음 각 호의 어느 하나에 해당하는 경우에는 그러하지 아니하다.

1. 그 특허출원이 선출원의 출원일부터 1년이 지난 후에 출원된 경우
2. 선출원이 제52조 제2항(「실용신안법」 제11조에 따라 준용되는 경우를 포함한다)에 따른 분할출원이나 제53조 제2항 또는 「실용신안법」 제10조 제2항에 따른 변경출원인 경우
3. 그 특허출원을 할 때에 선출원이 포기·무효 또는 취하된 경우
4. 그 특허출원을 할 때에 선출원이 특허 여부의 결정, 실용신안등록 여부의 결정 또는 거절한다는 취지의 심결이 확정된 경우

② 제1항에 따른 우선권을 주장하려는 자는 특허출원을 할 때 특허출원서에 그 취지와 선출원의 표시를 하여야 한다.

③ 제1항에 따른 우선권 주장을 수반하는 특허출원된 발명 중 해당 우선권 주장의 기초가 된 선출원의 출원서에 최초로 첨부된 명세서 또는 도면에 기재된 발명과 같은 발명에 관하여 제29조 제1항·제2항, 같은 조 제3항 본문, 같은 조 제4항 본문, 제30조 제1항, 제36조 제1항부터 제3항까지, 제96조 제1항 제3호, 제98조, 제103조, 제105조 제1항·제2항, 제129조 및 제136조 제5항(제132조의3 제3항 또는 제133조의2 제4항에 따라 준용되는 경우를 포함한다), 「실용신안법」 제7조 제3항·제4항 및 제25조, 「디자인보호법」 제95조 및 제103조 제3항을 적용할 때에는 그 특허출원은 그 선출원을 한 때에 특허출원한 것으로 본다.

④ 제1항에 따른 우선권 주장을 수반하는 특허출원의 출원서에 최초로 첨부된 명세서 또는 도면에 기재된 발명 중 해당 우선권 주장의 기초가 된 선출원의 출원서에 최초로 첨부된 명세서 또는 도면에 기재된 발명과 같은 발명은 그 특허출원이 출원공개되거나 특허가 등록공고되었을 때에 해당 우선권 주장의 기초가 된 선출원에 관하여 출원공개가 된 것으로 보고 제29조 제3항 본문, 같은 조 제4항 본문 또는 「실용신안법」 제4조 제3항 본문·제4항 본문을 적용한다.

⑤ 선출원이 다음 각 호의 어느 하나에 해당하면 그 선출원의 출원서에 최초로 첨부된 명세서 또는 도면에 기재된 발명 중 그 선출원에 관하여 우선권 주장의 기초가 된 출원의 출원서에 최초로 첨부된 명세서 또는 도면에 기재된 발명에 대해서는 제3항과 제4항을 적용하지 아니한다.

1. 선출원이 제1항에 따른 우선권 주장을 수반하는 출원인 경우
2. 선출원이 「공업소유권의 보호를 위한 파리 협약」 제4조D(1)에 따른 우선권 주장을 수반하는 출원인 경우

⑥ 제4항을 적용할 때 선출원이 다음 각 호의 어느 하나에 해당하더라도 제29조 제7항을 적용하지 아니한다.

1. 선출원이 제201조 제4항에 따라 취하한 것으로 보는 국제특허출원인 경우
2. 선출원이 「실용신안법」 제35조 제4항에 따라 취하한 것으로 보는 국제실용신안등록출원인 경우

⑦ 제1항에 따른 요건을 갖추어 우선권 주장을 한 자는 선출원일(선출원이 둘 이상인 경우에는 최선출원일을 말한다)부터 1년 4개월 이내에 그 우선권 주장을 보정하거나 추가할 수 있다.

2. 국내우선권 주장의 효과

국내우선권 주장에 따르면, 먼저 출원된 특허가 일정 기간 이후 자동 취하되므로, 실질적으로 2개의 출원이 후에 출원된 1개의 출원으로 합쳐지는 효과가 있다. 이때, 후에 추가된 발명의 특징은 후에 출원한 특허출원일자로 특허성을 판단하고, 먼저 출원된 발명의 특징은 먼저 출원한 특허출원일자로 특허성을 판단하게 된다.

3. 국내우선권 주장 출원이 가능한 기간이 지나간 경우

선출원이 출원된 이후 1년이 경과하여 실험데이터를 추가할 수 없는 경우 신규 특허출원을 다시 해야 한다. 한편, 선출원이 설정등록되거나 출원된 이후 1년 6개월이 경과하여 공개되었다면, 선출원의 공개에 의

해 후출원이 거절될 수 있는바, 별도로 후출원에 대한 등록 가능성을 판단해야 한다.

Q08.
해외에 특허를 받고 싶습니다. 어떻게 해야 하나요?

A 스타트업 대표이사는 특유의 기술력이 접목된 여행숙박 플랫폼을 개발하여 런칭하였다. 그 플랫폼은 국내에서도 많이 이용되고 있으나 최근에는 국내보다 해외에서 더욱 인기를 끌고 있다. 이에 A 스타트업 대표이사는 해외에서 보다 적극적으로 서비스를 개시하고자 한다. 스타트업이 개발한 기술을 해외에서 보호받기 위해서는 어떠한 절차를 밟아야 할까?

1. 국제출원

특허권은 속지주의 원칙상 출원하여 등록된 국가에서만 효력을 미치게 된다. 따라서 국내에서 특허등록이 되었다고 하여 미국, 일본 등 타국에서도 효력을 가지며 권리행사를 할 수 있는 것은 아니다. 그러므로 해외에서 권리를 가지기 위해서는 해외 각 국가에 특허출원을 하여 등록을 받아야 한다.

수출국이 여러 국가인 경우, 모든 수출국에 특허의 권리가 미치게 하기 위해서는 모든 수출국에 각각 특허를 출원해야 한다. 이러한 방식은 전통적인 해외출원의 방식으로 소위 '개별국출원'이라고 부른다.

개별국출원의 경우 각국에 각각의 해외 대리인을 모두 별도로 선임하여 출원해야 한다. 이와 같은 개별국출원은 복수의 국가에 출원을 개별적으로 진행해야 하는바, 그 과정이 복잡하다는 점, 다수 국가에 모두 출원해야 하므로 비용이 크게 발생하는 점 등의 단점이 있다.

상술한 단점을 극복하고자, 특정 국가들은 연합하여 특허의 제도적인 통일을 기하는 '국제특허출원제도'를 실시하기로 합의하였는데, 국제특허제도인 'PCT(Patent Cooperation Treaty)출원'이 그것이다.

2. 개별국출원 (파리조약 시스템)

특허권을 획득하고자 하는 국가에 개별적으로 출원하는 방법이다. 일반적으로는 국내에 특허출원을 한 다음, 우선권 주장기간인 12개월 이내에 우선권을 주장하면서 해당 개별국에 특허출원을 한다. 우선권 주장은 후에 출원하는 출원(즉, 개별국출원)의 특허성 판단 시점을 먼저 출원된 출원(즉, 국내출원)의 출원일로 소급하고자 할 때 출원서에 그 취지를 기재하는 것을 의미한다.

개별국 특허출원과정

출처: 특허청 홈페이지

개별국출원 및 PCT출원의 비교

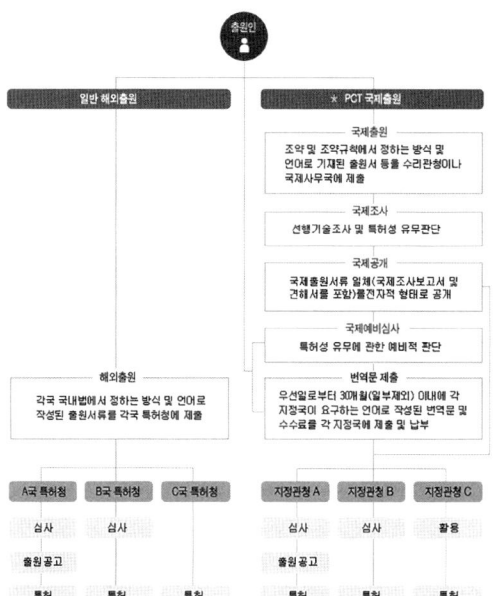

출처: 특허청 홈페이지

　우선권을 주장하면서 개별국에 특허출원을 하는 경우 개별국의 특허출원일이 국내의 특허출원일로 소급되는 효과가 있다. 이러한 개별국 출원 시의 우선권의 주장에 따르면, 개별국에서의 특허심사 시에 신규성, 진보성 등의 특허성 판단시점이 국내 특허출원 시로 소급되어 국내의 특허심사결과와 개별국에서의 특허심사결과가 이론적으로 같아지는 효과를 받을 수 있다.

　국내 특허출원 후 12개월이 지난 후라도 국내 특허가 공개되지 않았다면, 해외에 특허출원을 할 수 있다. 다만, 이 경우에는 우선권 주장의 효과를 받을 수 없다. 따라서 해외에 특허출원을 하는 경우에는 반드시 국내 특허출원 후 12개월 이내에 해외에 특허출원을 해야 선후원관계에서 12개월 이내의 출원일 소급효과를 받을 수 있다.

3. 국제특허출원 (PCT 시스템)

대한민국 특허청에 PCT출원서를 제출하고 30개월[1] 이내에 진입하려는 국가를 선택해 해당 국가의 국내 단계(National Phase)로 진입하는 제도이다. 즉, PCT출원은 출원은 있으나 등록은 없는 제도로 개별국으로 진입하기 전 중간에 걸쳐 있는 절차이다.

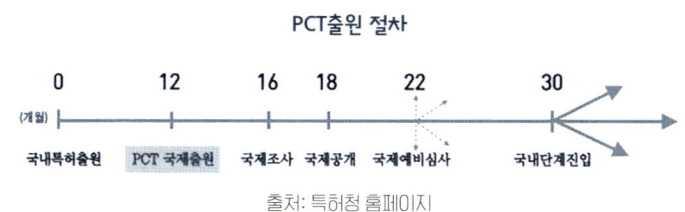

출처: 특허청 홈페이지

PCT출원의 경우에도 상술한 개별국출원과 마찬가지로 우선권을 주장함으로써 출원일 소급효과를 발생시킬 수 있다.

PCT출원에 따르면 국내 단계(National Phase)로 진입할 때까지의 기간이 우선일, 즉 제1국(선출원국가)에서의 특허출원일로부터 30개월까지 연장되는 효과가 있다. 개별국출원의 경우에는 12개월 이내에 우선권

---

[1] 30개월이 아닌 국가도 있지만, 일반적으로 개별국 진입기간은 30개월이다.

을 주장하면서 개별국에 출원하여야 한다. 그러므로 PCT출원의 경우 개별국출원보다 최대 18개월이 더 연장된다고 할 수 있다.

PCT출원은 대한민국에서 출원한 후 1년 이내에 진입할 국가를 선택해야 하는 개별국출원 시스템에 비해, 해외진출 여부 판단(어느 국가에 진입할지 여부) 및 각 국가에서의 특허등록 가능성 검토에 대한 시간적 여유를 크게 확보할 수 있는 이점이 있다.

4. 스타트업의 해외특허출원 전략

특허를 해외로 출원하는 각 방법은 장점, 단점이 분명하다. 그러므로 진출할 해외국가가 명확하게 정해져 있는 경우에는 개별국출원 시스템을 이용하여 불필요한 PCT출원 비용을 절약하는 것이 타당하고, 진출할 해외국가가 명확하게 정해져 있지 않은 경우에는 PCT출원하여 PCT에 가입된 여러 국가에서의 특허등록 가능성을 살려두어야 한다.

Q09. 특허 연차료를 납부하지 않아 특허가 소멸되었습니다. 되살릴 방법은 없나요?

A씨는 2012년 12월에 B발명에 대한 특허등록 결정을 받고 2013년 1월 1일에 설정등록 하였다. A씨는 B발명을 실제로 생산하기 위해 공장을 설립하는 등의 활동을 하였으나, 자금조달에 문제가 생겨 B발명을 생산하지 못하였다. 그러던 참에 2017년 1월 1일 A씨는 특허청으로부터 B발명에 대한 4년 차 연차료 납부서를 받게 되었는데, B발명 생산이 불투명한 상황에서 연차료 납부가 필요 없다고 생각하여 연차료를 납부하지 않았다. 이후, 2018년 1월 23일 자금조달 문제가 해결되어 A씨는 B발명을 생산하게 되었고, 판매가 급증하기 시작하였다. 이러한 상황에서 A씨는 다시 B발명에 대한 특허를 되살릴 수 있을까?

1. 연차료란?

권리를 유지하기 위해 특허청에 납부하는 것으로, 1년에 1회 납부해야 한다. 특허등록 결정 이후, 설정등록 시에 3년분 연차료를 미리 납부한다. 그러므로 4년 차부터는 매년 연차료를 납부해야 한다. 연차료를 납부하지 않으면 권리는 소멸한다.

2. 연차료와 권리 소멸

기간 내에 연차료를 납부하지 않는다고 하여 권리가 바로 소멸되는 것은 아니며, 추가 납부기간에 납부하면 권리를 갱신할 수 있다. 그러나 추가 납부기간에도 연차료를 납부하지 않으면 권리가 소멸된다. 추가 납부기간은 6개월이며, 이 기간에 연차료를 납부하는 경우에는 가산료가 발생한다.

| 특허료 관련 법령 |

제79조(특허료)
① 제87조 제1항에 따른 특허권의 설정등록을 받으려는 자는 설정등록을 받으려는 날(이하 "설정등록일"이라 한다)부터 3년분의 특허료를 내야 하고, 특허권자는 그 다음 해부터의 특허료를 해당 권리의 설정등록일에 해당하는 날을 기준으로 매년 1년분씩 내야 한다.

② 제1항에도 불구하고 특허권자는 그 다음 해부터의 특허료는 그 납부연도 순서에 따라 수년분 또는 모든 연도분을 함께 낼 수 있다.

③ 제1항 및 제2항에 따른 특허료, 그 납부방법 및 납부기간, 그 밖에 필요한 사항은 산업통상자원부령으로 정한다.

제81조(특허료의 추가납부 등)
① 특허권의 설정등록을 받으려는 자 또는 특허권자는 제79조 제3항에 따른 납부기간이 지난 후에도 6개월 이내(이하 "추가납부기간"이라 한다)에 특허료를 추가로 낼 수 있다.

② 제1항에 따라 특허료를 추가로 낼 때에는 내야 할 특허료의 2배의 범위에서 산업통상자원부령으로 정하는 금액을 납부하여야 한다.

③ 추가납부기간에 특허료를 내지 아니한 경우(추가납부기간이 끝나더라도 제81조의2 제2항에 따른 보전기간이 끝나지 아니한 경우에는 그 보전기간에 보전하지 아니한 경우를 말한다)에는 특허권의 설정등록을 받으려는 자의 특허출원은 포기한 것으로 보며, 특허권자의 특허권은 제79조 제1항 또는 제2항에 따라 낸 특허료에 해당되는 기간이 끝나는 날의 다음 날로 소급하여 소멸된 것으로 본다.

3. 연차료 추가납부

추가 납부기간 내에 연차료를 납부하지 않아 권리가 소멸되는 경우, 추가 납부기간이 경과한 날로부터 3개월 이내에 회복신청을 하면, 권리를 회복할 수 있다. 이때에는 정상 납부금액의 2배의 비용을 지불해야 한다. 소개한 사례에서, 추가 납부기간(6월) 및 회복기간(3월)이 모두 경과하였기 때문에 A씨는 특허권을 회복할 수 없다.

| 특허권의 회복 관련 법령 |

제81조의3(특허료의 추가납부 또는 보전에 의한 특허출원과 특허권의 회복 등)
① 특허권의 설정등록을 받으려는 자 또는 특허권자가 책임질 수 없는 사유로 추가납부기간에 특허료를 내지 아니하였거나 보전기간에 보전하지 아니한 경우에는 그 사유가 소멸한 날부터 2개월 이내에 그 특허료를 내거나 보전할 수 있다. 다만, 추가납부기간의 만료일 또는 보전기간의 만료일 중 늦은 날부터 1년이 지난 때에는 그러하지 아니하다.
② 제1항에 따라 특허료를 내거나 보전한 자는 제81조 제3항에도 불구하고 그 특허출원을 포기하지 아니한 것으로 보며, 그 특허권은 계속하여 존속하고 있던 것으로 본다.
③ 추가납부기간에 특허료를 내지 아니하였거나 보전기간에 보전하지 아니하여 특허발명의 특허권이 소멸한 경우 그 특허권자는 추가납부기간 또는 보전기간 만료일부터 3개월 이내에 제79조에 따른 특허료의 2배를 내고, 그 소멸한 권리의 회복을 신청할 수 있다. 이 경우 그 특허권은 계속하여 존속하고 있던 것으로 본다.
④ 제2항 또는 제3항에 따른 특허출원 또는 특허권의 효력은 추가납부기간 또는 보전기간이 지난 날부터 특허료를 내거나 보전한 날까지의 기간(이하 이 조에서 "효력제한기간"이라 한다) 중에 타인이 특허출원된 발명 또는 특허발명을 실시한 행위에 대해서는 그 효력이 미치지 아니한다.
⑤ 효력제한기간 중 국내에서 선의로 제2항 또는 제3항에 따른 특허출원된 발명 또는 특허발명을 업으로 실시하거나 이를 준비하고 있는 자는 그 실시하거나 준비하고 있는 발명 및 사업목적의 범위에서 그 특허출원된 발명 또는 특허발명에 대한 특허권에 대하여 통상실시권을 가진다.

⑥ 제5항에 따라 통상실시권을 가진 자는 특허권자 또는 전용실시권자에게 상당한 대가를 지급하여야 한다.

⑦ 제1항 본문에 따른 납부나 보전 또는 제3항 전단에 따른 신청에 필요한 사항은 산업통상자원부령으로 정한다.

Q10. 특허를 빨리 등록받고 싶습니다. 어떠한 방법이 있습니까?

A씨는 X기술을 개발하고 그 기술을 특허로 등록하고자 한다. X기술을 건축 공법에 대한 기술인데, A씨가 입찰을 하기 위해서는 관련 기술에 대한 특허등록이 필요조건이었기 때문이다. 입찰까지는 약 6개월이 시간이 남았다. A씨의 특허는 6개월 이내에 등록될 수 있을까?

1. 특허등록 기간

일반적으로 특허출원부터 특허등록까지는 1년~2년 사이의 기간이 소요[1]된다. 그러나 특정한 요건이 만족되는 경우 우선심사를 특허청에 신청하게 되면, 특허출원부터 특허등록까지의 기간을 50% 이상 단축할 수 있다.

---

[1] 특허청의 심사처리기간은 다음과 같다.

* 특허 심사처리기간 단축 현황

연도	2004	2005	2006	2007	2008	2009	2010	2011
1차심사처리기간(월)	21.0	17.6	9.8	9.8	12.1	15.4	18.5	16.8

출처: 특허청 홈페이지

| 우선심사 관련 법령 |

제61조(우선심사)
특허청장은 다음 각 호의 어느 하나에 해당하는 특허출원에 대해서는 심사관에게 다른 특허출원에 우선하여 심사하게 할 수 있다.

1. 제64조에 따른 출원공개 후 특허출원인이 아닌 자가 업(業)으로서 특허출원된 발명을 실시하고 있다고 인정되는 경우
2. 대통령령으로 정하는 특허출원으로서 긴급하게 처리할 필요가 있다고 인정되는 경우

2. 우선심사 요건

우선심사는 특허법 제64조에 따른 출원공개 후 특허출원인이 아닌 자가 업(業)으로서 특허출원된 발명을 실시하고 있다고 인정되는 경우 및 대통령령으로 정하는 특허출원으로서 긴급하게 처리할 필요가 있다고 인정되는 경우에 가능하다. 일반적으로 대부분 후자의 요건으로 우선심사 신청을 진행하고 있다. 대통령령으로 정하는 우선심사 요건은 다음과 같다.

| 대통령령으로 정하는 우선심사 요건 |

1. 방위산업분야의 특허출원
2. 녹색기술[온실가스 감축기술, 에너지 이용 효율화 기술, 청정생산기술, 청정에너지 기술, 자원순환 및 친환경 기술(관련 융합기술을 포함한다) 등 사회·경제 활동의 전 과정에 걸쳐 에너지와 자원을 절약하고 효율적으로 사용하여 온실가스 및 오염물질의 배출을 최소화하는 기술을 말한다]과 직접 관련된 특허출원

2의2. 인공지능 또는 사물인터넷 등 4차 산업혁명과 관련된 기술을 활용한 특허출원
3. 수출촉진에 직접 관련된 특허출원
4. 국가 또는 지방자치단체의 직무에 관한 특허출원(「고등교육법」에 따른 국·공립학교의 직무에 관한 특허출원으로서 「기술의 이전 및 사업화 촉진에 관한 법률」 제11조 제1항에 따라 국·공립학교 안에 설치된 기술이전·사업화 전담조직에 의한 특허출원을 포함한다)
5. 「벤처기업육성에 관한 특별조치법」 제25조에 따른 벤처기업의 확인을 받은 기업의 특허출원
5의2. 「중소기업기술혁신 촉진법」 제15조에 따라 기술혁신형 중소기업으로 선정된 기업의 특허출원
5의3. 「발명진흥법」 제11조의2에 따라 직무발명보상 우수기업으로 선정된 기업의 특허출원
5의4. 「발명진흥법」 제24조의2에 따라 지식재산 경영인증을 받은 중소기업의 특허출원
6. 「과학기술기본법」 제11조에 따른 국가연구개발사업의 결과물에 관한 특허출원
7. 조약에 의한 우선권주장의 기초가 되는 특허출원(당해 특허출원을 기초로 하는 우선권주장에 의하여 외국특허청에서 특허에 관한 절차가 진행중인 것에 한정한다)
7의2. 법 제198조의2에 따라 특허청이 「특허협력조약」에 따른 국제조사기관으로서 국제조사를 수행한 국제특허출원
8. 특허출원인이 특허출원된 발명을 실시하고 있거나 실시 준비 중인 특허출원
9. 삭제 〈2019. 7. 9.〉
10. 특허청장이 외국특허청장과 우선심사하기로 합의한 특허출원
11. 우선심사의 신청을 하려는 자가 특허출원된 발명에 관하여 조사·분류 전문기관 중 특허청장이 정하여 고시한 전문기관에 선행기술의 조사를 의뢰한 경우로서 그 조사 결과를 특허청장에게 통지하도록 해당 전문기관에 요청한 특허출원
12. 다음 각 목의 어느 하나에 해당하는 사람이 한 특허출원
  가. 65세 이상인 사람
  나. 건강에 중대한 이상이 있어 우선심사를 받지 아니하면 특허결정 또는 특허거절결정까지 특허에 관한 절차를 밟을 수 없을 것으로 예상되는 사람

여러 우선심사 요건 중 일반적으로는 특허출원인이 특허출원된 발명을 실시하고 있거나 실시준비 중인 요건, 벤처기업인증을 받은 기업 및 기술혁신형 중소기업으로 선정된 기업의 요건으로 우선심사 신청하는 경우가 많다.

그러나 전술한 3가지 요건 또는 기타 요건에 해당되지 않는 경우에는

특허선행기술 조사기관에 해당 발명의 선행기술조사서 작성을 의뢰하는 요건으로 신청하면 된다. 하지만 특허선행기술조사 기관에 선행기술조사서 작성을 의뢰하는 경우에는 우선심사 신청료 이외에 선행기술조사 비용이 추가적으로 발생한다.

3. A씨의 경우

우선심사를 신청한 후, 통상적으로 1회의 의견제출통지 단계를 거치면, 4개월~8개월 사이에 특허가 등록된다. 따라서 A씨의 경우 출원을 서두른다면 50% 이상의 확률로 기간 내에 특허등록을 받을 수 있을 것이라 생각된다.

Q11. 특허로 인재를 모집할 수 있는 수단이 있다는데?

최근 빅데이터에 관련된 기술이 호황기에 접어들면서 A 스타트업 대표이사는 관련 기술자의 영입에 애를 먹고 있다. 단순히 높은 급여를 제시하는 것만으로는 유능한 기술자를 영입하기 쉽지 않다. 직무발명제도는 이런 부분에서 확실한 옵션이 될 수 있다. 직무발명제도가 무엇이고 어떻게 도입할 수 있는지에 대해 살펴보자.

1. 직무발명제도[1]란?

직무발명제도는 종업원이 업무 범위 내에서 연구·개발하여 완성한 직무발명에 대한 권리를 사용자에게 승계하게 되는 경우 사용자가 종업원에게 정당한 보상을 주어야 함을 규정하는 제도이다.

직무발명제도를 통해 사용자와 종업원이 서로의 이익을 합리적으로 조정함으로써 기업의 기술경쟁력을 높이고 매출을 증대시켜 국가 산업 발전에 기여할 수 있다.

---

[1] 발명진흥법에서 직무발명제도를 규정하고 있다.

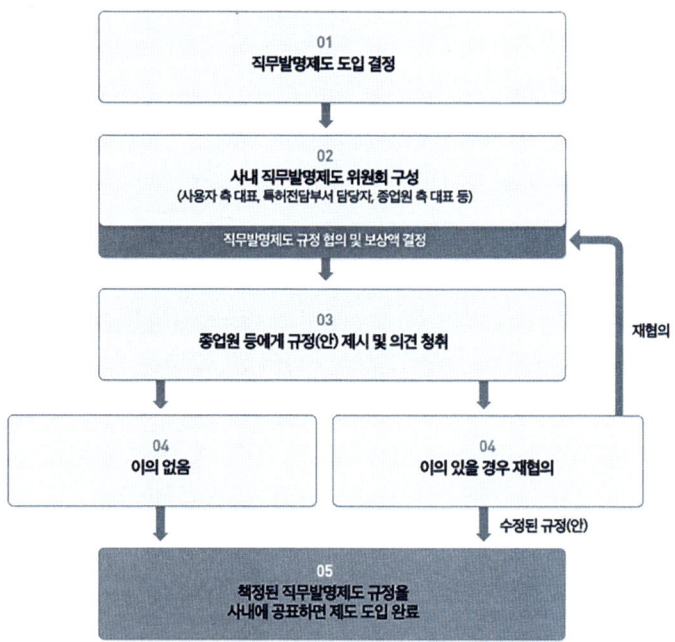

출처: 한국발명진흥회 홈페이지

① 직무발명제도 도입 및 권리관계

근로계약서, 고용계약서 또는 근무규정 등에 종업원이 직무발명을 하는 경우 기업에서 승계한다는 내용 및 승계하는 경우 종업원에게 정당한 보상을 준다는 내용이 기재되면 되고, 그 기재의 내용이 사내에 공표되면 된다.

종업원이 직무발명을 완성하게 되면, 종업원은 직무발명의 완성사실을 사용자에게 통지하여야 한다. 이러한 통지가 없는 경우 종업원은 직무발명에 대한 권리를 원칙적으로 가지게 되지만, 종업원이 사용자에게 직무발명을 양도하지 않더라도 사용자는 종업원의 직무발명이 특허등록을 받는 경우 무상의 통상실시권을 가지게 된다.

한편 직무발명 완성사실을 통지받은 사용자는 4개월 이내에 그 직무발명을 승계받을 것인지를 종업원에게 통지하여야 한다. 여기서 사용자가 직무발명의 승계 의사를 종업원에게 통지하는 경우 사용자는 직무발명에 대한 권리를 승계받게 되며 종업원은 정당한 보상금을 받을 권리를 가지게 된다.

여기서 사용자가 직무발명의 불승계 의사를 종업원에게 통지하는 경우 종업원은 직무발명에 대한 권리는 그대로 가지게 되지만 보상금을 받을 권리는 가지게 되지 못한다.

사용자가 직무발명 완성사실을 통지받고도 4개월 이내에 승계 여부를 종업원에게 통지하지 않는 경우 종업원은 직무발명에 대한 권리를 그대로 가지게 되지만 사용자는 무상의 통상실시권은 가질 수 없게 된다.

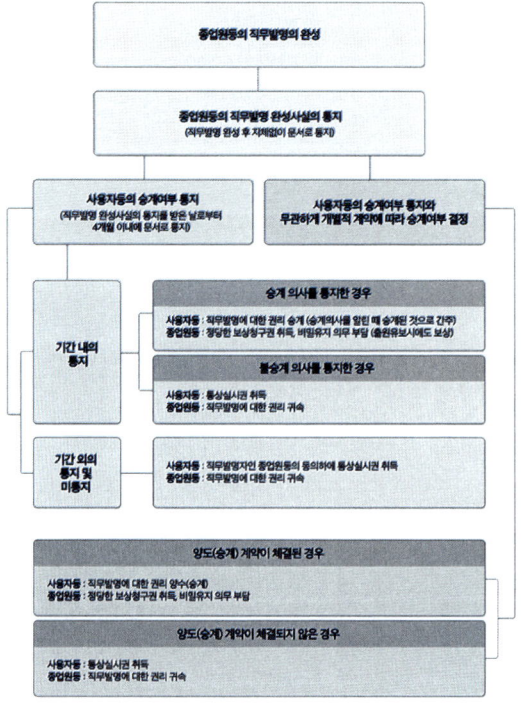

출처: 한국발명진흥회 홈페이지

② 직무발명에 대한 보상

직무발명에 대한 특허를 받을 수 있는 권리나 특허권을 사용자에게 승계하는 경우, 종업원은 정당한 보상을 받을 권리를 가진다.

사용자가 직무발명에 대한 권리를 승계한 후 출원하지 않거나 출원을 포기·취하하는 경우에도 사용자는 종업원에게 정당한 보상을 하여야 한다.

보상의 종류, 보상액 결정기준, 보상액 산정방법 등과 같은 보상금에 대한 구체적인 내용은 사용자와 종업원 사이의 근무규정 또는 별도의 계약 등을 통하여 정할 수 있다.

③ 직무발명제도 도입 효과

직무발명에 대한 정당한 보상을 주어 종업원의 기술개발 의욕을 고취시킬 수 있다. 따라서 직무발명제도를 적절히 활용하면, 스타트업에 필요한 인재들을 모집하는 데 도움이 될 뿐만 아니라, 모집한 인재들이 유출되는 것도 효과적으로 방지할 수 있을 것이다.

한편 직무발명제도에 따르면, 사용자의 입장에서는 종업원이 발명한 핵심특허를 확보하여 기업의 기술경쟁력을 높이고 매출을 증대시킬 수 있다.

또한 직무발명제도 도입 기업에는 조세특례제한법 제9조, 제10조, 동법 시행령 제8조, 소득세법 제12조 제5호 라목에 따라 직무발명 보상금 지출비용에 대한 세액공제 혜택이 주어지고, 중소기업 기술혁신 개발사업, 융·복합기술 개발사업, 상용화기술 개발사업 등과 같은 각종 정부지원사업 대상자 선정 시에 가산점도 주어진다.

발명진흥법상 종업원에는 대표이사도 포함되므로, 대표이사가 개발한 발명도 직무발명에 해당될 수 있다. 따라서 대표이사가 법인과의 관계에서 직무발명제도를 활용하면, 법인의 가지급금 처리의 근거가 마련될 수 있다. 즉, 스타트업 대표이사가 직무에 대한 발명을 한 다음, 이를 법인에 승계하면서 보상금을 발생시키면, 스타트업 대표이사는 법인으로부터 보상금을 받을 수 있게 되므로 법인의 가지급금이 적법하게 감소될 수 있는 것이다.

Q12. 특허정보조사란 무엇입니까?

A스타트업은 빅데이터를 수집, 가공한 후 데이터베이스화하여 정보를 판매하고 있다. A스타트업이 사용하고 있는 빅데이터 수집 기술은 종래의 일반적인 웹크롤링 방법이다. A스타트업의 기술 연구소장인 B는 데이터 수집 효율을 높이기 위해 기존의 웹크롤링 방법을 조금 수정하여 웹크롤링 속도를 향상시키고자 한다. 그러나 A스타트업은 아직까지 많은 투자를 받고 있지 못한 상황이기 때문에 B연구소장은 기술개발의 구체적인 방향성을 설정하는 데 필요한 자료수집에서부터 애를 먹고 있다.

1. 특허분석이란

특허분석이란 특허정보가 가지고 있는 정보를 분석자의 의도에 맞게 여러 형태로 정리, 분석, 가공한 후 이를 전문가가 해석하는 일련의 과정을 의미한다. 특허분석은 분석자의 분석 의도에 따라 여러 가지 형태를 가질 수 있는데, 일반적으로 경영전략 수립을 위한 분석, 기술 R&D 전략을 수립하기 위한 분석, 특허 전략을 수립하기 위한 분석으로 구분될 수 있다.

경영전략 수립을 위한 특허분석은 기업의 경영전략 또는 연구개발 전략을 수립하기 위해 해당 기술분야 기업들의 특허 동향을 조사, 분석하는 것으로, 기업의 대표 또는 연구소의 연구소장에게 유용한 정보를 제공한다. 이를 통해 관련 기술의 전체적인 기술변화의 경향을 파악하거나, 경쟁기업의 기술동향 및 연구개발 경쟁력을 조사할 수 있다.

　기술 R&D 전략을 수립하기 위한 분석은 관련 기술의 특허 조사를 통해 공백 기술을 발견하고 기술의 시장 파급효과를 확인하고, 중복 연구를 방지하는 목적으로 사용된다. 기술 R&D 전략을 수립하기 위한 분석은 주로 신제품 개발이나 기획단계에서 유용하게 활용될 수 있다.

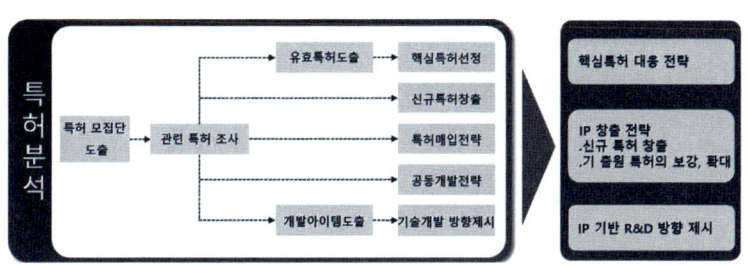

기술 R&D 전략을 수립하기 위한 특허분석의 프로세스 예시

　특허 전략을 수립하기 위한 분석은 특허등록 가능성, 특허 포트폴리오 구축, 특허의 보호범위확인 등의 목적으로 사용된다. 근래에 중소기업, 대기업을 가리지 않고 특허침해, 저촉 문제가 이슈되고 있어 스타트업에서는 필수적으로 사용되어야 하는 분석이다.

2. 특허분석 프로세스

　특허정보는 권리정보와 기술정보로 나눌 수 있는데, 권리정보는 정량적인 방법으로 분석되며, 기술정보는 정성적인 방법으로 분석된다. 권리정보에 대한 정량적인 분석에 따르면, 특허기술의 연도별 동향, 특허기술의 국가별 동향, 특허기술의 기업별 동향, 특허기술의 기술분야별 동향을 쉽게 파악할 수 있다. 또한 기술정보의 정성적인 분석에 따르면, 해당 기술분야의 핵심특허 및 해당 기술분야의 기술 흐름을 파악할 수 있고, 핵심특허의 권리범위를 확인하여 침해 가능성을 판단할 수 있고, 해당 기술분야의 공백 기술 부분을 파악할 수 있다.

특허분석은 다음과 같은 과정을 통해 실시된다. 먼저 조사할 기술분야의 특허를 포괄적으로 검색하기 위해 검색식을 완성한 후, 완성된 검색식으로 특허 검색을 실시하여 로데이터(Raw Data)를 확보한다. 이후, 로데이터에서 조사자가 의도한 기술분야 이외의 기술분야의 특허정보, 즉, 노이즈를 제거한 다음, 통계 분석에 용이하도록 데이터를 적절하게 가공한다. 이후, 가공된 데이터를 정량적, 정성적으로 분석한 후, 분석된 결과를 이용해 시사점을 도출함으로써 의도하였던 특허 전략을 수립하는 과정으로 마무리한다.

3. 특허분석의 시기

특허분석은 시기가 매우 중요하다. 제품의 개발이 완료된 후 양산되고 있는 상황에서 특허분석을 실시한다고 가정하자. 특허분석을 통해 양산되고 있는 제품이 경쟁업체의 등록특허를 침해할 가능성이 높다고 판단되면, 특허침해를 회피하여 제품 전체를 다시 설계해야 한다. 상기

상황에서는 경쟁사의 특허를 매입하거나, 크로스라이선스를 체결하거나, 통상실시권허여심판을 청구하는 방법 등으로 접근해야 한다. 상기 방법들은 추가적인 비용과 시간을 매우 크게 소모한다. 따라서 제품 기획단계부터 제품 출시단계에 이르는 각각의 단계마다 특허분석을 모두 실시하는 것이 가장 바람직하다. 제품 기획단계에서는 기술 R&D 전략을 수립하기 위한 분석과 특허 전략을 수립하기 위한 분석을 실시하되, 이에 따라 기획된 제품의 기본 아이디어가 타 업체의 특허에 저촉되는지 여부를 위주로 검토를 수행하는 것이 바람직하다.

4. 특허분석 예시

아래 자료는 기술 R&D 전략을 수립하기 위한 분석보고서의 예시 목차와 분석을 통해 도출되는 결과 그래프 및 차트의 예시이다.

기술 R&D 전략을 수립하기 위한 분석보고서 목차의 예시

특허동향 분석 및 IP 포트폴리오 구축 전략

I. 보유 기술 분석
   1. 기술의 정의 ·· 17
   2. 기술 세부 분야 ·· 18
II. 분석배경 및 목적
III. 지식재산권 기반 R&D 전략
   1. 지식재산권 확보의 필요성 ································ 19
   2. 지식재산권의 확보 과정 ·································· 20
   3. 선행 특허를 고려한 사업화 논리 확보 ···················· 21
     (1) 선행 특허를 고려한 기술 설계 1 ····················· 21
     (2) 선행 특허를 고려한 기술 설계 2 ····················· 23
IV. 특허동향분석
   1. 분석범위 ·· 24
     (1) 분석대상 특허 검색 DB 및 검색범위 ················· 24
     (2) 핵심 키워드, 기술 분류 및 검색식 도출 ·············· 24
     (3) 유효 특허 도출 ······································ 27
     (4) 유효 특허를 국가 및 기술 분류별로 분류한 결과 ······ 27
   2. 특허기술 Landscape ······································ 28
     (1) 주요국가 연도별 특허 동향 ·························· 29
     (2) 출원인 국적현황 ····································· 30
     (3) 주요 상위 출원인 별 출원 현황 ······················ 32
     (4) 국내 주요 출원인 별 출원 현황 ······················ 33
     (5) 포트폴리오로 본 기술 개발 현황 ····················· 34
     (6) 경쟁자 Landscape ··································· 40
   3. IP 부상도(기술발전 흐름도) 분석 ························ 40
   4. 핵심특허 분석 ·· 44
     (1) 핵심특허 분석 목적 ································· 44
     (2) 핵심특허 선정기준 ·································· 45
     (3) 주요 핵심특허 분석 ································· 45
     (4) 수면 무호흡 치료 장치 핵심특허 리스트 ·············· 46
   5. 선행 핵심 특허를 활용한 사업화 전략 ···················· 59
     (1) 선행 핵심 특허 활용 전략 ··························· 59
     (2) 선행 핵심 특허 대응 전략 리스트 ···················· 60
V. 포트폴리오 구축 전략
   1. R&D 방향성 제언 ··· 70
   2. 지재권확보 가능성 분석 ·································· 70
   3. 지재권확보 가능성 검토 의견 ····························· 71
   4. 관심 기업의 특허 동향 시사점 ···························· 71
   5. 종합결론 ·· 72

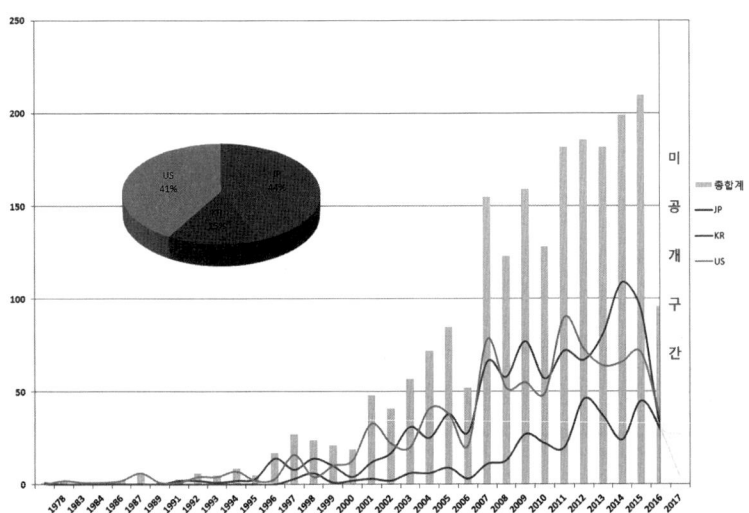

주요국가 연도별 출원현황 예시

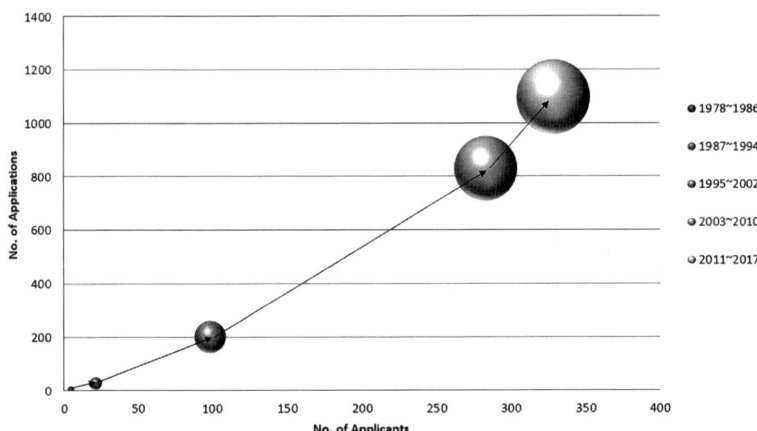

주요국 특허출원 동향 분석 예시

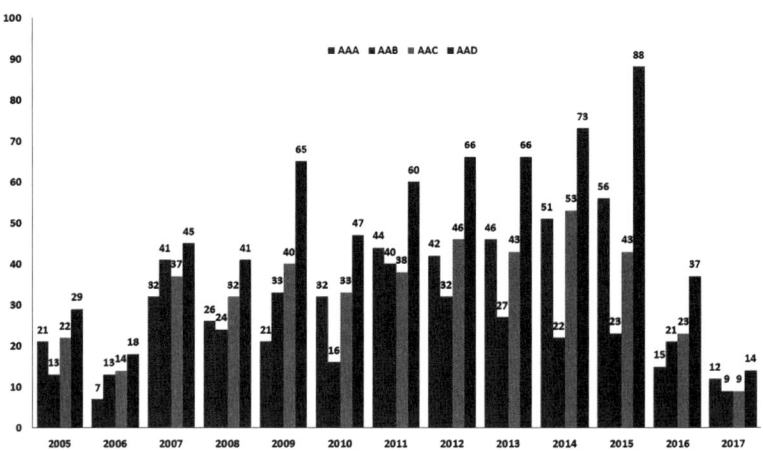

기술 소분류별 출원 건수 분석 예시

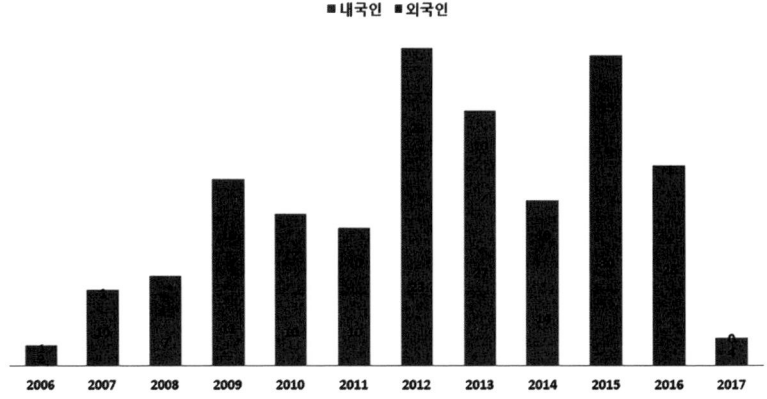

한국시장에서의 내외국인 출원현황 분석 예시

핵심특허분석 예시

2) 모터구동방식(AAA)

발명의 명칭	코골이 및 수면 무호흡 감지 및 치료 시스템		
출원인	연세대학교 산학협력단, 지웰전자 주식회사	출원국가	한국
등록번호	10-1695223	출원일	2015년 06월 12일
기술 분야 (해당 소분류)	AAA	출원/등록/공개 여부	등록
기술 요약	본 발명은 코골이 및 수면 무호흡 감지 및 치료 시스템에 관한 것으로서, 환자로부터 발생하는 진동 및 소음을 감지하는 감지장치, 상기 환자의 입안에 착용하는 치료장치 및 상기 감지장치가 전송하는 진동 및 소음에 대한 신호를 분석하여 상기 치료장치의 구동을 제어하는 제어장치를 포함하는 것을 특징으로 한다. 본 발명에 따르면, 코골이 및 수면 무호흡 감지장치를 패드 형식의 필름 타입으로 형성한바, 전체 수면 무호흡 감지장치의 부피가 획기적으로 줄어들 수 있으므로, 환자가 코골이 및 수면 무호흡 감지장치가 설치된 흉부용 밴드를 장시간 착용하여 수면 무호흡 검사를 받아도 기존 수면 무호흡 감지장치를 착용하는 것과 같은 답답함과 불편함을 느끼지 않고 정상적인 수면상태에 쉽게 이를 수 있으며, 환자로부터 발생하는 진동 및 소음을 감지하는 센서부가 압전효과를 이용한 피에조 필름을 이용하므로, 주변 온도 변화에 큰 영향을 받지 않고, 수면 무호흡 상태를 정확하게 감지할 수 있는 효과가 있다.		
대표 도면			
대표 청구항	환자로부터 발생하는 진동 및 소음을 감지하는 감지장치; 상기 환자의 입안에 착용하는 치료장치; 및 상기 감지장치가 전송하는 진동 및 소음에 대한 신호를 분석하여 상기 치료장치의 구동을 제어하는 제어장치;를 포함하고, 상기 제어장치는, 상기 감지장치가 전송하는 진동 및 소음에 대한 신호를 분석하여 상기 환자의 호흡률(RR, Respiratory Rate)을 산출하는 호흡률 산출부; 상기 감지장치가 전송하는 진동 및 소음에 대한 신호를 분석하여 상기 환자의 분당 호흡량(MV, Minute Ventilation)을 산출하는 분당 호흡량 산출부; 및		

특허무효화 전략의 예시

청구항	JP2000-000000 구성요소	근거	비고
1	시드광으로서 연속 레이저 광을 이용하고, 여기광으로서 펄스 광을 이용하여 여기광의 펄스 주기에 맞추어 변조/증폭된 펄스 형태의 출력광을 구현.	선행문헌 JP2000-000000에는 시드광으로서 연속 광 형태의 광신호를 이용하고, 펄스구동부에 의하여 구동되는 여기용 광원을 이용하여 파이버 증폭기를 통하여 펄스 출력광을 구현하는 기술이 개시되어 있음.	동일
2	증폭기로서, 더블 클래드 구조의 희토류 원소 첨가 광파이버	선행문헌 JP2000-000000에서 인용하는 JP00-000000호에는 증폭용 광파이버가 개시되어 있음.	유사
3	희토류 원소로서 Yb와 Er을 예시함	선행문헌 JP2000-000000에서 인용하는 JP00-000000호에는 증폭용 광파이버에 Er이 첨가되어 있음.	유사
4	여기광은 신호광과 동일한 방향에서 광파이버에 입사됨	선행문헌 JP2000-000000에는 광신호와 동일한 방향에서 파이버 증폭기에 입사되는 여기광이 개시되어 있음.	동일
5	여기광은 신호광과 반대 방향에서 광파이버에 입사됨	선행문헌 JP2000-000000에는 광신호와 반대 방향에서 파이버 증폭기에 입사되는 여기광이 개시되어 있음.	동일
6	광원부는 서로 다른 파장의 복수의 연속 레이저 광을 출력하며, 복수의 연속 레이저 광은 광파기에 의하여 합파됨	선행문헌 JP2000-000000에는 서로 다른 파장의 광을 출력하는 광원(11)과 보조용 반도체 레이저(S1, S4) 및 이 두 광을 합파하는 WDM소자(S2) 및 편광합성소자(S5)가 개시되어 있음.	동일
소결	JP2000-000000의 청구항1-6에 기재된 파이버 레이저 장치는 선행문헌 JP2000-000000호에 거의 동일하게 기재되어 있으므로, 따라서, JP2000-000000가 현재 심사미청구 상태이나, 추후 심사청구를 진행하더라도 청구항1-6의 등록 가능성은 매우 낮으며, 설령 등록된다고 하더라도 진보성 결여에 의한 무효 사유를 내포할 것으로 예상됨.		

5. 특허분석 지원사업

살펴본 바와 같이, 특허분석보고서는 스타트업의 R&D 방향성을 결정하고, 장래의 지식재산 분쟁을 예방하는 데 큰 도움이 된다. 특허분석을 실시하기 위해서는 적게는 수백만 원에서 많게는 수천만 원까지 비용이 소요되므로 스타트업 입장에서는 매우 부담스러운 것이 사실이다. 이러한 스타트업, 중소기업을 위해 한국발명진흥회, 한국지식재산보호원, 한국지식재산전략원과 같은 여러 기관에서 특허분석 비용을 최소 70%에서 최대 90%까지 지원하고 있다. 특허분석 지원사업은 연초부터 접수를 받는데, 당해연도 6월~9월 정도가 되면 예산이 바닥나 대부분 종료된다. 그러므로 특허분석 지원사업에 지원하고자 할 때는 연말에 미리 내년 일정을 파악하여 접수서류를 준비하고 있다가 다음 해 초에 접수가 개시되자마자 바로 접수하는 것이 좋다.

Q13. 특허 자본화란 무엇입니까?

A스타트업 대표는 다수의 특허권을 보유하고 있다. 최근 A스타트업 대표는 쌓여가는 법인의 가지급금 때문에 고민 중이었는데, 무형자산인 특허권을 이용하여 법인의 가지급금을 처리할 수 있다는 정보를 입수하여 이에 대해 자세히 알고 싶어 한다. 특허권은 본질적으로 기술에 대한 독점적·배타적인 사용의 목적으로 이용되나, 무형재산 특유의 성질에 따라 자본화되는 경우 절세 등에 이용될 수 있다. 특허권을 이용한 자본화에 대해서 알아보자.

1. 특허 자본화

특허 자본화란 특허권 등의 지식재산의 가치를 자본화하여 지식재산권의 가치평가액만큼 무형자산으로 기업에 현물출자[1]해 유상증자[2]하는 것을 의미한다. 즉 대표이사가 소유한 특허기술의 미래가치를 현가화하여 평가한 후 현물출자 형태로 법인에 출자하는 것이다.

특허권 등의 지식재산권은 양도 또는 양수가 가능하고 법인의 재무제표상 자산계정[3]에 포함되기 때문에 유상증자가 가능하므로, 특허권

---

[1] 자본충실을 목적으로 금전 이외의 재산으로써 하는 출자를 말한다. 현물출자는 동산, 부동산에 의해서도 가능하지만, 특허권과 같은 무형자산에 의해서도 가능하다.
[2] 기업이 주식을 추가로 발행해 자본금을 늘리는 것을 말한다.
[3] 자산의 증감·변화를 처리하는 계정을 말한다.

을 이용하면 자본화를 실현할 수 있다.

2. 근거 및 효과

　소득세법 제21조(기타소득) 제1항 제7호에 따라 산업재산권·영업권 등의 무형적인 권리를 양도하거나 그 대가로 받는 금품은 사업소득·근로소득·양도소득 외의 소득으로서 기타소득으로 구별될 수 있다.
　벤처기업 육성에 관한 특별조치법 제5조 및 법인세법 시행령 제89조 제2항에 의거하여 공인된 감정인의 감정에 따른 평가금액을 기준으로 지식재산권은 법인에게 양도될 수 있다. 이때 기타소득은 소득금액의 60%가 필요경비로 인정되므로 절세가 가능하다.

3. 특허 자본화의 활용

　특허 자본화를 활용하면, 대표이사의 소득세 및 법인세 절감 효과가 있다. 법인과 대표이사가 특허권 유상양수도 계약[4]을 체결하여 법인이 대표이사에게 대가를 지급하게 되면, 해당 특허를 활용하여 발생하는 매출에 따른 대가를 무형자산으로 계상하고 향후 일정 기간 동안 무형자산상각비로 경비처리가 가능해지기 때문이다.
　특허 자본화를 활용하면, 가지급금 및 부채비율 조정을 통해 기업 신

---

[4] 특허권을 이전 권리자가 새로운 권리자에게 유상으로 양수·양도한다는 내용으로 작성하는 계약서를 말한다.

용평가등급이 개선될 수 있다. 대표이사가 법인으로 특허권에 대한 실시권을 설정하고, 특허권 사용 실시료를 지급받는 경우 그 대가 금액의 일부분이 가지급금 정리에 사용되거나 기업의 유상증자 재원으로 활용될 수 있기 때문이다.

특허 자본화는 가업승계에 활용될 수 있다. 가업승계를 받을 상속인이 보유한 특허권을 이용해 자본증자를 진행하면, 상속인은 기업의 신규주식을 취득하게 되므로 지분이 상승하여 상속세가 절감되며, 법인은 취득한 무형자산을 역시 상각비로 비용처리 하게 된다. 이에 따르면 무형자산의 가치감소분이 순자산가치 및 순손익가치 하락에 반영되어 주식가치가 떨어지게 되는데, 이를 통해 상속, 증여 관련 세금을 줄일 수 있다.

상술한 바와 같이 특허 자본화는 법인의 가지급금 상계·저율과세·이익실현·자본금 증자 및 가업승계 등에 효과적으로 활용될 수 있다.

4. 주의점

특허출원 시에 특허 자본화를 고려하고 있다면, 출원인을 반드시 대표이사로 해야 하며, 특허출원에 수반되는 비용도 대표이사의 개인 비용으로 처리하여야 한다.

특허출원 시에 법인 명의로 출원하는 경우 대표이사에서 법인 명의로 양도가 불가능하기 때문이며, 대표이사 명의로 출원하였다 하더라도 특허출원에 수반되는 비용을 법인이 지급한 경우 대표이사의 발명을 직무발명으로 해석하여 양도 자체를 부인 당할 위험성 등이 있기 때문이다.

Q14. 특허비용이 만만치 않은데, 국가에서 지원·감면해주는 사업은 없나요?

한국발명진흥회, 한국지식재산보호원 등의 기관에서는 스타트업·중소기업들을 대상으로 지식재산에 관련된 비용을 지원해주는 사업을 매년 실시하고 있다. 지식재산의 창출·보호·활용 등에는 막대한 비용이 발생하는데, 이때 지원사업을 이용하면 비용을 크게 감축시킬 수 있다. 각 기관의 지원사업에 대해 자세히 알아보자.

1. 한국발명진흥회 지역지식재산센터[1]

한국발명진흥회 지역지식재산센터는 지식재산창출지원사업, 지식재산창업촉진사업, 지식재산경영인증사업 등을 수행하고 있다.

지식재산창출지원사업은 지식재산의 창출을 위한 사업으로, 수출(예정) 중소기업을 글로벌 강소기업으로 육성하기 위한 글로벌 IP기업 지원 육성 사업, 지역 중소기업의 지식재산 애로사항 수시 해결을 위한 중소기업 IP바로지원서비스 등을 포함한다.

---

[1] www2.ripc.org

글로벌 IP기업 지원 육성 사업의 주요 내용

지원사업		분류	지원금액	분담금	세부 사업별 지원 한도	전체 지원 한도
글로벌 IP기업 육성 지원	해외 권리화	특허(PCT)	3,000천원 이내	30% (현물10% + 현금20%) * 해외권리화 출원비용 분담금은 현금 30%만 적용	없음 (전체 지원 한도만 존재)	210 백만원 이내 (동일기업 기준)
		특허(개별국)	7,000천원 이내			
		상표	2,500천원 이내			
		디자인	2,800천원 이내			
	선택형 IP		10,000천원 이내			
	특허기술 시뮬레이션		6,000천원 이내			
	맞춤형 IP맵	특허	20,000천원 이내			
		디자인	15,000천원 이내			
	특허&디자인 융합		35,000천원 이내			
	비영어권 브랜드 개발		40,000천원 이내			
	글로벌 IP경영진단		15,000천원 이내			

출처: 지역지식재산센터 홈페이지

　지식재산창업촉진사업은 지식재산을 통해 창업을 촉진하기 위한 사업이다. 이 사업은 창업 후 7년 이내 중소기업의 보유기술에 독점적 권리를 도출하여 시장경쟁력을 강화하고 지식재산 기반 경영 기초를 설계하여 지속성장 기업이 되도록 지원하기 위한 IP나래사업, 국민의 창조적 아이디어를 발굴·선정하여 이를 기술적으로 발전시켜 지식재산권화하고 창업·사업화 등으로 후속연계 지원하기 위한 IP디딤돌 사업 등을 포함하고 있다.

IP나래사업 주요 내용

IP나래 (융·복합 컨설팅)	
지식재산 기반 기초 진단	
[IP 기술전략]	**[IP 경영전략]**
• 선행기술조사(경쟁사 특허분석) • 유망기술 도출(미래 전략) • IP 분쟁예방 전략(분쟁 대비) • 강한 특허권 확보(경쟁력 강화) • 특허 포트폴리오 전략 등 맞춤형 기술컨설팅 제공	• IP 인프라·조직 구축 설계 • IP 자산구축 전략(기술평가) • IP 사업화 전략(기술거래) • IP 관리·활용 전략(지속성장) • IP 브랜드·디자인 연계 등 맞춤형 경영컨설팅 제공

(IP는 Intellectual Property의 약자로 지식재산을 의미)

- 지원기업에 약 100일간 특허 전문가의 밀착 지식재산 컨설팅
- 지원기업이 가장 필요한 것을 진단하여 적재적소에 맞춤형 솔루션 제공
- 보유기술에 대해 특허 출원 동시 진행
- 총 사업규모 2천 5백만원 이내
  [정부지원금(70%) + 현금성 기업분담금(15%) + 현물성 기업분담금(15%)]

출처: 지역지식재산센터 홈페이지

지식재산경영인증사업은 지식재산경영을 모범적으로 수행하고 있는 기업의 자긍심을 높이고 대외 인지도를 제고하여, 중소기업의 자발적인 지식재산경영도입을 유도하기 위한 사업이다.

지식재산경영인증에 따른 인증기업 지원시책

구분	지원시책
특허청	- 특허·실용신안·디자인 우선심사 대상으로 지정 - 특허권·실용신안권·디자인권에 대한 연차등록료(4~6년차) 50% 감면 - 현재 중소기업에게 연차등록료(4~6년차) 30% 감면을 실시하고 있으나, 인증기업에게는 20% 추가 감면하여 총 50%의 감면 혜택 제공 - 특허청 실시 각종 지원사업 참여시 가점 부여 • 우수발명품 우선구매추천제도 • IP 활용전략 지원사업 • IP R&D : 지재권 연계 연구개발 전략지원 사업 • 이외 지원사업 지속추가 예정
중소기업청	- 정책자금 융자 시 한도 증액(45억원 → 70억원) - 신성장기반자금 중 시설자금에 혁신형기업 기준 적용 - 기술개발 지원사업(창업성장기술개발, 기술혁신개발, 제품서비스기술개발, 공정·품질 기술개발 등) 참여 시 가점 부여
SGI 서울보증 ('19년 하반기 적용 예정)	- 이행보증 한도 증액(최대 30억원 추가 보증) - NICE평가정보(주)의 신용관리서비스 무상 제공
한국방송광고 진흥공사	- TV·라디오 등 방송광고비 70% 할인 - TV·라디오 등 방송광고 제작비 50% 할인

출처: 지역지식재산센터 홈페이지

2. 한국지식재산보호원[2]

한국지식재산보호원은 국제 지재권 분쟁 예방 컨설팅사업, 사회적 약자의 지재권 보호지원사업, K-브랜드 보호지원사업, 지재권 분쟁 공동대응 지원사업 등을 수행하고 있다.

국제 지재권 분쟁 예방 컨설팅 사업은 국제적인 지식재산권 분쟁을 예방하기 위한 사업으로, 수출 예정지역 분쟁위험 회피 전략 및 현지 권리확보전략을 제공한다. 이외에도 이 사업은 수출(예정)지역 경쟁사 특허 무효화 전략, 특허매입 전략, 역공격 특허 발굴 등 종합적인 분쟁 대비 전략을 제공하는 특허 분쟁 예방 컨설팅, (해외기업과의) 경고장 대응, 소송 대응, 라이선스, 특허 권리행사 전략 등을 제공하는 특허 분쟁 대응 컨설팅, 수출(예정) 시 또는 무단 해외 선등록 침해 시 상표 현지화 전략, 해외 모조품 대응 또는 무단 선등록 권리 무효화 전략을 제공하는 K브랜드 보호 컨설팅 등을 포함하고 있다.

---

[2] www.koipa.re.kr

국제 지재권 분쟁 예방 컨설팅 주요 내용

컨설팅명	세부유형	지원내용	비고
특허분쟁 예방	수출준비	수출(예정)지역 분쟁위험 회피전략, 현지 권리 확보전략	4차산업, 신성장 산업 해당
	수출진행	수출(예정)지역 경쟁사 특허 무효화 전략, 특허매입 전략, 역공격 특허 발굴 등 종합적인 분쟁 대비 전략 제시	
특허분쟁 대응	경고장전략	해외기업으로부터 특허침해 경고장을 받은 경우 대응 및 협상전략	-
	소송전략	해외기업 분쟁 관련 특허에 대한 대응 및 협상 지원	
	라이선스 전략	해외기업과 이미 체결한 라이선스 갱신시 대응 전략	
	권리행사 전략	해외기업의 특허침해로 피해가 예상되는 경우 권리행사 전략	
K-브랜드 보호	예방	해외상표, 디자인 분쟁위험조사 및 현지화 전략	-
	무단선등록 대응	해외기업 분쟁 관련 상표, 디자인에 대한 이의 신청, 심판·소송 등 제기 및 대응, 협상 지원	
	권리행사	기업이 보유한 현지 상표, 디자인을 침해한 모 조품에 대한 권리행사 전략 제공	

※ 기업별 연 1회 지원 가능, 예방 컨설팅 신청 후 분쟁 발생 또는 분쟁 장기화의 경우 다년도 지원 가능
(최초 지원으로부터 3년 내 4회까지, 연2회 지원 가능, 지원횟수 누적에 따른 감점 제외)

출처: 한국지식재산보호원 홈페이지

　사회적 약자의 지재권 보호지원사업은 사회적 약자[3]에게 무료 변리 서비스를 제공함으로써 산업재산권 창출의 지원 및 사회적 약자의 산업재산권을 보호하기 위한 것이다. 산업재산권 관련 상담, 권리취득 관련 서류작성, 지원 심판·심결취소소송의 대리 지원, 산업재산권 침해소송에 대한 민사소송비용의 지원 등을 포함하고 있다.

　K-브랜드 보호지원사업은 한국 기업의 브랜드를 보호하기 위한 사업이다. 이 사업은 수출기업에 대한 브랜드 지원사업으로 권리확보 및

---

[3] 소기업, 학생(특수대학원생 제외), 만 6세 이상 만 19세 미만인 자, 군복무요원(공익근무요원, 전투경찰대원, 의무소방대원 등 전환복무수행자 포함), 국가유공자와 그 유족 및 가족, 특수임무유공자와 그 유족 또는 가족, 고엽제 후유증 환자 및 고엽제 후유증 2세 환자, 5·18민주유공자와 그의 유족 또는 가족, 국민기초생활수급자, 차상위계층 해당자, 등록 장애인이 이에 해당된다. 심판 및 소송지원의 경우, 월수입 220만 원 이하의 영세 개인 발명가, 대기업과 분쟁 중인 중기업 등이 해당된다.

행사지원, 권리보호 예방지원, 위조상품 피해구제지원, 분쟁대응지원 등을 포함하고 있다.

K-브랜드 보호지원사업 주요 내용

구분	지원내용
상표,디자인 출원	현지에서 상표나 디자인 출원을 진행할 경우 소요비용과 진행절차 지원 - 신청서 접수 후 심사를 통과한 권리에 한하여 지원 - 실제 출원비용의 최대 50%지원(1개 업체당 8건 이내) - 300$/건 ~ 1,000$/건(국가별 상이)
세관 지재권 등록	현지에 등록된 지재권을 해당 국가 세관에 등록할 경우 비용과 진행절차 지원 - 실제 등록비용의 최대 50%지원(1개 업체당 8건 이내) - 300$/건 ~ 1,000$/건(국가별 상이)
침해조사 및 법률검토 지원	현지에서 지재권 침해(피침해) 조사 및 법률검토(법률의견서 등) 지원 - 현지소요비용의 최대 70%지원(1개 업체당 3회) - 1회당 10,000$(피침해조사는 6,000$)
지재권 상담	현지 국가의 지재권 확보 및 보호와 관련하여 지재권 상담 수시 지원 - 전화, e-mail, 내방 및 현지 출장 지원

출처: 한국지식재산보호원 홈페이지

지재권 분쟁 공동대응 지원사업은 해외진출(예정) 기업 중 특허, 상표 등 해외 분쟁을 겪고 있거나 분쟁이 예상되는 기업 간 공동대응 체계 마련을 통해 비용절감 및 분쟁대응 능력을 강화하기 위한 것이다. 이 사업은 권리공통분석 및 전략도출지원, 공동 피소대응지원, 공동 권리행사지원 등을 포함하고 있다.

지재권 분쟁 공동대응 지원사업 주요 내용

현안유형	세부 지원내용	지원한도
권리공통분석 및 전략도출	가. 라이선스 공통협상 대응 나. 특허괴물 문제특허 대응 다. 경쟁사 문제특허 대응	최대 2,000만원 이내
공동 피소대응	가. 특허보증(IPR) 공동대응 나. 경고장 공동대응 다. 피소 공동대응	최대 2,500만원 이내
공동 권리행사	가. 문제특허 공동 법적대응(공동무효심판청구) 나. 상표브로커 피해 공동대응 　* 공동이의신청, 공동무효심판청구 다. 온라인 위조상품 유통 공동 법적대응 　* 판매자 공동경고장 발송, 공동 민사소송(손해배상) 등 라. 오프라인 위조상품 유통 공동 법적대응 　* 공동 침해조사·행정단속	최대 4,000만원 이내

출처: 한국지식재산보호원 홈페이지

3. 한국특허전략개발원[4]

　한국특허전략개발원은 민간 R&D 전략 지원사업으로 지재권 연계 연구개발 전략지원사업, 글로벌 기술혁신 IP 전략개발 사업, 월드클래스 300 R&D 전 주기 IP 전략지원사업, 글로벌 강소기업 R&D 전 주기 IP 전략 수립 사업, 스타트업 특허바우처 사업, IP-R&D 확산 인프라 구축 사업을 수행하고 있다.

4　www.kista.re.kr

특허바우처 사업 주요 내용

바우처 금액 (매칭비)	소형 바우처(500만원 이내×지원금 350만원, 스타트업150만원)	중형 바우처(2,000만원 이내×지원금 1400만원, 스타트업 600만원)
지원 지격	창업 3년 미만, 매출 10억 미만	창업 7년 미만, 매출 100억 미만 및 IP(특허, 실용신안, 디자인) 출원/등록 1건 이상
바우처로 이용가능 IP 서비스 메뉴	국내·외 출원 서비스 : 특허, 실용신안, 디자인, 상표 특허조사분석 및 IP 전략 컨설팅 : 선행기술조사, 특허맵, IP전략수립 특허기술가치평가 : 기술거래, 사업화 등 기술이전(라이센싱) 중개 : 기술거래, 사업화 등 ※ (이용불가) 일반 법률 회계 서비스, 바우처 발급 전 이용 서비스, IP 출원·등록 수수료(관납료), 성공사례금 등※ (유의기준) 보고서 등 서비스 결과물을 확인가능하고, 특허청 및 유관기관이 무상으로 제공하는 서비스가 아닐 것(예: IP 교육, 직무발명 보상제도 컨설팅 등)	

출처 : 한국지식재산보호원 홈페이지

    이중 특허바우처 사업은 특별히 스타트업을 위해 운영되고 있는 사업이다. 특허바우처 사업은 다음과 같은 과정으로 진행된다. 먼저 스타트업에게 바우처를 발급한다. 바우처를 발급받은 스타트업은 IP 서비스 메뉴와 Pool에 등록된 서비스 제공기관 중에서 자유롭게 필요한 서비스 및 기관을 선택·이용한다. 이후 스타트업은 서비스에 대한 비용을 바우처로 지불한다. 바우처 사업을 통해 제공받을 수 있는 서비스는 국내·외 출원(특허, 실용신안, 디자인, 상표), 특허조사분석 및 IP 전략 컨설팅(선행기술조사, 특허맵, IP전략수립), 특허기술가치평가(기술거래, 사업화 등), 기술이전(라이센싱) 중개(기술거래, 사업화 등) 등이 있다.

특허바우처 사업 신청절차

사업공고	신청·평가	바우처 발급	바우처 활용	바우처 정산
일정, 제출서류 등	지원 유형별 신청 후 평가	선정된 스타트업	IP 서비스별 기관 선택	서비스 실적 평가 후 정산
관리기관	스타트업·관리기관	관리기관	스타트업	관리기관·IP서비스기관

* 스타트업 선정 후 매칭비 30% 납입시 바우처 발행 ** 특허바우처 사업 IP 서비스 기관 Pool에 등록된 기관에 한함

출처 : 한국지식재산보호원 홈페이지

4. 중소기업청 수출바우처[5]

중소기업청의 수출바우처 사업은 각 정부 부처 수출지원사업 간 칸막이를 제거하고 중소·중견기업이 자사의 수출역량에 맞는 수출지원사업을 자유롭게 선택할 수 있도록 '바우처' 형태로 2017년부터 도입된 사업이다.

수출바우처 사업 주요 내용

소관부처	세부사업명	지원 대상	지원한도	국고보조율
산업부	수출첫걸음 지원	- 전년도 수출 전무 내수기업 - 수출중단기업	1,400만원	70%
	소비재선도기업 육성	- 5대 소비재 분야 유망 중소·중견기업 - 소비재 연관 E커머스 기업	2,877만원	70%
	서비스 선도기업 육성	- 서비스 분야 유망 중소·중견기업	2,877만원	70%
	월드챔프육성	- (Pre 월드챔프) 수출 초보 중소·중견기업 - (월드챔프) 한국형 히든챔피언 선정기업 - (Post 월드챔프) 월드챔프 육성사업 졸업기업	4,500~7,500만원	30~70%
	수출도약중견기업 육성	- (Pre 수출중견) 수출중견 후보기업(수출도약) - (수출중견) 수출 중견기업 - (Post 수출중견) 수출중견 졸업기업	7,500만원	50%
중기부	스타트업	- 창업 7년 미만 혁신성장기술 보유 스타트업 기업	최대 3,000만원	70%
	내수기업	- 전년도 수출실적 '0'인 내수 중소기업	최대 3,000만원	50~70%
	수출초보기업	- 전년도 수출실적 '0~10만불 미만'인 중소기업	최대 3,000만원	50~70%
	수출유망기업	- 전년도 수출실적 '10~100만불 미만'인 중소기업	최대 5,000만원	50~70%
	수출성장기업	- 전년도 수출실적 '100~500만불 미만'인 중소기업	최대 8,000만원	50~70%
	글로벌강소기업 해외마케팅지원	- '17년 이후 글로벌강소기업으로 지정된 기업 중 유효한 기업	최대 100백만원	50~70%
특허청	해외지재권 보호 바우처 지원사업	- 수출(예정) 중소기업으로서, 해외 기업과의 지식재산권 분쟁이 예상되거나 분쟁 중인 기업	최대 4,000만원	70%
	경기도 글로벌 히트상품 창출기업 수출지원사업	- 본사 또는 공장의 소재지가 경기도인 직전년도 직·간접 수출액 '2000만불 미만'인 기업(분야무관)	최대 2,357만원	70%

출처: 수출지원기반활용사업 홈페이지

수출(예정) 중소기업으로서, 해외 기업과의 지식재산권 분쟁이 예상되거나 분쟁 중인 기업의 경우에는 해외 지재권 보호 바우처 지원사업에

---

[5] www.exportvoucher.com

지원할 수 있다. 해외 지재권 보호 바우처 지원사업에 선정되면 최대 4천만 원 범위로 Pool에 등록된 수행기관(특허사무소, 특허법인)에서 제공하는 지식재산권 취득, 전략, 컨설팅 등의 서비스를 지원받을 수 있다.

5. 기타

이외에도 서울지식재산센터[6]에서는 서울에 입주한 중소기업을 대상으로 PCT 출원 비용 지원, 지식재산권 심판·소송 비용 등의 사업을 운영하고 있고, 경기중소기업종합지원센터[7]에서는 경기도 입주기업을 대상으로 한 지식재산권 출원 비용 지원사업을 운영하고 있다.

또한 대한무역투자진흥공사[8]에서는 수출기업을 대상으로 한 해외권리화 지원사업을 운영하고 있고, 지역별 산업진흥재단[9] 또는 시청, 구청 등의 기관에서도 특허, 상표 등 출원에 발생되는 비용을 지원하는 사업을 운영하고 있다.

---

[6] www.ipseoul.kr
[7] www.gsbc.or.kr
[8] www.kotra.or.kr
[9] 부천산업진흥재단(www.bizbc.or.kr) 등

Q15. 특허 검색방법에 대해서 알고 싶습니다

창업자들은 지식재산에 대해 여러 궁금증을 가진다. 그중에서도 특히, 자신의 아이템에 대한 특허등록 가능성을 가장 궁금해한다. 특허등록 가능성을 검토하기 위해서는 일반적으로 특허공보를 조사해야 하는데, 새로운 아이디어가 생기거나 새로운 브랜드 네임을 떠올릴 때마다 매번 변리사를 찾아 상담하고 조사를 의뢰하는 일은 매우 비효율적이며, 비용도 부담된다. 따라서 직접 특허공보를 조사하는 방법을 숙지하는 것이 필요하다.

1. 공보 검색의 기초

지식재산 공보를 검색하는 사이트는 여러 가지 있는데, 대부분 유료 서비스이며, 무료로 서비스하는 곳은 드물다. 무료서비스를 제공하는 곳 중 대표적인 것이 한국특허정보원의 '특허정보넷 키프리스'[1] 사이트이다.

키프리스 사이트에서는 특허, 실용신안, 상표, 디자인과 같은 산업재산권에 대한 각종 정보의 조회가 가능하며, 국내뿐만 아니라 해외의 지식재산권에 대한 정보도 조회가 가능하다.

일반적인 검색엔진과 마찬가지로 키프리스 사이트도 기본적으로 키

---
1 www.kipris.or.kr

워드 검색으로 작동한다. 키워드란 문장 또는 문단의 핵심적인 용어를 의미하는데, 특허 검색에서는 찾고자 하는 특허기술을 가장 핵심적으로 나타내는 기술용어가 키워드가 된다. 키워드가 복수 개인 경우에는 각 키워드 사이에 적절한 연산자를 입력하여 검색식을 완성할 수 있다. 키프리스에서 사용 가능한 연산자는 다음과 같다.

검색식 연산자 설명

구분		상세내용	검색예
단어검색		특정 단어가 포함된 특허 검색	디스크
구문검색		검색어가 순서대로 인접하여 나열되어 있는 특허실용 검색 (공백과 복합명사, 조사, 특수문자가 포함된 경우도 검색)	"데이터 신호"
논리 연산	AND 연산 (*)	입력된 키워드 2개가 모두 포함된 특허실용 검색	휴대폰*케이스
	OR 연산 (+)	입력된 키워드 중 한개라도 포함된 특허실용 검색	핸드폰+휴대폰
	NOT 연산 (!)	입력된 키워드 2개 중 한개는 반드시 포함하고 한개는 포함되지 않는 특허실용 검색	자동차*!클러치
	NEAR 연산 (^)	첫번째 검색어와 두번째 검색어의 거리가 1단어(^1), 2단어(^2), 3단어(^3) 떨어진 특허실용 검색 (3단어까지만 지원하고 순서를 고려하여 검색함)	자동차^2각도
	절단자 연산 (?)	일부 번호가 제외된 번호에 대한 특허실용 검색 (번호 검색에만 사용할 수 있으며, 자세한 사용법은 검색도움말-스마트검색-번호정보 도움말을 참고하세요)	?-2012-0001234

출처: 키프리스 홈페이지

기본적인 검색법은 검색하고자 하는 내용을 의미하는 키워드와 논리연산자가 조합된 검색식을 검색창에 입력하는 것이다. 하지만 이렇게 무턱대고 만든 검색식을 이용해 검색을 수행하게 되면, 찾고자 하는 정보를 정확하게 찾을 수 없을 것이다.

보다 효율적인 정보의 검색을 위해서는 권리별 각 공보에 기재된 정보를 적절하게 이용하는 것과 검색엔진에서 제공하는 기능을 적절히 활용하는 것이 필요하다. 이하에서는 실제 예시를 통해 특허공보를 가장 효율적으로 검색할 수 있는 단계적인 방법에 대해서 알아본다.

2. 특허 검색방법[2]

① 기본 검색방법

예를 들어, 자동차 클러치 구조를 개선함으로써 엔진 효율이 향상되는 기술을 찾고 싶은 경우에는 다음과 같이 검색식을 만들 수 있다.

> **검색식 1:** (자동차)*(클러치)*(엔진)*(효율)

상기와 같은 검색식 1을 키프리스 사이트의 검색창에 그대로 입력하면 6,141건의 검색결과가 출력된다.

특허청 데이터베이스에 저장된 모든 특허공보[3] 중에서 '자동차'와 '클러치'와 '엔진'과 '효율'이라는 키워드가 모두 포함된 특허공보가 검색된 것이다. 결과는 다음과 같다.

---

[2] 이하에서 검색된 검색결과는 2020년 1월 13일 자 기준으로 실시되었다.

[3] 특허공보란, 특허청장이 발행하는 특허문서로 특허공개(특허출원 후 1년 6개월이 경과되면 공개된다)에 따라 발행되는 공개특허공보와 특허등록에 따라 발생되는 등록특허공보가 있다.

검색식 1을 이용한 검색결과 화면

② 유사어 반영하기

보다 정확한 검색을 위해서는 유사어가 검색식에 함께 반영되어야 한다. 왜냐하면, '자동차'의 경우, 특허문서에서 '차량', 'CAR', '운송수단' 등으로 표현될 수 있는데, '자동차'만을 키워드에 넣는 경우, 나머지 유사어로 표현된 특허문서는 전혀 검색할 수 없게 되기 때문이다.

유사어를 사용하여 검색식 1을 다음과 같이 적절하게 수정할 수 있다.

검색식 2: (자동차+차량+CAR+탈것)*(클러치+clutch)*(엔진+앤진+engine)*(효율+효과+효능)

유사어 이외에도 영어단어, 오타로 인해 기재될 수 있는 단어도 포함해주면 빠트림 없이 특허문서를 검색할 수 있다. 검색식 2로 키프리스에서 다시 특허공보를 검색하면 18,118건이 검색된다. 이전에 유사어 없이 검색하였던 6,141건에 비해 3배 가까이 검색 건수가 증가하였다. 검색결과는 아래와 같다.

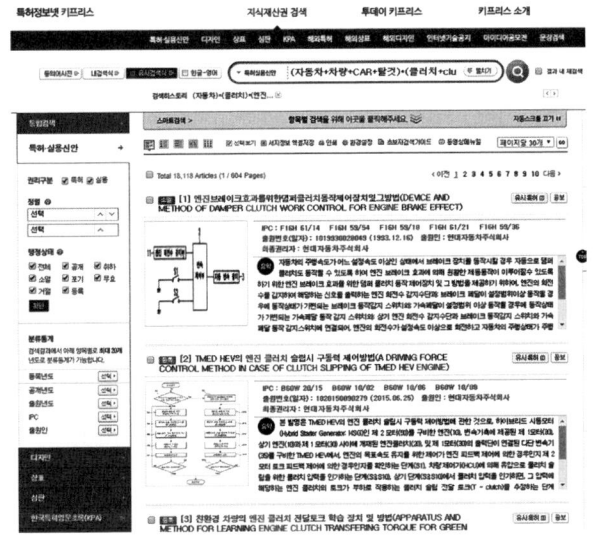

검색식 2를 이용한 검색의 경우 너무 많은 검색 건수 때문에 찾고자 하는 자료를 검토하는 데 많은 시간이 소요되는 문제가 있다.

검색식 2를 이용하여 검색된 공보 18,118건 모두가 클러치 구조를 개선하여 자동차 엔진 효율을 높일 수 있는 기술은 아닐 것이다. 즉, 검색 건에는 클러치 구조 개선 이외에 다른 이유로 자동차 엔진 효율을 개선하는 기술이 포함되거나, 자동차에 대한 기술이긴 하지만 자동차 엔진 효율과는 전혀 관계없는 기술에 대한 것도 다수 포함되어 있을 것이다.[4]

③ 특허공보 목차 활용하기

검색식 2를 이용하여 검색하는 경우 검색 건수가 너무 많으므로 보다 정밀한 검색이 될 수 있도록 검색식의 수정이 필요하다. 이때에는 특허공보 목차[5]를 활용하는 것이 효율적이다. 특히 특허공보의 목차 중 [요약], [청구범위]를 이용하면 매우 효율적으로 검색 건수를 줄일 수 있다.

자동차 클러치 구조를 개선함으로써 엔진 효율이 향상되는 기술의 경우, '자동차'는 [요약]에, '클러치'는 [청구범위]에, '엔진', '효율'은 [발명의 효과]에 반드시 들어가 있을 것이다.

이를 반영하여 검색식을 다시 수정하면 다음과 같다.

> 검색식 3: AB=[(자동차+차량+CAR+탈것)*(엔진+앤진+engine)*(효율+효과+효능)]*CL=[클러치+clutch]

'AB=[ ]'는 요약에 기재된 단어만을 검색하고, 'CL=[ ]'은 청구범위에 기재된 단어만을 검색하는 연산자이다. 이는 키프리스 사이트의 "스마

---

4 '엔진', '클러치'는 [발명을 실시하기 위한 구체적인 내용]에서 기술설명 중 필요에 의해 기재된 단어일 확률이 높다.

5 특허공보에서 기술정보 부분의 목차는 [발명의 명칭], [요약], [청구범위], [기술분야], [배경기술], [해결하려는 과제], [과제의 해결수단], [발명의 효과], [도면의 간단한 설명], [발명을 실시하기 위한 구체적인 내용]으로 구성된다.

트검색"을 이용하면 자동으로 생성할 수 있다.

스마트검색창 스크롤 버튼

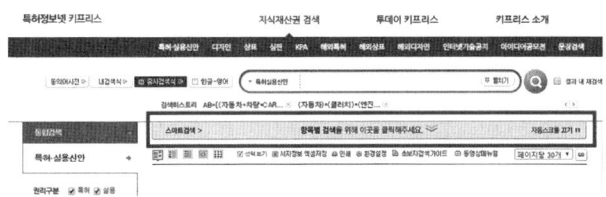

위 화면과 같이 중간 부분의 스마트검색 박스를 클릭하면, 스마트검색 화면이 나온다. 여기에서 특허공보 목차에 따라 검색어를 다음과 같이 각각 입력하고 검색하기를 클릭하면, 입력창에 반영된 키워드가 자동으로 입력되고, 검색이 수행된다.

특허 스마트검색창 화면

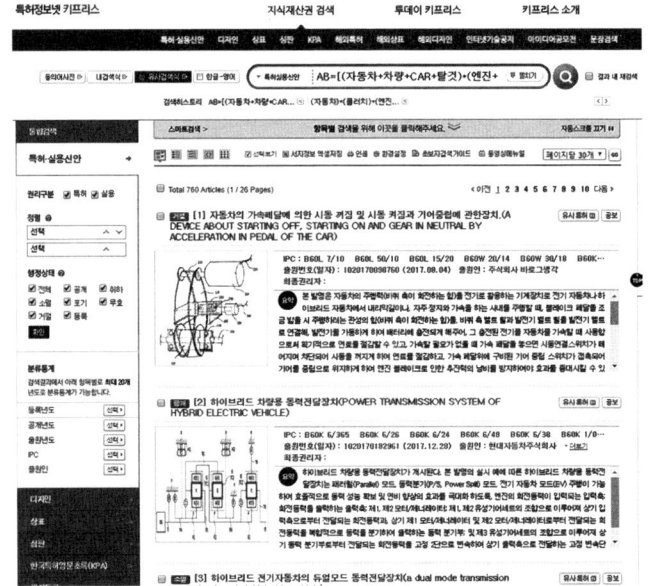

검색식 3으로 검색된 공보는 760건이다. 기존의 검색식 2로 검색하였던 검색 건수 18,118건보다는 획기적으로 검색 건수가 줄어들었지만, 그래도 하나하나씩 살펴보기에는 여전히 검색건 수가 많은 편이다.[6]

④ 기술분류코드 활용하기

마지막으로, 더 정밀하게 기술을 검색하기 위해서 특허기술분류코드를 활용할 수 있다. 특허기술분류코드 중의 하나인 IPC코드의 예는 아래와 같고, 하기 표와 같은 구조를 가진다.

---

[6] 이 단계에서 검색 건수가 100건 이하로 나오게 되면, 적절하게 살펴볼 수 있기 때문에, 기술분류코드를 사용하지 않아도 된다.

* IPC코드의 예: H01S 10/00

IPC코드의 구조

섹션	클래스	서브클래스	메인그룹	서브그룹
H	01	S	10	00
전기	기본적 전기소자	저항기	가조정 저항기	액체저항기

위의 예시에서 검색된 공보 760건 중 기술 유사도가 높은 문헌을 선택한 후 상세정보에서, 클러치에 대한 IPC코드를 찾아낸다.[7]

IPC 세부조회 화면

IPC 세부조회

버전 2019.01.01 ▼ IPC 코드 & 내용 B60K6/38   검색 초기화

검색건수 : 3

순번	IPC 코드	한글설명/영문설명
1	B60K 6/387	다른 힘의 작용을 받는 클러치, 예. 전기적, 유압적 또는 기계적 구동 수단에 의하여 작동되거나 멈추는 클러치 [2007.10] Actuated clutches, i.e. clutches engaged or disengaged by electric, hydraulic or mechanical actuating means
2	B60K 6/383	일방향 클러치 또는 자재륜(freewheel, 자유회전장치) [2007.10] One-way clutches or freewheel devices
3	B60K 6/38	동력전달계통(driveline, power train)의 클러치에 특징이 있는 것 (기어장치 내의 변속 클러치 또는 변속기 내의 변속 클러치는 B60K 6/36) [2007.10] characterised by the driveline clutches(shift clutches within the gearing or transmission B60K 6/36)

---

[7] 이러한 방법 외에도 IPC코드는 특허청 홈페이지(https://www.kipo.go.kr/kpo/HtmlApp?c=40304&catmenu=m06_07_02_09&year=2019&ver=01)에서 전용프로그램을 다운로드받아 확인할 수 있다.

특허공보 서지사항 상세정보 화면

하이브리드 차량용 동력전달장치
POWER TRANSMISSION SYSTEM OF HYBRID ELECTRIC VEHICLE

(51) Int. CL	B60K 6/365(2007.10.01) B60K 6/26(2007.10.01) B60K 6/24(2007.10.01) B60K 6/48(2007.10.01) B60K 6/38(2007.10.01) B60K 1/02(2006.01.01) F16H 3/72(2006.01.01)
(52) CPC	B60K 6/365(2013.01) B60K 6/26(2013.01) B60K 6/24(2013.01) B60K 6/48(2013.01) B60K 6/38(2013.01) B60K 1/02(2013.01) F16H 3/727(2013.01) F16H 2200/201(2013.01) F16H 2200/2046(2013.01) B60Y 2200/92(2013.01)
(21) 출원번호/일자	1020170182961 (2017.12.28)
(71) 출원인	현대자동차주식회사 기아자동차주식회사
(11) 등록번호/일자	
(65) 공개번호/일자	1020190080482 (2019.07.08) 전문다운
(11) 공고번호/일자	
(86) 국제출원번호/일자	
(87) 국제공개번호/일자	
(30) 우선권정보	

"B60K 6/38"은 클러치에 대한 IPC코드임을 알 수 있다. 이제 발견한 IPC코드를 키프리스 스마트검색창의 IPC란에 입력하거나, 아래와 같이 'IPC=[ ]' 연산자를 'and' 조건으로 연결하면, 가장 정밀한 기술 검색식이 완성된다.

> 검색식 4: AB=[(자동차+차량+CAR+탈것)*(엔진+앤진+engine)*(효율+효과+효능)]*CL=[클러치+clutch]*IPC=[B60K6/38]

검색식 4로 키프리스에서 검색을 수행하면, 40건이 검색된다. 즉, '자동차 클러치 구조를 개선함으로써 엔진 효율이 향상되는 기술'과 유사한 국내 공개된 기술은 40건으로 좁혀졌기 때문에, 40건의 공보만 확인하면, 해당 기술의 선행기술을 쉽게 파악할 수 있고, 이와 관련된 기술의 특허등록 가능성도 쉽게 판단해볼 수 있다.

검색식 4를 이용한 검색결과 화면

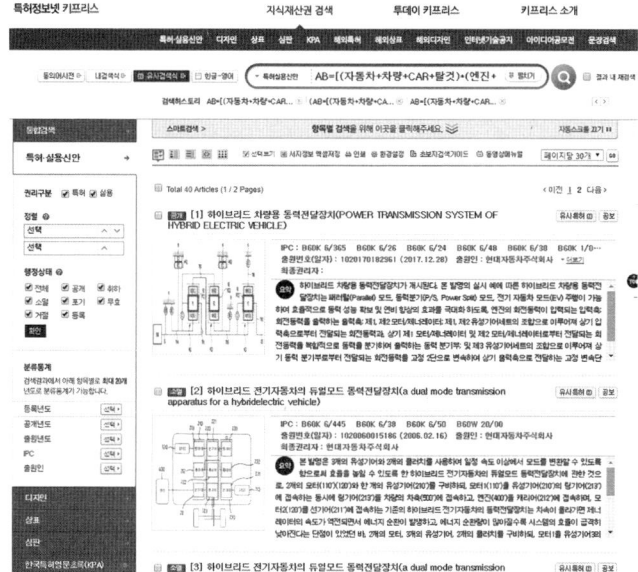

Q16. 상표란 어떤 것이며, 등록절차는 어떻게 됩니까?

A씨는 새로운 타입의 스마트폰 충전기를 개발하고 제품을 출시하기 위해 준비 중이다. A씨는 새로 개발한 충전기에 대한 특허등록도 중요하지만, 브랜드 명칭도 매우 중요하다고 생각하여 상표등록도 함께 진행하고자 한다. 상표란 무엇이며, 상표등록을 위한 절차, 요건, 효력 등은 어떻게 되는지에 대해 알아보자.

1. 상표권 일반

상표제도는 상표를 보호함으로써 상표 사용자의 업무상 신용유지를 도모하여 산업발전에 이바지하고, 수요자의 이익을 보호하기 위해 상표를 선택하고 사용하는 자에게 독점, 배타적인 상표권을 부여하는 제도이다.

① 의의 및 법적성질

상표권은 설정등록을 받을 상표를 상표법에서 정한 범위 내에서 독점 배타적으로 사용할 수 있는 권리를 말한다. 상표권자는 등록상표를 독점적으로 사용할 수 있고, 상표권의 보호범위 내에서 타인이 상표를 무단으로 사용하는 것을 배타적으로 배제할 수 있다.

② 보호대상 및 보호범위

상표권은 상표 사용자의 업무상 신용을 보호하고 수요자의 출처오인 혼동 방지를 위한 권리이다. 상표권의 보호범위는 상표출원서에 첨부된 상표와 상표출원서에 기재된 지정상품에 의해서 정해진다. 따라서 상표의 출원 시에는 지정상품을 신중하게 선택해야 한다.

③ 존속기간

상표권의 존속기간이란, 상표권자가 상표를 독점적으로 실시할 수 있는 기간을 의미한다. 상표권은 상표권의 설정등록이 있는 날부터 10년 동안 유지되나, 특허권, 디자인권과는 다르게 10년 단위로 연장함으로써 영구적으로 사용할 수 있다.

상표권은 기술 등의 공개 대가로 일정한 기간을 보호하는 특허권, 디자인권과는 본질적으로 차이가 있다. 상표권은 자타상품의 식별을 기본적 기능으로 하고 있기 때문에 판매자의 신용을 유지하고 수요자의 식별 혼동을 방지하여 시장의 유통질서를 확립한다는 차원에서 상표권에 존속기간의 영구적 갱신을 부여하는 것이다.

2. 상표등록절차

① 절차 일반

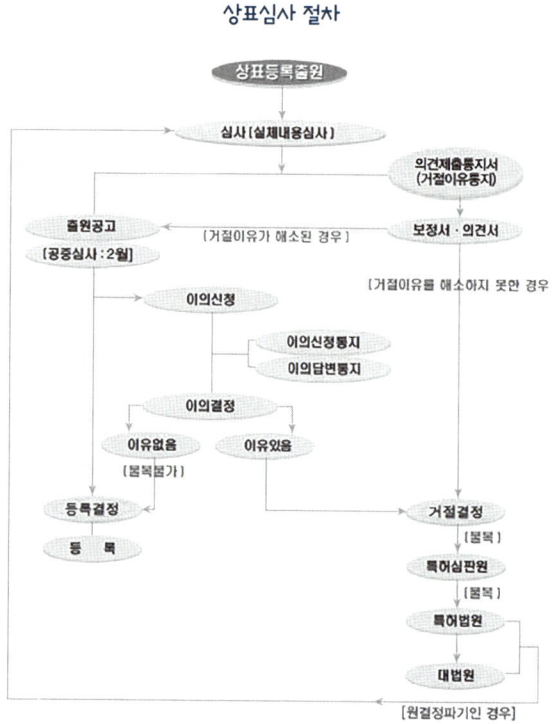

출처: 특허청 홈페이지

상표출원서가 특허청에 제출되면, 상표출원 절차가 개시된다. 먼저, 특허청에서는 출원서류가 법에서 정하는 절차적, 형식적 요건을 구비하고 있는지를 심사하여, 방식상의 흠결 유무를 검토한 후, 실체적인 심사를 통해 상표의 등록 가능성을 판단한다.

심사결과 출원된 상표에 거절이유를 발견할 수 없으면, 특허청은 출원공고¹를 하며, 이후 일정 기간 후에 상표등록 결정을 하게 된다. 한편 실체심사를 통해 상표에 거절이유가 있다고 판단되는 경우 특허청은 출원인에게 의견을 진술하고, 명세서를 보정할 기회를 준다. 출원인이 이에 대응하여 상표에 거절이유가 없음을 입증하는 경우 특허청은 상표등록 결정을 주게 된다.

그러나 출원인의 의견개진을 통해서도 상표에 거절이유가 없음이 입증되지 않으면 상표는 거절 결정되는데, 이후 출원인은 거절결정불복심판 등의 절차를 이용해 이를 계속해서 다툴 수 있다.

② 기간

일반적으로 상표출원부터 상표등록까지는 10개월~14개월 사이의 기간이 소요된다. 그러나 상표출원 후 제3자의 무단실시의 경우, 출원인이 상표출원한 상표를 지정상품 전부에 대하여 사용하고 있거나 사용할 준비를 하고 있음이 명백한 경우 등과 같은 특정한 요건이 만족되는 경우 우선심사를 신청할 수 있다. 이를 통해 상표출원부터 상표등록까지의 기간을 50% 이상 단축할 수 있다.

③ 등록요건

상표법에는 상표 부등록 사유가 기재되어 있다. 상표가 출원되면 특허청에서는 상표 부등록 사유에 해당되지 않는지를 검토하여 사유가 없다면 상표등록 결정을 한다. 즉, 상표가 등록되기 위해서는 등록되지

---

1 상표법 제57조. 출원공고란 심사관이 상표출원에 대해 거절이유를 발견할 수 없어 상표등록을 해야 하는 경우 공중에게 이 사실을 알려 일정 기간 이의신청을 할 기회를 주는 제도이다. 출원공고를 통해 심사에 공정성을 기함과 동시에 등록 후에 발생할 수 있는 상표분쟁을 미연에 방지할 수 있다.

않을 요건을 모두 비껴가야 한다. 대표적인 상표 부등록 사유로는 상표 자체가 식별력이 있을 것, 먼저 출원된 상표와 동일 또는 유사하지 않은 상표일 것 등이 있다.

여기서 상표법상 식별력(識別力)이란, 자신의 상품과 타인의 상품을 구별해주는 힘을 의미한다. 식별력이 있다 함은 예를 들면 보통명사 또는 관용명사가 아닌 것, 현저한 지리적 명칭 또는 흔한 명칭이 아닌 것, 지정상품과 관련하여 그 속성, 효능, 내용 등을 기술적으로 표현한 것이 아닌 것 등이 있다.

3. 상표권의 효력

상표권자는 지정상품에 관하여 그 등록상표를 사용할 권리를 독점하며, 등록상표와 동일·유사한 범위 내 타인의 무단사용에 대해서는 배타적으로 민형사상 조치를 취할 수 있다.

이러한 상표권의 효력은 상표권이 존속하는 동안 대한민국 내에서 미치게 된다. 따라서 대한민국에서 상표권이 있다 하여도 일본이나 미국 등의 타국에는 대한민국 상표권의 효력을 주장할 수 없다.

Q17. 상표와 상호는 어떤 차이가 있습니까?

A씨는 X라는 명칭의 회사 이름으로 사업을 준비 중에 있다. A씨는 최근 B씨로부터 사업을 원활하게 수행하기 위해서는 법인사업자 명칭에 대한 상호등록 및 상표등록이 모두 필요하다는 얘기를 전해 듣고 이를 준비하고자 한다. A씨는 X 명칭에 대한 상표와 상호를 모두 등록해야 할까?

상호는 상인이 영업에 관해 자기를 표시하는 데 쓰는 명칭을 의미하며, 상표는 상품의 출처표시를 나타내기 위한 것으로 양자는 차이가 있다. 그러나 최근 기업들이 상호와 상표를 일치시키는 경향이 있고 실제 거래계에서 양자는 혼용되기도 한다. 이에 따라 상호가 상표의 기능을 동시에 수행하는 경우가 많아 상호와 상표의 구별은 쉽지 않다.

상호는 상표와는 달리 문자만으로 표현된다는 점, 상표는 특허청에 등록하는 데 반해 상호는 등기소 등록을 통해 등록된다는 점, 상표의 경우 특허청에 출원 또는 등록되면 동일 또는 유사한 상표의 후출원을 배제할 수 있으나, 상호의 경우 동일한 특별시·광역시·시·군에서 동종영업의 동일한 상호만을 배제한다는 점에서 상호와 상표는 차이가 있다.

따라서 상호를 자신의 상품 또는 서비스업의 출처표시 용도로 사용한다면, 상호도 상표로 반드시 등록해야 할 것이다. 상호 이외에 별도의 브랜드가 있고 그 브랜드만을 상표적으로 사용하는 경우에는 상호를 별도의 상표로 등록할 필요는 없다.

그러나 타인이 자신의 상호와 동일한 호칭으로 상표등록 하는 경우 상표권자의 권리행사에 의해 자신의 상호를 사용하지 못하게 될 위험성이 있는바, 상호 자체의 원활한 사용을 위해서라도 상호도 별도로 상표등록을 하는 것이 좋다.

Q18. 상표침해 경고장을 받았습니다. 어떻게 해야 하나요?

A스타트업 대표이사는 최근 인터넷 검색을 통해 B업체가 자신의 등록상표를 무단으로 사용하고 있다는 사실을 알았다. 이에 A스타트업 대표이사는 B업체에 전화를 걸어 항의하였으나, B업체의 상표 사용은 계속되고 있다. A스타트업 대표이사는 어떠한 조치를 취해야 할까?[1]

1. 상표권침해

상표권자는 지정상품에 관하여 그 등록상표를 사용할 권리를 독점한다. 따라서 타인이 지정상품에 관하여 그 등록상표를 사용하는 경우에는 상표권침해를 구성하게 된다.

상표권침해가 발생하는 경우 상표권자는 상표권에 기해 침해자에게 민사상 침해금지청구, 손해배상청구를 할 수 있고, 형사상 침해죄로 침해자를 고소할 수 있다.

---

1 가장 먼저 취해야 할 조치는 경고장을 보내는 것이다.

2. 상표분쟁 과정

먼저 상표침해 사실을 인지하게 되면, 침해자의 고의성 입증을 위해 상표권자는 침해자에게 경고장을 내용증명으로 발송하게 된다. 이후 침해자가 경고장의 내용에 응하지 않는 경우 상표권자는 민사상 조치 또는 형사상 조치를 하게 되는데, 일반적으로는 형사상 조치가 처리 기간이 짧고 즉각적인 합의를 이끌어낼 수 있기 때문에 형사상 조치를 먼저 취하는 경우가 많다.

한편 형사상 조치에 앞서, 상표침해 여부가 명확하지 않은 경우에는 특허심판원[2]에 권리범위확인심판[3]을 청구해야 한다. 권리범위확인심판의 판단 결과인 심결(법원의 판결문과 유사하다)은 형사상 조치뿐만 아니라 민사법원에서도 결정적인 증거로 사용되기 때문에 상표침해 여부를 다투는 경우에 필수적으로 수행될 필요성이 있다.

권리범위확인심판에서 침해자가 사용하는 상표가 등록상표의 권리범위에 속한다고 판단하는 심결(즉, 인용심결)을 받게 되면, 특별한 사정이 있는 경우를 제외하고 상표권자는 손해배상소송, 가처분소송 등에서 승소하게 될 것이며, 침해자는 형사적 처벌 및 벌금도 받게 될 것이다.

한편 침해자는 자신이 사용하는 상표가 등록상표의 권리범위에 속하지 않음을 주장할 것인데, 그것이 분쟁 과정에서 받아들여지지 않는 경우에는 등록상표의 무효, 취소사유를 찾아 등록상표를 무효시키거나

---

2 산업재산권 분쟁을 해결할 목적으로 설립한 합의체 심판기관이다.

3 확인대상상표(즉, 침해자가 사용하는 상표)가 등록상표의 권리범위에 속하는지 여부를 특허심판원에서 확인해주는 제도다. 적극적 권리범위확인심판(상표권자가 청구)과 소극적 권리범위확인심판(침해자가 청구)이 있다.

취소시키는 전략을 취할 수도 있다.

3. 상표권침해 경고장을 받은 경우 조치

상표권침해에 따른 경고장을 받은 경우, 먼저 자신이 사용하고 있는 상표가 상표권침해에 해당되는지를 판단해야 한다. 침해판단은 고도의 법적 지식을 요구하기 때문에, 변리사와 같은 전문가에게 문의하는 것이 필요하다.

판단결과 자신이 사용하고 있는 상표가 상표권침해에 해당되지 않는 경우에는 경고장을 무시하거나, 경고장에 대응하여 상표침해에 해당되지 않음을 주장하는 답변서를 보내는 것으로 대응할 수 있다. 한편 판단결과 자신의 상표 사용이 상표권침해에 해당되는 경우에는 상표권에 무효사유나 취소사유가 있는지를 판단해야 한다. 판단결과 상표권에 무효사유 또는 취소사유가 있는 경우 상표무효심판 또는 상표취소심판을 청구하여 상표권을 무효 또는 취소시킴으로써 상표권자의 권리행사를 근원적으로 제거하여야 한다.

상표권침해에 해당되지만, 상표권에 무효사유나 취소사유도 없는 경우에는 상표의 사용을 즉시 중단하고, 상표권자와 교섭을 추진하여 적절하게 합의를 보는 것이 필요하다.[4]

---

4 산업재산권 분쟁조정 위원회(www.koipa.re.kr)에 조정신청을 접수하면, 분쟁조정에 관한 법률적 지원을 제공받을 수 있다.

Q19. 상표 검색방법에 대해서 알고 싶습니다

상표 검색은 특허 검색보다 비교적 간단하기 때문에 이용하기 쉽다. 그러나 정확한 검색을 위해서는 상표를 구성하고 있는 요소들의 특성을 알아야 한다. 이러한 특성을 고려하여 검색하지 않으면 엉뚱한 검색 결과가 도출되며, 이는 잘못된 의사결정을 가져올 수 있다. 이하에서는 상표를 검색할 수 있는 가장 정확하고 간단한 방법에 대해서 알아본다.

1. 상표의 유사

　상표는 상표명칭과 지정상품으로 구분되므로, 상표출원 시에는 상표명칭과 지정상품을 기재해야 한다. 예를 들면, 'LG'는 상표명칭이고, '세탁기'는 지정상품이다. 이렇게 상표가 등록되면, 'LG'라는 상표는 '세탁기'라는 지정상품 및 '세탁기'와 유사범위에 있는 지정상품까지 효력이 발생하는 것이다.

　이와 같이 상표의 유사성은 상표와 지정상품과의 관계에서 파악되어야 하기 때문에, 상표 검색 시에는 상표명칭과 더불어 지정상품을 반드시 고려해야 한다.

　이러한 유사성을 염두에 두고 예시를 살펴보자. 'LG'라는 상표가 지정상품 '세탁기'에 대한 등록상표라고 가정하고, 'LG'가 지정상품 '음료수'에 대해서는 등록되어 있지 않다고 가정하자. 이때 출원인이 'LG'라는 명칭으로 '건강음료'를 지정하게 되면 출원인의 상표는 먼저 출원된 'LG'와 비유사, 정확하게는 지정상품이 비유사하므로 상표등록을 받을 수 있을 것이다.[1]

2. 기본 검색방법

키프리스에 접속한 후, 상표 탭을 클릭한 다음, 아래 그림과 같은 스마트검색창을 활성화한다.[2]

상표 스마트검색창 화면

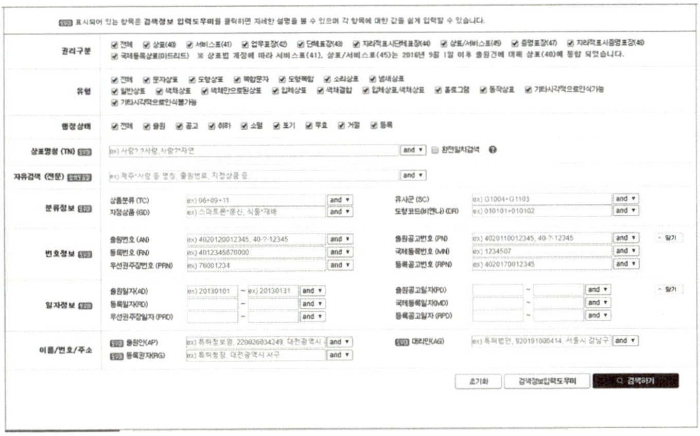

---

[1] '세탁기'와 '음료수'는 유사한 상품이 아니기 때문이다.
[2] 이하에서 검색된 검색결과는 2020년 1월 13일 자 기준으로 실시되었다.

스마트검색창의 상표명칭(TN)에 검색하고자 하는 상표명칭을 입력하고, 지정상품(GD)에 검색하고자 하는 지정상품 명칭을 입력한 후, 검색을 실시한다.

예를 들어, '가산'이라는 상표에 '식당업'을 지정상품으로 지정하는 경우, 스마트검색창에 따른 자동 검색식인 검색식 1은 다음과 같다.

검색식 1: TN=[가산]*GD=[식당업]

검색식 1로 검색을 수행한 결과, 검색된 상표공보는 아래와 같이 총 3건이다. 상표명칭에 '가산'이라는 단어가 포함되며, 지정상품에 '식당업'이라는 단어가 포함되는 공보가 모두 검색되었다.

검색식 1을 이용한 검색결과 화면

3. 유사어 반영하기

상기와 같은 기본 검색방법으로도 대부분의 선행 상표를 검색할 수 있지만, 보다 더 정확한 검색을 위해서는 유사어를 사용하여야 한다. 보다 자세하게는 상표명칭의 경우, 상표 호칭의 유사를 고려한 유사어를 사용해야 하며, 지정상품의 경우에는 지정상품 단어의 의미를 고려한 유사어를 사용해야 한다.

유사어의 활용방법은 특허에서 사용한 방법과 동일하다. 검색식 1에 유사어를 적용하면 다음과 같다.

> **검색식 2:** TN=[가산+KASAN+GASAN+GA산]*GD=[식당업+요식업+음식점업+레스토랑업]

검색식 2를 기초로 검색된 공보는 하기 그림에서와같이 13건이다. 이전에 유사어 없이 검색하였던 3건에 비해 4배 가까이 검색 건수가 증가하였다. 따라서 유사어를 사용하면 보다 많은 유사상표를 확인할 수 있기 때문에 유사상표를 빠트림 없이 확인해볼 수 있다.

검색식 2를 이용한 검색결과 화면

그러나 이러한 방법도 문제가 있다. 상표명칭에 대한 호칭의 유사성은 대부분 검토가 가능하지만, 지정상품의 경우 의미적으로 유사한 모든 지정상품을 생각해내기는 쉽지 않기 때문에 이에 대한 누락이 발생하는 것이다.

4. 유사군코드 활용하기

유사군코드란 상품 또는 서비스업의 유사범위를 표시하는 식별기호를 의미한다. 유사군코드는 문자 1개[3]와 문자 뒤에 5~6자리의 숫자로

---

[3] 상품은 G(Goods), 서비스업은 S(Services)로 시작된다.

구성되어 있다. 일부 상품에는 2개 이상의 유사군코드가 부여되어 있는 경우도 있다.

유사군코드는 심사의 편의성을 위해 도입된 것으로, 특허청의 상표 심사관은 지정상품의 유사 여부를 판단할 때에 지정상품명 자체보다는 유사군코드의 일치 여부를 기준으로 한다. 즉, 특허청에서는 유사군코드가 같으면 유사한 상표로 심사한다는 것이다.

따라서 지정상품의 명칭보다는 지정상품의 유사군코드를 이용해 상표를 검색하면 가장 정확하게 상표를 검색할 수 있다.

유사군코드의 활용방법은 특허에서 기술분류코드를 사용하는 방법과 유사하다. 식당업의 유사군코드[4]는 G0301, G0502, S120602이다. 지정상품에 해당하는 키워드 대신에 상기 3개의 유사군코드를 적용한 검색식은 다음과 같다.

> 검색식 3: TN=[가산+KASAN+GASAN+GA산]*SC=[G0301+G0502+S120602]

---

[4] 지정상품별 유사군코드는 특허청 홈페이지(https://www.kipo.go.kr)에서 확인할 수 있다.

검색식 3을 이용한 검색결과 화면

검색식 3을 이용하여 검색된 공보는 35건이다. 이전에 유사어 없이 검색하였던 13건에 비해 3배 가까이 검색 건수가 증가하였다. 살펴본 바와 같이, 지정상품에 관한 유사어 대신에 지정상품에 대한 유사군코드를 사용하면, 보다 많은 유사상표를 확인할 수 있으므로, 유사상표를 빠트림 없이 확인하여 상표의 등록 가능성 여부를 더욱 정확하게 검토할 수 있다.

5. 로고(도형상표)의 경우

도형으로 이루어진 상표의 경우, 키워드로 검색하는 것이 불가능하다. 이러한 점을 고려하여 특허청에서는 국제 도형상표 분류체계를 통해 도형상표를 검색할 수 있게 시스템을 갖추어 놓았다. 국제 도형상표 분류체계는 비엔나분류(Vienna Agreement Establishing an International Classification of the Figurative Marks)를 의미하는데, 비엔나분류는 도형분류코드로 구성된다. 도형분류코드는 다음과 같이 구성된다.

★ 도형분류코드의 예: 03-04-18 (돼지 모양의 경우)

류 (類; 대분류)	군 (群; 중분류)	항 (項; 세분류)
03	04	18
동물	네발짐승	돼지, 멧돼지

키프리스 사이트의 스마트검색창을 열고 도형코드(DR) 부분에 돼지 모양의 코드인 '030418'를 입력한 다음, 검색하기를 실행하면, 돼지 모양이 삽입된 상표가 모두 검색된다. 여기에 상표명칭을 'and 조건'과 연결하여 검색식을 만들면 더욱 정확하게 상표를 검색할 수 있을 것이다.

상표 스마트검색창 화면

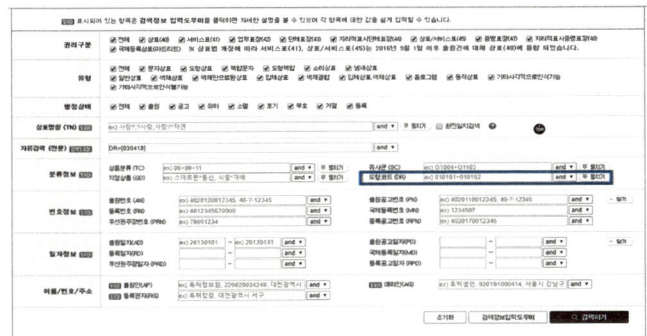

도형분류코드를 이용한 검색결과 화면

Q20. 디자인이란 무엇이며, 등록절차는 어떻게 됩니까?

A씨는 새로운 타입의 스마트폰 충전기를 개발하고 제품을 출시하기 위해 준비 중이다. 새로 개발한 충전기는 기능적으로 우수하여 이에 대한 특허등록도 필요한 상황이었지만, 디자인도 매우 새롭고 심미감이 있어 디자인 자체에 대한 보호도 필요하다고 생각되었다. 디자인이란 무엇이며, 디자인등록을 위한 절차, 요건, 효력 등은 어떻게 구성되는지 알아보자.

1. 디자인이란?

디자인제도는 공업제품(물품)의 미적 외관이 보호될 수 있도록 출원인에게 일정 기간 독점, 배타적인 디자인권을 부여함으로써, 디자인 창작을 장려하고 산업발전을 도모하기 위한 제도이다.

① 의의 및 법적성질

디자인권은 디자인이라는 공업제품(물품)의 외관에 대해 디자인법에 따라 부여된 독점적, 배타적인 권리를 의미한다. 디자인권자는 디자인을 독점적으로 실시할 수 있고, 타인이 디자인권의 보호범위 내의 디자인을 무단으로 실시하는 것을 배타적으로 배제할 수 있다.

② 보호대상 및 보호범위

디자인권은 공업제품(물품)의 외관인 디자인을 보호한다. 디자인권의 보호범위는 디자인등록출원서의 기재사항 및 그 출원서에 첨부된 도면, 사진 또는 견본과 도면에 적힌 디자인의 설명에 따라 표현된 디자인에 의해 정해진다.

따라서 디자인권이 미치는 범위는 지정된 공업제품(물품)의 종류(기능, 용도) 판단, 도면 또는 사진에 표현된 디자인의 해석 및 디자인 설명에 기재된 내용의 해석에 따라 정해지기 때문에, 도면 및 디자인 설명을 기재할 때는 주의를 기울여야 한다.

③ 존속기간

디자인권의 존속기간이란 디자인권자가 등록디자인을 독점적으로 실시할 수 있는 기간을 의미한다. 디자인권의 존속기간은 디자인보호법 제90조 제1항에 따른 디자인권을 설정등록[1]한 날부터 디자인출원일 후 20년이 되는 날까지이다. 따라서 디자인출원일 후 20년이 지나면 등록된 디자인권은 소멸되며, 소멸된 디자인권에 따른 디자인은 누구나 사용할 수 있는 자유디자인이 된다.

---

[1] 디자인권의 설정등록이란 디자인출원에 대한 심사관의 디자인등록 결정 후에 출원인이 설정등록료를 납부하게 되면, 특허청장이 직권으로 디자인등록원부에 소정의 사항을 기재함으로써 디자인등록이 완료되는 절차를 의미한다.

2. 디자인등록절차

① 절차 일반

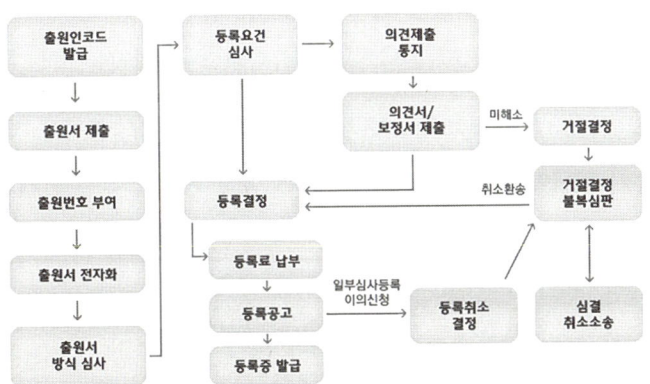

출처: 특허청 홈페이지

　디자인출원서가 특허청에 제출되면, 디자인출원 절차가 개시된다. 특허청에서는 먼저 출원서류가 법에서 정하는 절차적, 형식적 요건을 구비하고 있는지를 심사한다. 이와 같은 방식상의 흠결 유무를 검토한 후, 흠결이 없으면, 실체적인 심사, 즉, 실체심사를 통해 발명의 디자인등록 가능성을 판단한다. 실체심사결과, 출원된 디자인의 디자인성이 인정되는 경우 특허청은 디자인등록 결정을 하게 된다.

　한편 실체심사를 통해 출원된 디자인의 디자인성이 인정되지 않는다고 판단되면, 특허청은 출원인에게 의견을 진술하고, 명세서를 보정할 기회를 준다. 출원인이 이에 대응하여 디자인성을 입증하는 경우 특허청은 디자인등록 결정을 하게 된다. 그러나 출원인의 의견개진을 통해서도 디자인성이 입증되지 않으면 디자인은 거절 결정되는데, 이후 출원인은 재심사청구, 거절결정불복심판 등의 절차를 이용해 이를 계속해서 다툴 수 있다.

② 기간

일반적으로 디자인출원부터 디자인등록까지는 6개월~12개월 사이의 기간이 소요된다. 그러나 출원공개 후 제3자의 무단실시의 경우, 우선심사의 신청을 하려는 자가 출원된 발명에 관하여 직접 선행디자인을 조사하고 그 결과를 특허청장에게 제출하여 긴급하게 처리할 필요가 있다고 인정된 출원 등과 같은 특정한 요건이 만족되는 경우에는 우선심사를 신청할 수 있다. 이를 통해 디자인출원부터 디자인등록까지의 기간을 50% 이상 단축할 수 있다.

③ 등록요건

대표적인 디자인등록요건은 신규성, 용이창작성, 선출원 등이다. 신규성이란 디자인의 내용이 기존과는 달리 신규해야 하는 요건이고, 용이창작성이란 디자인의 내용이 기존의 공개된 디자인 또는 주지한 디자인으로부터 용이하게 도출되지 않아야 하는 요건이고, 선출원은 당해 출원된 디자인의 출원일 이전에 타인이 동일한 디자인을 먼저 출원하지 않아야 하는 요건이다.

상기와 같은 요건 이외에도 진정한 권리자일 것, 디자인 명세서의 기재방법을 준수할 것 등의 요건도 있다. 디자인이 등록되기 위해서는 디자인보호법에 기재되어 있는 등록요건 모두를 만족시켜야 한다.

④ 디자인권의 효력

디자인권자는 등록디자인을 사용할 권리를 독점할 수 있고, 등록디자인과 동일·유사한 범위 내에서의 타인의 무단실시에 대해서는 배타적으로 민형사상 조치를 취할 수 있다.

이러한 디자인권의 효력은 디자인권이 존속하는 기간 동안 대한민국 내에서 미치게 된다. 따라서 대한민국에서 디자인권이 있다 하여도 일본이나 미국 등의 타국에는 대한민국 디자인권의 효력을 주장할 수 없다.

Q21. 디자인보호법과 부정경쟁방지법의 관계에 대해 알고 싶습니다

A씨는 'X' 제품을 직접 개발하고 판매하기 전, 디자인등록을 위해 특허사무소를 방문하였으나, 'X' 제품의 외형에 독특한 특징이 없어 등록이 불가능하다는 의견을 듣고 디자인출원을 하지 않은 채 'X' 제품을 생산, 판매하고 있었다. 어느 날 씨는 B업체가 'X' 제품과 완전히 외형적으로 동일한 'Y' 제품을 판매하고 있는 것을 알게 되어 조치하고자 한다.

1. 디자인보호법에 따라 'X' 제품을 보호받을 수 있을까?

보호받을 수 없다. 디자인보호법상 보호되는 디자인은 특허청에 출원되어 등록되어야 효력이 발생하는 등록주의를 따른다.

2. 다른 조치 사항은?

제품이 디자인으로 등록되지 못하는 경우 이를 보호할 수 있는 수단으로는 부정경쟁방지 및 영업비밀보호에 관한 법률(이하. 부경법)이 있다. 부경법 제2조 제1항 자목은 "타인이 제작한 상품의 형태(형상·모양·색

채·광택 또는 이들을 결합한 것을 말하며, 시제품 또는 상품소개서상의 형태를 포함한다. 이하 같다)를 모방한 상품을 양도·대여 또는 이를 위한 전시를 하거나 수입·수출하는 행위"를 부정경쟁행위로 규정하고 있다. 때문에 모방한 상품을 판매하는 행위는 부경법 제2조 제1항 자목에 의해서 보호받을 수 있다.

그러나 부경법 제2조 제1항 자목에 해당하기 위해서는 제품 개발일로부터 3년 이내일 것을 만족해야 하며, 개발한 제품이 일반적인 통상의 제품의 형태에 해당하지 않아야 한다.

Q22. 폰트 저작권 침해 경고장을 받았습니다. 어떻게 해야 하나요?

A씨는 최근 B법무법인으로부터 "귀사가 홈페이지에 폰트(글씨체)를 무단으로 사용했으니, 저작권법 위반으로 벌금이 부과될 수 있다"라는 내용과 함께 "민형사상의 책임을 부담하는 것을 원하지 않으면, 해당 폰트 프로그램의 패키지를 구매하라"는 강매 경고장을 받았다. A씨의 조치는?

1. 폰트 저작권이란?

폰트 도안, 즉, 글씨체 자체는 저작권의 보호 대상이 아니며, 디자인보호법의 보호대상이다. 즉, 글씨체 자체를 도용하는 것을 막기 위해서는 글씨체 디자인을 출원하여 등록을 받아야 한다. 한편 컴퓨터와 같은 장치에서 폰트를 사용하기 위해서 이용되는 폰트 파일 자체[1]가 컴퓨터 프로그램으로써 저작권의 보호 대상 영역에 해당한다. 그러므로 폰트 저작권이라고 하는 것은 폰트 파일 자체에 대한 복제, 배포 등을 금지하는 권원이라 할 수 있다.

---

1 TFF 등과 같은 확장자를 가지는 파일

2. 폰트 저작권 침해 판단 방법

전술한 바와 같이 폰트 저작권에 있어서 저작물은 폰트 파일 자체이므로, 폰트 파일에 상업적인 허용이 없었음에도 폰트 파일을 무단으로 올려 불특정 다수가 다운로드를 할 수 있게 하거나, 폰트 파일을 다운로드 하여 상업적으로 이용하는 경우에는 저작권 침해가 발생한다. 그러나 폰트 파일을 이용하여 만든 로고 이미지와 같은 2차 결과물 자체를 이용하는 행위(예를 들면, 외주업체에 2차 결과물 제작을 의뢰한 후 그 결과물만을 그대로 이용하는 행위가 이에 해당할 수 있다)는 폰트 파일 자체를 사용한 것에 해당하지 않으므로 저작권 침해가 발생하지 않는다.

3. 폰트 저작권 침해에 대한 조치

경고장 내용을 판단한 결과, 폰트 저작권 침해에 해당하지 않는 경우에는 경고장에 대해서 무시하거나, 침해되지 않음을 적극적으로 주장하는 답변서를 보내면 된다. 한편 경고장 내용을 판단한 결과, 폰트 저작권 침해에 해당하는 경우에는 권리자와 협상하여 폰트 사용에 대해 적절한 보상을 하여야 한다. 그러나 폰트 저작권을 침해하는 경우라 할지라도 실제 발생한 손해액과 무관하게 합의 대가로 폰트 패키지 구매를 요구하는 것은 형법상 공갈죄에 해당할 여지가 있으며, 형사 고소를 당하더라도 실제 기소되기보다는 합의로 마무리되는 사안이 대부분이므로 무조건 합의에 응하기보다는 한국저작권위원회의 분쟁조정제도를 이용하거나 법률구조공단에 법률적 조력을 요청하는 것이 바람직하다고 판단된다.

Q23.
인터넷에 있는 사진 이미지들을 무단으로 사용해도 되나요?

A씨는 포털 사이트에서 검색되는 사진을 자신의 블로그에 자신이 작성한 글과 함께 올리려고 한다. A씨가 검색한 사진은 일반적인 제품을 정면에서 찍은 사진이다. A씨는 이 사진을 무단으로 사용해도 될까?

1. 인터넷에 있는 사진에는 모두 저작권이 있는가

저작권법에 의하여 보호되는 저작물이기 위하여는 문학·학술 또는 예술의 범위에 속하는 창작물이어야 하므로 그 요건으로서 창작성이 요구되는바, 사진저작물은 피사체의 선정, 구도의 설정, 빛의 방향과 양의 조절, 카메라 각도의 설정, 셔터의 속도, 셔터찬스의 포착, 기타 촬영 방법, 현상 및 인화 등의 과정에서 촬영자의 개성과 창조성이 인정되어야 저작권법에 의하여 보호되는 저작물에 해당한다.[1]

---

[1] 대법원 2001.5.8. 선고 98다43366판결

좌측 첫 번째 및 두 번째에 있는 이미지의 경우 상품을 정면에서 촬영한 일반적인 것이므로, 저작물에 해당하지 않는다. 그러나 우측 첫 번째 및 두 번째에 있는 이미지의 경우 검토한 판례의 내용에 따르면, 저작물에 해당하므로 저작물로써 인정되며, 이런 경우에는 저작권자의 허락을 받아서 사진을 사용하여야 한다.

2. 사례의 경우

사례에서 A씨가 사용하려고 하는 사진은 일반적인 제품의 사진을 정면에서 촬영한 것에 해당하므로 저작물에 해당하지 않는다. 따라서 A씨는 사진 사용은 저작권 침해에 해당하지 않는다. 그러나 저작물성이 인정되지 않는 경우라 하더라도, 사진 이용의 목적 등에 따라 그 행위가 민법상 불법행위로써 책임이 발생할 수 있으므로 주의하여야 하며, 따라서 되도록 직접 촬영한 이미지를 사용하는 것이 바람직하다고 볼 수 있다.

Q24. 웹에서 특정 기능을 위해 구현된 UI[1]도 저작권으로 보호될 수 있나요?

A씨는 특허 검색을 제공하는 서비스를 웹에서 구현하고자 한다. A씨는 기존의 업체에서 제공하는 특허 검색 기능을 참조하여 자신의 웹에서 비슷하게 구현하고자 하였는데, 특허 검색의 특수성 때문에 UI가 비슷하게 표현될 수밖에 없는 상황이다. A씨가 이렇게 UI를 구성하는 것은 기존 업체의 저작권을 침해하게 될까?

1. UI도 저작권으로 보호될 수 있나

웹이나 앱에서 표현되는 UI는 폰트, 색상, 레이아웃 등 시각적인 디자인 표현으로 구성되어 있는바, 창작성을 만족하는 경우 원칙적으로 저작권으로 보호될 수 있다. 그러나 UI에 의해서 구현되는 기능이 그 기능의 특성상 비슷하게 표현될 수밖에 없거나, 이에 따라 이전부터 해당 업계에서 이러한 UI가 널리 사용되고 있는 경우에는 해당 UI에 대한 창작성이 부정되므로 저작물로서 인정받게 될 가능성이 낮다.

---

[1] User Interface: 사용자 인터페이스

2. 윕스 vs 키워트 사건

지난 2018년 10월, 특허 검색서비스를 먼저 실시하고 있던 윕스(서비스 네임: 윕스온)는 후발주자인 워트인텔리전트(서비스 네임: 키워트)가 윕스온 서비스에서 구현되고 있는 기능을 모방하여 키워트 서비스에서 유사하게 제공하고 있다고 판단하여, 저작권 침해에 기한 사용금지를 청구하였다.[2] 문제된 UI는 아래 그림과 같은 특허 검색 후 검색된 특허를 다운로드 하기 위한 UI와 검색된 특허 내용 중 도면만 따로 표시해주는 UI 등이었다.

특허 다운로드 UI

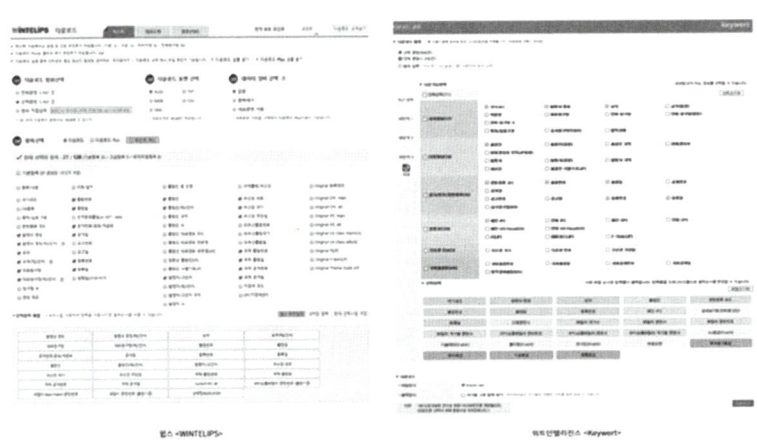

---

[2] 해당 사건에서는 저작권 침해 이외에 부정경쟁행위에 따른 사용금지 및 손해배상청구도 함께 다루어졌다.

특허 도면 보기 UI

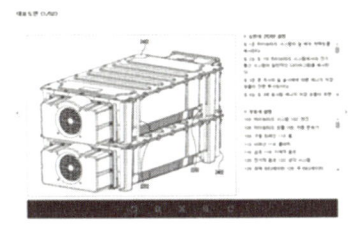
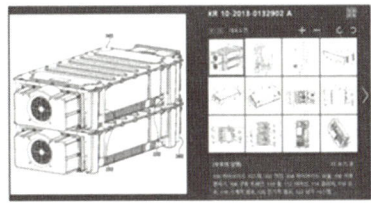

이 사건에서 1심 법원은 "원고의 서비스는 창작적 표현으로서 보호할 가치가 있는 것이라고 보기 어렵거나(각 기능 자체는 아이디어에 불과하여 저작권의 보호대상이라 할 수 없고, 각 기능의 배치방식 역시 창조적 개성이 나타난 표현형식이라고 볼 수 없으므로), 피고가 원고의 창작적인 표현형식을 모방한 것으로 인정하기 어렵다"는 이유로 저작권 침해를 부정하였다.[3]

3. 사례의 경우

먼저 검토한 판례에서 알 수 있듯이, 구현하려고 하는 기능적인 특징 때문에 유사하게 UI에 표현될 수밖에 없고 이에 따라 이전부터 해당 업계에서 그러한 UI가 폭넓게 사용되고 있었다면, 해당 UI에 대한 저작권 침해는 발생하지 않을 것이다. 그러나 타인이 실시하고 있는 UI를 그대로 차용하여 사용하는 경우에는 부정경쟁행위에 해당하거나 일반 불법

---

[3] 서울중앙지방법원 2019.11.15. 선고 2018가합576722, 1심 법원은 "부정경쟁행위와 관련해 워트인텔리전스가 공정한 상거래 관행이나 경쟁 질서에 반하는 방법으로 웹스의 성과물을 도용하거나 모방했다고 인정하기 어렵다"며 웹스의 청구를 모두 기각했지만, 2심 법원은 워트인텔리전스가 제공 중인 '공개·등록 문서' 비교 서비스가 부정경쟁행위에 해당한다고 보고 해당 서비스의 사용 금지를 명령했고, 이는 대법원에서 확정되었다.

행위에 해당할 가능성도 일부 있으므로, 이에 주의하여야 한다. 따라서 되도록 새로운 창작물로 인정될 수 있도록 UI를 새롭게 디자인하는 것이 바람직하다고 볼 수 있다.

제4장

사업관계의 기본, 계약과 법률

'자수성가한 위대한 사업가'.

말만 들어도 가슴이 뛰는 이야기이다. 호암 이병철은 청과물, 건어물, 잡화를 다루는 무역회사였던 '삼성상회'로 시작하여 우리나라 최대 기업인 '삼성'의 토대를 만들었다. 시간을 오래 되돌리지 않더라도, 유명 쇼핑몰인 '스타일난다'의 대표는 최근 프랑스 기업인 로레알에 지분을 수천억 원에 매각하여 성공적으로 엑시트(EXIT)한 바 있다.

위대한 성공의 뒤에는 다방면에 걸친 창업자의 노력과 불굴의 의지가 있었을 것이다. 그런데 사업 성공의 과정 중에는 도처에서 문제들이 발생한다. 그것은 사업자금의 문제에서 비롯된 것일 수도 있고, 회사 내부 동업자들 사이, 회사 외부의 거래처나 제3자와의 관계에서 발생하는 문제일 수도 있다. 아무런 걱정 없이 평탄하게만 인생을 살아가는 사람은 없다. 사업도 마찬가지이다. 회사를 설립하고 성장하며 최종적으로 엑시트하는 과정에서, 회사 역시 여러 문제에 봉착하게 마련이다.

본 장은 그중에서도 법률적인 문제를 다룬다. 최초 아이템 선정에 있어 불법성은 없는지, 동업자들 사이의 관계에서 동업계약서 작성은 적정한지, 회사 내부의 시스템을 만드는 과정에서 법률적으로 어떠한 점을 고려하여야 하는지, 거래처와의 계약은 어떻게 작성하여야 하는지,

회사의 주주총회나 이사회는 어떠한 절차를 통하여야 하는지, 투자를 받기 위해서 법률적으로 검토하여 볼 문제는 무엇인지, 기업의 인수합병 과정에서 검토의 문제는 무엇인지 등이 그것이다. 회사의 운영과정은 일련의 계약을 체결하는 과정이기에 법률적인 문제와 떨어질 수 없다.

회사 운영과정에서, 계약서의 조문 하나, 문구 하나를 잘못 검토하고 작성하는 바람에 회사의 존립 자체가 위태로워지는 경우도 상당히 많다. 예를 들면, 거래처와의 계약 체결 시 계약서 검토를 신중히 하지 않아 상대방 회사에서 제시한 계약서 내에 작성된 '위약금'이나 '기타 상대방 회사에 대하여 일방적으로 유리한 내용의 조항'을 간과하여 많은 액수의 의무를 부담하게 되는 경우가 있을 수 있다. 추후 실제로 소송으로 비화되는 경우 계약서에 근거한 상대방의 청구를 취소하거나 무효화하기는 상당히 어려울 수 있고, 이것은 곧바로 회사의 존립에 직결될 수도 있는 사항이다. 이 때문에 회사와 관련된 계약서나 법적인 문제들을 단순히 귀찮고 사소하게 생각하여서는 안 된다.

본 장에서 스타트업에서 발생할 수 있는 주요한 법률적 쟁점에 대해서 살펴보기로 한다. 스타트업을 '스타트'하기 위하여 법률적인 면에서 간과하지 말아야 할 부분들, 그리고 더욱 세심히 살펴보아야 할 부분들에 대해서 분별할 수 있는 시각을 키워보기로 하자.

Q01. 사업모델의 적법성 검토의 필요성

'세상없는 새로운 서비스'를 내놓으려는 A씨. 새로운 서비스이다 보니 어디서부터 어떻게 시작하여야 할지 여러모로 알아보고 있다. 그런데 '우버엑스'가 우리나라에서는 합법적이지 않은 서비스라고 판단되어 철수하고 대표가 처벌받았다는 뉴스를 듣게 되었다. 또한 '타다'라는 업체도 일부 서비스에 법률적인 이슈가 있었다는 소식을 뉴스를 통하여 듣게 되었다.
'그렇다면, 내가 지금 하려는 사업에는 법률적인 문제가 없는 것일까? 만약, 나중에야 불법적인 사업이라고 판단되는 경우, 내가 지금 투자하고 있는 시간과 돈은 헛수고에 지나지 않게 되어 버리는 것 아닐까? 그렇다면, 사업모델이 적법한지를 검토하는 것이 필수적인 것이 아닐까?' A씨의 고민이 시작되었다.

시대의 새로운 화두인 공유경제. 그중에서 특히 자동차를 공유하는 플랫폼 서비스인 '우버'가 글로벌 시장에서 '핫'한 플랫폼 사업자로 등장했다. 특히, 우버의 서비스 중 '우버엑스'는 영업용으로 등록되지 않은 일반 자가용을 사용하여 수요자와 공급자를 연결시켜주는 사업모델이다.

우버는 세계 각국(2020년 기준 세계 700여 개 도시)에서 활발하게 서비스를 하고 있지만, 우버의 서비스 중 '우버엑스'에 대해서는 불법의 소지가 있어 각국에서 문제화되었다.

우리나라에서도 2013년 우버가 한국에 진출하였을 당시 현행법 위반

여부의 논란이 있었다. 서울시는 우버코리아를 고발하였으며, 결국 당시 우버의 대표가 기소되기에 이르렀다. 당시 우버가 우리나라 실정법을 위반한 대표적인 조문은 아래와 같다.

| 우버가 위반한 실정법 조문 |

구 여객자동차운수사업법 제81조 (자가용 자동차의 유상운송 금지)
① 사업용 자동차가 아닌 자동차(이하 "자가용자동차"라 한다)를 유상(자동차 운행에 필요한 경비를 포함한다. 이하 이 조에서 같다)으로 운송용으로 제공하거나 임대하여서는 아니 되며, 누구든지 이를 알선하여서는 아니 된다.

즉, 우버엑스는 '사업용 자동차가 아닌 자동차'를 유상으로 운송용에 제공하거나 임대하는 사업모델을 가진 것으로서 이를 알선한 우버가 위 법률을 위반한 당사자로서 기소된 것이다. 한편 이로 인해 트래비스 코델 캘러닉 전 우버 대표는 2018년 6월 22일 서울중앙지방법원에서 벌금 2,000만 원을 선고받았다. 우버 역시 한국시장에 진출하면서 적법성 여부에 대한 나름의 검토를 하였겠지만, 결국 우버엑스는 불법이라는 법원의 판단을 받게 된 것이다(한편, 우버는 우버엑스 사업이 논란이 되고 고발조치 되는 등의 상황에서 2015년 해당 사업을 우리나라에서 철수하였다).

이는 비단 우버와 같은 기업에만 문제가 되는 것이 아니다. 또 다른 예를 들어보자. 공인중개사의 자격이 없는 사람이 부동산중개업이나 중개법인을 운영하려고 하는 경우, 변호사 자격이 없는 사람이 법률사무소나 법무법인을 설립하려는 경우, 관련 법령에 위반됨이 있는지 여부를 검토·확인하여야 함은 당연한 것이다.

새로운 신사업 모델이 등장할 때마다 해당 사업모델이 현행법에 위반되는지 여부를 검토하는 것은 회사의 사활이 걸렸다고 할 수 있을 정도로 중요하다. 미리 사업모델의 적법성 검토 없이 시간과 노력을 투자한 '이후에' 적법하지 않은 사업임이 밝혀지는 경우 이미 투여한 노력과 금전에 대한 손실이 막대해질 수 있고 심지어는 이로 인하여 창업자가 형사처벌을 받을 수 있는 위험에 처할 수도 있기 때문이다.

따라서 기존에 없는 새로운 사업을 시작하려는 스타트업 설립자는 사전에 사업모델의 적법성에 대한 검토를 하는 것이 필수적이다. 소 잃고 외양간 고치는 격이 되어서는 안 된다.

Q02.
개인사업자? 주식회사?
어떤 형태로 사업을 시작하여야 할까?

사업을 시작하기 위해서는 제일 먼저, 어떠한 형태로 사업을 영위할 것인가를 정하여야 한다. '주식회사 ○○'의 형태가 법인사업자의 형태이고, '주식회사' 등의 수식이 붙지 않은 사업자의 형태가 개인사업자 형태이다. 법인사업자와 개인사업자의 차이점은 무엇이 있을까? 법률적인 면에서 살펴보기로 한다.

*우리나라에서는 '주식회사'의 형태로 법인을 설립하는 경우가 많으므로, 본 장에서는 법인사업자를 '주식회사'로 한정하여 살펴보기로 한다.

사업자의 형태로는 크게 법인을 설립하여 회사를 운영하는 방법과 개인사업자로서 회사를 운영하는 방법이 있다. 통상 세무적으로는 법인사업자와 개인사업자의 세율이 달라 이를 기준으로 법인사업자와 개인사업자의 운영형태를 검토하고 고려하는 경우가 많다. 그렇다면 법률적인 권리의무 관계에서 법인사업자와 개인사업자의 차이점은 무엇이 있을까?

법인은, 자연인이 아니면서도 법에서 법인격을 부여하여 권리의무의 주체가 될 수 있도록 자격을 부여받는 당사자를 말한다. 쉽게 말하면, 이○○ 회장은 눈에 보이는 사람(자연인)이지만, '삼성전자 주식회사'라는 실체는 눈에 보이지는 않는다. 그 실체가 눈에 보이지는 않지만, '삼성전자 주식회사'는 법률에 의하여 눈에 보이는 사람과 같이 독자적인 법인격을 부여받고 자연인과는 별개로 계약을 체결하거나 법률행위를 할 수 있게 된다.

즉, 법인사업자의 경우 거래상대방과의 계약의 당사자가 회사의 '대표이사'나 '이사'가 아니라 '주식회사 ㅇㅇㅇ'이 되지만, 개인사업자의 경우 계약의 당사자가 '개인'이 된다는 것에 큰 차이점이 있다.

또한 주식회사(법인)의 주주는 출자한 돈의 범위에서만 유한책임을 진다. 사업을 진행하면서 권리의무가 직접적으로 귀속되는 것은 '주식회사'로서 (임원이 보증을 섰다거나 또는 특별히 상법에서 정하는 임원의 책임이 있지 않는 한) 임원의 재산으로 계약상의 책임을 지지 않아도 된다. 즉, 주식회사의 재산이 없으면, 주식회사가 거래상대방에게 지급하여야 할 채무가 있다고 하더라도 원칙적으로는 대표이사의 재산으로 책임을 지지 않아도 되는 것이다. 그러나 개인사업자의 경우, 개인(자연인)이 직접 계약의 당사자가 되므로, 사업에서 발생하는 채무도 결국 개인의 재산으로 전적인 책임을 부담하여야 한다. 이러한 점이 법인사업자와 개인사업자의 법률적인 면에 있어서의 대표적인 차이이다.

한편, 원칙적으로 주식회사의 주식은 자유롭게 양수·양도될 수 있고, 회사는 주주총회나 이사회의 결의로 새로운 주식을 발행하여 자본금의 규모를 어렵지 않게 키울 수 있다. 이에 따라, 주식회사의 형태가 개인사업자의 형태보다 자본조달의 측면에서 더 수월할 수 있다. 회사가 성장하면 회사 주식의 가치 역시 커지게 되므로 투자자 입장에서도 '주식회사'의 경우 투자의 유인동기가 더 커진다.

그러나 개인사업자의 경우 주식회사와 같은 '주식'의 개념은 존재하지 않으므로 자금을 조달하기 위해서 원칙적으로는 신주발행 등의 방법은 사용할 수 없다. 이러한 점을 보건대, 개인사업자 형태보다 법인사업자의 형태가 상대적으로 더욱 큰 규모의 회사에 보다 적합하다고 볼 수 있다.

비교적 큰 규모의 회사가 주식회사의 형태를 취하고 있는 경우가 많은 것은 바로 이와 같은 이유 때문이다. 개인사업자로 사업을 시작할지 또는 법인으로 사업을 시작할지는 법률적인 관점, 세무적인 관점 등 다양한 관점에서 충분히 고민해볼 필요가 있다.

Q03.
회사의 '정관'이란 무엇일까?

A씨는 법인을 설립하기 위해 인터넷을 통하여 이것저것을 검색하다가, 주식회사에는 '정관'이 있어야 한다는 것을 알게 되었다. 그 용어조차 생소한 '정관'은 대체 무엇일까? 정관은 회사에 반드시 있어야 하는 것일까?

개인사업자로 사업을 하는 경우, 개인이 사업의 주체이므로 해당 대표자의 판단에 따라 사업을 진행하면 된다. 그리고 개인이 회사의 권리, 의무 관계에 있어 전적인 책임을 지므로 특별히 회사의 내규를 만들지 않아도 무방하다.

그런데 주식회사로서 법인사업자를 운영하기 위해서는, 회사의 법, 즉 정관이 필수적이다. 앞서 서술한 것과 같이 주식회사는 자연인과 다른 별개의 법인격체이다. 이는 주식회사의 주주가 1인뿐인 1인 주식회사인 경우에도 다르지 않다. 법인을 설립하기 위해서는 등기소에서 법인 설립절차를 거쳐야 하는데, 법인설립을 하기 위해서는 법인의 정관을 작성하여 제출하여야 한다.

정관은, 쉽게 생각하면 회사의 법률이라고 생각하면 된다. 회사의 목적, 상호, 회사가 발행할 주식, 본점의 소재지, 주주총회에 관한 규정, 임원 및 이사회에 관한 규정, 신주를 발행하는 방법 등 주식회사에서 문제가 발생할 수 있는 기본적인 사항들을 회사 내부의 규정으로서 미리 정하여 두는 것이다.

  물론 정관을 최초에 한 번 만든다고 하여 회사가 없어질 때까지 그대로 유지되어야 하는 것은 아니다. 정관은 주주총회의 결의(특별결의)로 변경될 수도 있다. 그러나 정관이 처음부터 잘 규정되어야 추후 회사의 업무가 절차적 하자 없이 진행될 수 있으므로, 용어가 어렵거나 이해가 되지 않는다고 하여 대충 인터넷에서 떠도는 샘플을 그대로 차용하여 만들어서는 곤란하다. 정관의 조항을 하나하나 잘 읽어보고 최초 설립의 동업자가 있다면 동업자들과 하나하나의 규정을 신중히 결정할 필요가 있다. 추후 동업자 사이의 분쟁 등이 발생할 때도 정관 조항 하나만으로 권리관계가 확연히 달라지는 경우가 많기 때문이다.

  한편, 회사의 정관은 주주총회, 이사회 등에 관한 사항을 정하고 있다. 이에 따라 정관에는 동업자들 사이에서 체결하는 '동업계약서(또는 주주간계약서)'와 연관된 내용이 규정되는 경우도 많다. 이처럼 회사의 '정관'과 '동업계약서(또는 주주간계약서)'는 유기적으로 관련되는 경우도 있으므로 별도로 작성되기보다는 함께 관련성을 검토하여 상호 모순되지 않게 만들어질 필요성이 있다.

Q04.
계약서 과연 어떻게 써야 할까?

최근 창업을 한 A씨. 드디어 거래처와 첫 번째 계약을 체결하기에 이르렀다. 거래처와는 일단 구두(口頭)로 거래대금, 계약 내용 등을 정하고 일을 시작하려는데…. 첫 번째 계약이어서 그런지 염려되는 것이 이만저만이 아니다.
'거래처와의 계약을 이행하려다가 만약 갑자기 거래처에서 변심하여 돈을 안 주려고 한다면? 거래처에서 더 좋은 계약 조건을 가진 다른 업체를 임의로 선정하여 A씨와의 계약을 해제하려고 한다면?' 이런 경우 명확한 계약서가 없다면, A씨가 거래처를 위하여 하던 투자와 노력에 대한 대가를 받을 수 있을지 불분명해질 수 있다.
이에 A씨는 거래처에 정식으로 '계약서'를 작성하자고 요청하였다. A씨는 계약서를 어떻게 작성하여야 하는지 인터넷을 뒤져보고 또 뒤져보았다. '인터넷에는 표준계약서가 있긴 한데, 우리 계약 내용과는 조금 안 맞는 것 같은데….' 계약서에 꼭 들어가야 할 내용은 무엇일까? 계약서는 어떻게 작성하여야 할까?

계약은 복수의 당사자 사이에 상호 의사표시의 합치로 이루어지는 법률행위이다. 예를 들면, 새로운 사업장을 위하여 임대차 '계약'을 체결하는 행위, 거래처와 용역제공을 위한 '계약'을 체결하는 행위, 거래처와 물품공급 '계약'을 체결하는 행위 등이 모두 계약이다. 그런데 각각의 계약은 그 형태와 당사자 사이에 정하고자 하는 내용이 다양하기 때문에 계약서를 어떻게 작성할지가 문제가 된다. 일반적으로는, 인터넷에서 손쉽게 구할 수 있는 각종 '표준계약서'를 사용할 수 있지만, 표준계약서는 말 그대로 일반적인 경우에 두루 사용할 수 있도록 일종의 기준을 제시한 것에 불과하며, 개개의 계약에 필요한 내용을 구체적으로 담고 있지는 않다. 그렇기 때문에, 우리의 사정에 맞는 계약서 작성이 중요하다.

우선, 계약의 목적과 내용을 생각해보자. 예를 들어, 우리 회사가 상대방에 용역을 제공하여 주고, 상대방이 이에 상응하는 돈을 주는 것이 계약의 주된 목적과 내용이라고 한다면, 계약서에 들어가야 할 가장 중요한 내용은 바로, 계약의 기간, 계약의 내용, 용역을 제공한 후 우리가 받을 대금이 얼마인지가 된다.

이때, 계약이 체결 후부터 용역 제공이 마무리되는 때까지 잘 진행되는 경우뿐만 아니라, 계약이 중간에 파기되는 경우(계약의 해제·해지)까지도 상정하여 계약서를 작성하여야 한다. 예를 들어, 한쪽 당사자가 용역 제공을 더 이상 하지 못할 개인적인 사정이 생기는 경우, 정기적으로 제공되어야 하는 용역이 몇 차례에 걸쳐서 제공되지 않아 신뢰관계가 파기되는 경우, 또는 용역을 제공하여야 하는 기간을 설정하고 1회당 용역에 따른 돈을 바로바로 지급하여 주기로 하였으나 용역을 제공받은 상대방이 이를 이행하지 않는 경우 등 계약이 해제·해지될 수 있는 경우를 정하여 놓는 것이 추후 분쟁 예방 및 분쟁 발생 시 해결을 위하여 바람직하다.

또한, 계약을 일방당사자가 지키지 않는 경우, '위약금' 조항을 마련하여 놓는 것도 고려할 필요가 있다. 위약금이란, 당사자 일방이 약정을 위반한 사실이 있는 경우, 다른 당사자가 약정을 위반한 당사자에게 일정한(또는 일정 비율의) 돈을 지급하기로 하는 약정이다. 예를 들면, '일방당사자(B)가 계약을 지키지 않는 경우 다른 당사자(A)에게 1,000만 원의 위약금을 지급한다'는 조항을 계약서에 기재할 수도 있다. 위약금은 계약당사자 사이의 자유로운 의사에 따라 정하는 것이므로 계약 체결 단계에서 서로 긴밀히 협의할 필요가 있다.

이에 더하여, 분쟁해결의 방법 및 관할 법원을 정하는 것도 필요하다. 예컨대, '본 계약과 관련하여 당사자 사이에 발생하는 분쟁은 서울중앙지방법원을 관할법원으로 한 소송으로 해결하기로 한다', '본 계약과 관련하여 당사자 사이에 발생하는 분쟁은 대한상사중재원의 중재규칙에 따라 해결한다' 등의 조항을 둘 수 있다.

계약의 체결은, 계약 체결 후 당사자 상호 간에 계약이행을 잘하여 결과적으로 계약상의 내용을 완결시킬 것을 목적으로 한다. 즉, '서로 잘 해보자'고 하면서 계약을 체결하는 것이다. 그런데 막상 작성하여야 할 '계약서'의 내용은, 계약 목적 달성을 위한 사항도 주요하게 기재되어야 하지만, 이에 더하여, 계약을 중도에 해제·해지할 수 있는 경우나 계약상의 내용을 지키지 않는 경우의 위약금 조항, 그리고 분쟁이 발생한 경우 어떻게 해결할 것인지에 대한 조항까지 마련하여야 한다. 시작하기도 전에 해제될 것을 미리 정한다는 점에서, 혹자는 불편함을 느낄지도 모르겠다. 그러나 계약의 성공적인 완수를 위해서는 오히려, 계약이 잘 마무리되지 않을(해제·해지될) 경우를 미리 규정함으로써 당사자 사이에 발생할 수 있는 분쟁에 대하여 미리 살펴보고 해결방법을 마련하여 놓는 것이 좋다. 이것이 계약의 성공적인 수행에 더욱 도움된다는 점도 생각해볼 필요가 있다.

이상의 내용을 바탕으로 물품공급계약서를 작성해보기로 한다(아래의 계약서 안은 대략적인 아웃라인을 제시하는 의미이고, 사안에 따라서 구체적인 조항은 충분히 협의 후 계약서를 작성하여야 한다).

물품공급계약서 예시

물품공급계약서

본 계약서는 갑과 을 사이의 계속적 물품공급을 위하여 작성하고 갑과 을은 상호 신의 성실하게 본 계약조항상의 내용을 준수하기로 합의한다.

제1조(목적)
본 계약은 갑과 을 사이의 ○○공급계약에 관한 내용을 정하여 계약당사자 사이의 권리, 의무 및 기타 필요한 사항을 규정함에 그 목적이 있다.

제2조(정의)
본 계약에서 사용하는 다음의 용어들은 아래와 같은 의미를 가진다.
1. '○○'라 함은, ~~을 말한다.
2.

제3조(계약기간 및 공급내용)
갑은 을에게 아래 기재 물품을 공급하기로 한다.
1. 계약기간:
2. 품목:
3. 수량:
4. 1개당 금액:
5. 대금:
6. 납품기한: 매달 ○○일마다
7. 인도조건: 물품의 인도장소는 ○○로 한다.

제4조(매매대금)
① 매매대금은 위 제2조 기재 [실제 공급수량]과 [1개당 금액]을 곱하는 방법으로 산정하고, 을이 갑으로부터 해당 물품을 공급받은 후 7영업일 내에 갑의 계좌(○○은행 계좌번호 123-456789-001)로 입금하는 방법으로 지급하기로 한다.
② 을이 갑에게 본조 제1항 기재 매매대금 지급을 기한 내에 하지 않는 경우, 대금지급기한 다음날부터 연 7%의 이자를 가산하여 대금을 지급하여야 한다.

제5조(의무위반) 갑이 을에게 납품하여야 하는 기한 내에 물품을 공급하지 못하는 경우, 갑은 을에게 위약금으로 ○○○원을 지급하여야 한다.
제6조(검수 및 인수) 을은 갑으로부터 물품을 공급받는 즉시(3영업일 이내) 검수를 하고, 갑에게 검수확인 통지서를 발행하기로 한다. 7영업일까지도 검수확인통지서를 미발행하는 경우, 검수확인 한 것으로 간주한다.
제7조(하자담보책임)
제8조(계약의 해제 및 해지) 계약을 해제 및 해제할 수 있는 사유는 아래와 같다.
① 계약을 해지할 수 있는 사유
1. 갑이 일방적으로 약정한 물품을 2회 이상 공급하지 않는 경우
2. 을이 대금지급을 2회 이상 지체하는 경우
3.
4.
5.
제9조(계약의 해석 및 효력)
제10조(분쟁해결 방법 및 관할) 본 계약과 관련한 분쟁 발생 시 소송으로 해결하기로 하고, 서울중앙지방법원을 제1심 관할법원으로 하기로 한다.

이상과 같이 계약을 체결하고 이를 증명하기 위하여 본 계약서 2부를 작성하고 계약당사자는 상호 서명 또는 기명날인 후 각각 1부씩 보관하기로 한다.

2020. 12. 10.

갑: (인)
을: (인)

계약서는, 추후 분쟁 발생 시 당사자 상호 간에 어떠한 계약 내용의 계약을 체결하였는지를 증명하는 역할을 한다. 당사자 사이에 구두로 양해한 내용도, 계약서와 다르게 기재되어 있는 경우에는 그 증명이 어려울 수 있다. 하나의 계약으로 사업의 명운이 결정될 수 있다. 따라서 계약서 작성 시부터 꼼꼼히 따져보아야 한다. 계약서 작성의 중요성은 두말할 필요가 없다.

Q05.
동업계약서, 왜 작성하여야 할까?

사업 구상 후 시작하려는 A씨. 그런데 주변에 A씨와 같은 생각으로 사업을 시작하려는 B씨를 알게 되었고, 의기투합하여 사업을 함께하면 혼자 하는 것보다 더 큰 성과가 날 것으로 생각되었다. 그런데 함께 동업을 하자니, 어떻게 일을 분배하여야 할지, 이후에 수익분배를 어떻게 해야 할지부터 고민이 생겼다.

그리고 동업 이후 관계가 안 좋아져 분쟁이 생겼다는 이야기도 주변에서 종종 듣던 터라 동업은 하고 싶은데, 이후 문제가 발생할 것이 우려되는 상황이다.

이때 어디에선가 '동업계약서'를 잘 작성하면 미리 분쟁을 막을 수 있다고 들었던 것이 퍼뜩 떠올랐다. 동업계약서. 현재 B씨와 관계가 원만하니 잘 말하여 작성해두면 이후에 분쟁이 발생하지 않을 것이란 생각이 들었다. A씨는 본격적으로, 동업계약서를 어디에서부터 어떻게 작성하여야 하는지 알아보기 시작했다.

동업은 말 그대로 함께 일을 하는 것을 뜻한다. 따라서 동업계약서는 구체적으로 '2인 이상이 금전이나 그 밖의 재산 또는 노무 등을 출자하여 공동사업을 경영하기로 약정함에 따른 권리의무사항을 기재하여 놓은 계약서'를 뜻한다. 동업을 하는 이유는 다양하다. 각각의 장점이 있는 여러 사람이 함께 모여 사업을 진행한다면 상호 간의 단점이 보완도 될 수 있고, 이에 더하여 다양한 경험이 있는 사람들 사이에 노하우도 공유될 수 있다. 또한 일부 투자자의 경우 '팀 단위'의 스타트업에게만 투자하는 경우도 있다.

한편, 동업자 간에도 분쟁이 발생할 가능성이 많이 있으므로 동업자 간 분쟁의 사전예방 및 사후 정리를 위하여 동업을 할 때에는, 동업계약서 작성이 필수적이다.

실제 소송 수행하였던 사례를 예로 들어보면 아래와 같다.

* 사례1

A는 기술투자, B는 자금투자를 하기로 하고 동업을 시작하였다. 그러나 명확한 수익분배의 비율을 정하지 않았고 당연히 이에 따른 계약서도 작성하지 않았다. 이후 사업에 수익이 발생하게 되자, 이익 배분에 관하여 분쟁이 발생하였다.

* 사례2

C와 D는 동업을 하기로 하였다. 형식적으로 주식은 C가 모두 가지고 내부적으로는 실질적 주식분배 비율을 50:50으로 하기로 약정하였다. 추후 회사가 성장하여 주식가치가 증가하였으나 C는 D에게 주식 배분을 하지 않았다. 계약서가 없는 이상 내부 약정을 증명하기는 어려운 상황이었다.

* 사례3

E와 F는 형제 사이다. 사업을 시작할 당시 서로 사이가 나쁘지 않았고, 형제 사이에 굳이 동업계약서를 작성할 필요는 없다고 생각하였다. 또한 사업 초기에는 비용만 투입될 뿐 수익이 나지도 않았다. 그래서 번거롭게 동업계약서 같은 것은 작성하지 않아도 무방할 것이라고 생

각했다. 그런데 이후 사업이 성장궤도에 오르게 되었고, 일정 수익 이상이 발생하게 되었다. 그런데 E와 F 중에서 회사 계좌를 관리하던 사람은 E였다. 주로 E가 F에게 보고하고 실제로 분배를 하는 방식으로 이익을 나누었다. F는 분배되는 수익을 그대로 믿고 사업을 진행하였는데, 어느 날 우연히 E가 회사 돈을 임의로 빼돌리는 정황을 포착하였다. 이에 E에 대하여 동업상 수익배분을 투명하게 하라는 문제제기를 하였다. 그러자 E가 돌변하여, E와 F는 동업자 간이 아니라, E가 F로부터 단순히 돈을 빌린 것에 불과하다고 말하면서 동업상의 수익분배를 더 이상 하지 않겠다고 선언하였다. 사업계좌에 대한 전적인 접근 권한이 E에게 있었기에 F는 그동안 동업자로서 열심히 일한 대가를 한순간에 보상받지 못할 위기에 처하게 되었다.

이상의 사례는 실제 분쟁이 발생되어 소송 수행을 하였던 사례를 일부 각색한 것이다. 위 사례는 동업을 하면서 드물게 발생하는 경우가 아니라 흔히 발생하여 문제가 되는 사례이다. 즉, 이상과 같은 실제 사례들을 바탕으로 살펴볼 때, 동업계약서 작성은 단순 선택이 아닌 필수라고 볼 수 있다. 동업계약서를 작성하지 않아 발생하는 분쟁과 그 해결을 위한 시간적, 경제적 비용은 사전에 동업계약서 작성하는 데 드는 노력과 비교할 수 없이 크다. 동업계약서 작성은 사업을 시작하면서 체결하는 최초의 계약서가 될 수 있다. 더욱 세심하게 검토하여 동업자 간의 권리, 의무 관계를 명확히 설정하여 놓기로 하자.

Q06.
동업계약서, 어떻게 작성하여야 할까?

그렇다면, 동업계약서에 들어가야 할 내용은 구체적으로 어떤 것들이 있을까?

계약서는 '내용이 구체적이고 명확하도록, 상정(예상)할 수 있는 일반적인 경우의 수를 포괄하도록' 작성하여야 한다. 동업계약서의 경우도 마찬가지이다. 아래에서는 동업계약서에서 문제 될 수 있는 주요조항에 대해서 살펴본다.

1. 출자 관련

출자의 대상 및 방식의 규정이 필요하다. 각 동업자가 내놓을 '재산' 또는 '노무'의 종류와 수량, 출자의 '시기', 출자 재산 또는 노무의 평가 가액과 지분의 규정이 그것이다. 예를 들면, 다음과 같다.

출자의 대상 및 방식의 규정 예시

제○조(출자)
① 갑은 ○○식당 운영 시작 시부터 식당운영에 필요한 식자재 조달, 관리, 종업원 관리, 주방 운영·관리 및 이에 준하는 일체의 필요 업무를 수행하기로 한다.
② 을은 2019년 10월 1일까지 ○○식당 운영을 위하여 3억 원을 출자하기로 한다.
③ …(기타 사항)

2. 역할분담 및 공동사업 경영 방식 (의사결정 방식)

상세한 공동사업의 내용 및 각 동업자 사이의 역할분담에 관하여 규정할 필요가 있다.

역할분담에 관한 규정 예시

제○조(역할분담 및 의사결정 방식)
1. 갑은 고객유치 및 영업, 투자자금 유치의 업무를 수행한다.
2. 을은 인력관리 및 교육, 기술개발의 업무를 수행한다.
3. 회사 운영에 대한 통상적인 의사결정은 갑이 수행하고, 다만 을이 이의하는 사항에 대해서는 을과의 합의에 따라야 한다.

3. 이익분배 및 손실부담의 방법

이익분배 및 손실부담에 관한 규정 예시

제○조(이익분배 및 손실 분담 비율 및 방법)
1. 갑과 을은 ○○식당 영업으로 인한 이익분배 및 손실부담 비율은 각 50:50으로 한다.
2. 갑과 을은 매월 말일을 기준으로 해당 월의 매출액에서 비용을 공제한 순이익의 25%에 해당하는 금액을 공제한 후(영업준비금), 나머지 잔액을 제1항의 비율에 따라 익월 5일 '갑'과 '을'의 은행계좌로 이체하여 분배한다.
3. 매출액에서 비용을 공제한 순이익이 없고 손실이 발생할 경우, '갑'과 '을'은 익월 5일까지 제1항의 각자의 부담비율에 따른 손실을 부담하기로 한다.

4. 경업금지 및 비밀준수 조항

동업자 사이에 유사, 동일한 아이템으로 다른 사업을 하지 않아야 동업에 집중할 수 있다(경업금지). 또한 사업에 관하여 중요한 정보가 있는 경우, 비밀준수에 관한 조항을 마련할 필요가 있다.

경업금지 및 비밀준수에 관한 규정 예시

제○조(경업금지 및 비밀준수)
1. 각 당사자는 상대방의 사전 서면 동의 없이 자기 또는 제3자의 계산으로 동종의 사업체를 설립 또는 운영하거나 동종 사업체를 운영하는 제3자의 피용인이 되거나 기타 제3자의 동종 사업체 설립을 조력할 수 없다.
2. 제1항의 의무는 본계약기간 동안 적용되고, 동업관계 탈퇴 또는 기타 사유로 계약 종료되는 날로부터 2년간 유지된다.
3. 각 당사자는 동업 관계에서 지득한 정보(○○기술, 거래처 정보 등 포함)를 비밀로 하기로 약정하고, 동업관계 종료 이후에도 비밀준수하여야 한다.

5. 동업자 지위 양도 및 상속 가부

동업에 있어서는, 누가 동업자인지 여부가 중요한 고려요소가 된다. 이에 따라 한 사람의 동업자가 동업자 지위 자체를 제3자에게 이전할 수 있는지도 동업계약서에 조항을 마련할 필요가 있다.

동업자 지위 양도 및 상속 가부 관련 규정 예시

제○조(지분 양도 및 상속)
1. 당사자 일방은 상대방의 서면 동의가 있는 경우에 한하여 자신의 지분(동업자 지위)을 제3자에게 양도할 수 있다.
2. 당사자 일방이 사망하는 경우, 동업자 지위는 상속되지 않고 즉시 동업 관계가 종료되는 것으로 본다. 다만, 상속인은 동업관계 종료 시를 기준으로 청산을 청구할 수 있다. 청산의 기준은 제○조에 따른다.

6. 동업관계 해지 및 정산방법

동업관계도 영원할 수는 없다. 따라서 동업 시작의 단계에서부터 어떠한 경우에 해지할 수 있는지에 관한 규정할 필요가 있다.

동업관계 해지 및 정산에 관한 규정 예시

제O조(동업관계 해지 및 정산)
1. 당사자 일방의 회생, 파산신청, 성년후견의 개시, 형사소추, 당사자 사이의 신뢰관계 파기 및 이에 준하는 동업관계 계속이 어려운 경우, 일방당사자는 서면 통지로 동업관계를 해지할 수 있다.
2. 동업관계 해지의 효력은 제1항의 서면도달로 발생하는 것으로 하고, 효력발생일 당시 동업체의 총자산에서 부채 및 세금을 공제한 금액을 기준으로 해지한 당사자에게 환급할 이익금(또는 손실액)을 산정한다.
3. 이익금(또는 손실액)에 대하여 상호 협의되지 않는 경우, 갑과 을이 합의로 지정한 공인회계사의 평가에 따르기로 한다.

7. 사업검사권 및 방법

특히, 동업의 한쪽 당사자가 사업의 상당 부분을 관리, 운영하고 나머지 당사자가 직접적인 운영에 관여하지 않는 경우 유효한 조항이다.

사업검사권 및 방법에 관한 규정 예시

제O조(사업검사권 및 방법)
갑과 을은 상대방의 요구에 따라 언제든지 사업으로 경리에 관한 사항과 영업 및 거래에 관한 회계자료를 제시하고 영업 전반에 관한 사항을 보고하여야 한다.

8. 위반 시 제재조항

앞서 일반적인 계약서에서도 언급하였던 위약금 관련 조항이다. 동업계약서에서도 마찬가지로 합의하여 규정할 수 있다.

위약금 관련 규정 예시

> 제O조(위약금)
> 갑과 을이 제O조의 규정을 위반하는 경우, 상대방에 대하여 1,000만 원의 위약금을 지급하여야 한다.

그렇다면, 최종적으로 동업계약서를 아래와 같이 작성할 수 있다(이 역시 예시이며 동업계약의 구체적인 합의를 거쳐 필요한 다른 조항의 추가가 필요하다).

동업계약서 예시

동업계약서

당사자:
이름:
주민등록번호:
주소:

전문: 갑과 을의 ○○의 신의 성실한 공동경영을 위한 권리의무 사항을 규정하기 위하여 본 계약을 체결한다.

제1조(동업의 내용): 동업 내용, 영업소 소재지, 동업기간
제2조(역할분담 및 의사결정 방법)
제3조(출자 및 지분비율)
제4조(손익분담비율)
제5조(경업금지 및 비밀준수)
제6조(동업자 지위 양도 및 상속)
제7조(동업관계 해지 및 정산)
제8조(사업검사권 및 방법)
제9조(위약금)
제10조(계약의 해석 및 관할법원)

Q07. 양해각서(MOU)란 무엇일까?

언론에서 모 회사와 모 회사가 업무추진을 위하여 양해각서(MOU)를 체결하였다는 말을 종종 듣게 된다. 양해각서는 각서를 체결한 당사자 사이에 어떠한 효과를 발생시키는 것일까? 다른 계약서와 마찬가지의 효력이 있는 것일까?

    양해각서(MOU, Memorandum of Understanding)는 추후 당사자 간에 구속력이 있는 정식계약을 체결하기에 앞서 상호의 호의적인 의사를 확인하기 위해서 작성되고 체결되는 경우가 많다. 일반적으로는 양해각서에는 일반 계약서와는 달리 상호 엄격한 법률적 구속을 갖지 않는 내용이 담기는 경우가 많다. 그러나 구체적으로는 해당 서류의 구체적인 내용에 따라서 어떠한 효력이 발생하는지는 조금씩 다르다.

    계약의 당사자 사이에 계약을 체결하는 경우, 해당 계약서의 이름 그 자체는 특별한 사정이 없는 한 크게 중요하지는 않다. 예를 들면, 동일한 내용의 서류에 대하여 '계약서'라는 이름으로 작성하든, 또는 '약정서'라는 이름으로 작성하든 그 효력에 있어서 큰 차이는 없다. 마찬가지로 어떠한 서류를 상호 서명하여 작성하더라도, 해당 서류의 이름이 '양해각서'이든 '계약서'이든 그 이름이 중요한 것은 아니다. 중요한 것은 구체적으로 해당 서류에 어떠한 내용에 기재되어 있는지다.

양해각서의 예시는 아래와 같다.

양해각서 예시

양해각서

주식회사 A와 주식회사 B는 ○○○에 관한 사업을 진행함에 있어 다음과 같은 양해각서를 체결한다.

제1조(목적) 본 양해각서는 주식회사 A와 주식회사 B의 ○○○에 관한 사업을 상호 신의 성실하게 협력하여 진행할 것을 확인하는 데 목적이 있다.

제2조(내용)
① 주식회사 A는 ○○○ 물품생산을 담당하고, 주식회사 B는 물품의 판매 및 영업으로서의 역할을 담당하기로 한다.
②

제3조(협력 및 조율사항)
주식회사 A는 물품생산을 위하여 필요한 경우 시설을 증설하기로 하고, 주식회사 B와 매월 3회 이상의 회의를 통하여 추후 본 계약 체결을 위한 물품생산량이나 거래량, 단위 수량당 가액 등을 미리 조율하기로 한다.

제4조(비밀유지)
① 양 당사자는 본 사업과 관련하여 상호 알게 된 상대방의 비밀정보에 대하여 일체의 비밀을 지킬 의무가 있다. 비밀정보란, …를 일컫는다.
② 만약, 당사자가 고의 또는 과실로 비밀정보를 유출하여 다른 당사자에게 손해를 발생시키는 경우에는 …상당의 배상을 하기로 약정한다.

제5조(기타)
① 본 양해각서 기재 제4조 이외에는 당사자 사이에 법적 구속력을 가지지는 아니한다.
②

(이하 생략)

위 양해각서의 예시에서 볼 수 있는 바와 같이, 양해각서는 법적 구속력을 가지지 않는다는 점을 명시한 조항을 기재하기도 한다. 한편 양해각서라고 하여 모든 조항이 법적 구속력을 가지지 않는 것은 아니다. 위 양해각서의 예시에서와같이 만약, '비밀유지' 약정을 일방당사자가 위반하는 경우 위약금 조항을 규정하여 놓고 이에 대하여 법적 구속력을 가지는 것으로 규정하여 놓는다면, 해당 서류의 이름이 '양해각서'임에도 불구하고 이를 위반한 당사자는 약정에 따라 위약금 지급의 의무를 부담하여야 할 수도 있다.

즉, '양해각서'의 명칭을 가지고 있는 서류이더라도 구체적인 내용에 따라 법적 구속력이 발생할 수도 있고 그렇지 않을 수도 있다. 따라서 서류의 명칭이 무엇이든 도장을 찍을 때는 반드시 그 구체적인 내용을 검토해보아야 한다.

Q08.
주식회사의 임원이 잘못하면 책임을 부담해야 할까?

A씨는 B주식회사의 이사가 되었다. A씨의 회사 지분은 20%이고 나머지 80%는 동업자 및 투자자가 가지고 있다. 이 경우 A씨의 업무상 행동으로 회사나 다른 동업자 등에 대하여 주식회사의 '임원'(이사)으로서 책임을 져야 하는 상황이 발생할 수 있을까?

주식회사는 소유와 경영이 분리되어 있다. 쉽게 말하면, 주주가 소유자이고, 이사(이사회)가 경영자이다. 물론, 소유와 경영이 같은 사람에게 집중되어 있을 수도 있다.

근로자가 근로계약을 체결하고 이에 따라 임금을 받는 데 반하여, 이사는 회사와 위임계약을 체결하여 근로자들을 지휘·감독하면서 회사의 주요한 경영사항을 결정하는 역할 및 권한을 가지며, 이에 따라 보수를 받는 점에서 근로자와 차이가 있다.

이에 상응하여 이사는 위임계약의 특성상 선량한 관리자의 주의의무(줄여서 '선관주의의무'라고 한다)를 진다. 즉, 이사는 자기 재산을 다루는 정도의 주의의무에서 더 나아가 업무를 함에 있어 타인의 재산을 '관리하는 사람'의 주의의무의 정도까지 세심한 주의를 기울여야 한다. 따라서 선관주의의무를 게을리하는 경우, 문제가 될 수 있다.

이사의 책임에 대하여 상법 제399조는 아래와 같이 규정하고 있다.

| 상법이 규정하는 이사의 책임 |

상법 제399조(회사에 대한 책임)
① 이사가 고의 또는 과실로 법령 또는 정관에 위반한 행위를 하거나 그 임무를 게을리한 경우, 그 이사는 회사에 대하여 연대하여 손해를 배상할 책임이 있다.

즉, 이사가 임무에 위반하여 선관주의의무를 다하지 않고, 회사에 손해를 입힌 경우에는, 회사는 이사에게 상법을 근거로 하여 손해배상을 청구할 수 있다.

실제 소송을 수행하였던 사례는 아래와 같다. 회사의 대표이사 A, 그러나 배후에 실질적인 회사의 대주주인 회장 B가 있었다. B는 A에게 회사 돈을 일부 횡령할 것을 지시하였고, 이후 회사 사정이 급격히 어려워져 제3자가 회사의 새로운 소유자가 되었다. 새로운 소유자는 예전 회장과 대표이사의 회사 돈 횡령 혐의를 발견하고 해당 회장과 대표이사에 대하여 손해배상청구를 했다.

또 다른 사례도 있다. P회사의 이사가 자신과 이해관계가 있는 또 다른 법인 Q와 계약을 하면서, P회사에 손해를 입히면서까지도 Q회사에 유리한 조건으로 계약을 체결하였고, 이것이 적발되어 회사에 대하여 손해배상책임을 물게 된 사례이다.

한편, 회사에 대한 이사의 책임을 감면시켜줄 수 있는 규정도 있다.

총주주의 동의에 의하여 또는 정관이 정하는 바에 따른 이사의 책임을 줄여주는 것(다만, 책임감면에도 일정한 예외가 존재함) 등이 대표적인 예이다.

이사가 책임부담을 피할 수 있는 또 다른 사유로는 '경영판단의 원칙'이 있다. 이는 미국 판례법상 인정되던 원칙이 우리나라 대법원에서도 인정된 이론이다. 일반적인 이사의 임무는 회사를 '잘' 경영하는 것이다. 이사는 업무집행의 과정에서 투자 등의 경영판단을 하여야 하는 경우가 많다. 회사의 이사는 해당 투자 건을 면밀히 검토하여 보았을 때, 장기적으로는 큰 이익이 날 수 있다는 판단으로 투자 결정을 하였다. 하지만 이후 외부적인 사정으로 인해 투자에 큰 손실이 발생한 경우, 이사에게 회사에 대한 손해를 물을 수 있을까?

만약, 회사에 손해가 발생한 모든 경우에 이사의 책임을 묻는다면, 이사는 매우 소극적인 경영밖에 할 수밖에 없을 것이다. 이는 우리나라 전체적인 경제에도 바람직하지 않다. 활발한 투자와 새로운 사업이 진행되어야 경제도 활성화될 수 있고 일자리도 생길 것이기 때문이다. 우리 대법원 판례상으로도, 경영판단에 이르게 된 경위, 동기, 사업의 내용, 회사의 경제적인 상황, 이사로서 필요한 정보 수집을 충분히 하였는지 여부, 의사결정 절차가 적법하였는지 여부, 회사의 이익에 부합하는 의사결정인지 여부, 의사결정 과정에 현저한 불합리가 없었는지 여부를 살펴볼 때, 이사가 합리적인 판단으로 해당 의사결정을 하였음에도 불구하고 결과적으로 회사에 손해가 발생한 경우 이를 경영판단으로 보아 이사의 책임을 감면해주고 있다.

이사는 비단 회사에 대하여만 책임을 지는 것일까? 이사가 회사 이외의 제3자에게 부담하는 책임은 무엇이 있을까?

우리 상법은 제3자에 대한 이사의 책임을 규정하고 있다.

| 이사가 제3자에게 지는 책임에 관한 법률 |

제401조(제3자에 대한 책임)
① 이사가 고의 또는 중대한 과실로 그 임무를 게을리한 때에는 그 이사는 제3자에 대하여 연대하여 손해를 배상할 책임이 있다.

예를 들면, 대표이사가 회사에서 발생한 폐수를 강에 흘려보내는 결정을 실행하여, 이를 마신 마을주민들이 질병을 얻게 된 경우, 제3자인 마을주민들은 이사에 대한 손해배상을 청구할 수 있다.

또한, 회사의 부실공시 등이 밝혀져 주가가 하락한 경우 등에 관하여서도 우리 대법원은 이사의 제3자(이 경우 주주)에 대한 손해배상청구를 인정하고 있다(대법원 2012. 12. 13. 선고 2010다77743 판결).

즉, 이상과 같이 회사의 임원(이사)은 회사 및 제3자에 대하여 일정한 책임을 부담하므로, 임원으로 업무를 집행할 때 보다 깊은 주의를 할 필요가 있다.

Q09.
사장과 직원의 동상이몽?

경업금지약정에 대해서 알아보자. A씨는 스타트업을 시작하기 전에, B회사에서 근무하였던 경험이 있다. 입사 전에는 B회사의 사업분야에 대하여 문외한이었지만 회사에서 열심히 배우고 일하여 어느 정도 사업분야에 대해서 익숙하게 되었고, 일을 하면서 자연스럽게 인맥도 형성되었다. A씨는 B회사에서 하던 사업을 퇴사 후 직접 해보면 본인이 더 잘할 수 있을 것 같은 생각이 들었다. 그런데 문득, 입사할 때 근로계약서에 '퇴사 후 3년간 동종의 사업을 할 수 없다'라고 기재되어 있었던 것이 떠올랐다. 그럼, A씨는 퇴사 후 동종의 사업을 할 수 없게 되는 것일까?

이에 대한 정답은, '그럴 수도 있고, 아닐 수도 있다'이다.

스타트업의 구성원은 소수이고, 구성원들이 영업비밀을 공유하는 일도 비일비재하다. 때문에 회사 측에서는 임직원에게 경업금지약정을 빈번하게 요구한다. 하지만 임직원의 입장에서는 경업금지약정을 하였지만, 추후 독립하여 자신의 사업을 하기를 원하는 경우도 많다.

최근 수행한 소송사례를 바탕으로, 경업금지약정이 어떠한 경우 효력이 있는지 살펴보자.

B회사의 피용자인 C는 근로계약서를 작성하면서 회사에서 제시한 별도의 '경업금지약정서'에 서명날인 하였다. 해당 약정서에는 이렇게

적혀 있었다.

"피용자는 회사에서 퇴사한 이후 2년간 동종영업을 사업의 내용으로 하는 회사에 고용되거나 회사를 창업할 수 없다. 이 조항을 위반하는 경우 1억 원을 위약금으로 회사에 지급하여야 한다."

그런데 C는 5개월 만에 B회사 대표와 개인적인 갈등이 생겨 대표로부터 사직을 권고받았다. 그런데 C는 B회사에서 일하던 업무를 자신 고유의 성향에 맞게 변형하여 새로운 업체를 만든다면 잘 운영할 수 있을 것으로 생각했다. 경업금지약정서를 쓰긴 했지만 설마 하는 마음에 B회사와 동일한 업종의 회사를 설립하여 운영하기 시작하였다. 이 소식을 전해 들은 B회사의 대표는, 결국 C를 상대로 위약금 1억 원 소송을 제기하기에 이르렀다.

원칙적으로, 사인(私人) 간에 체결한 계약은 지켜져야 한다. 서로를 신뢰하고 체결한 계약을 지키지 않아도 된다면 사회 구성원을 신뢰할 수 없게 되어 사회가 유지될 수 없을 것이기 때문이다. 우리 민법상의 대원칙으로도 사적 자치의 원칙으로 사인 간에 자유의사로 체결된 계약의 효력은 당연히 인정된다.

다만, 해당 계약의 내용에 우리 법에서 인정되는 취소사유가 있는 경우(사기에 의한 계약, 착오에 의한 계약 등의 요건을 충족하는 경우), 또는 헌법의 기본적인 내용에 위반되거나 사회질서에 반하는 내용, 사회상규에 반하는 내용 등인 경우 제한적으로 인정되거나 또는 무효화 될 수 있다.

경업금지약정의 경우에도 원칙적으로 인정될 수 있다. 하지만 예외적으로 헌법상의 직업의 자유를 침해하는 경우에는 효력이 더 이상 유지될 수 없다. 특히 우리 법원은 경업금지약정의 경우에는 효력 여부를 더욱 엄격히 따지는 경향이 있다.

우리 대법원은 사용자와 근로자 사이의 경업금지약정에 관하여 "헌법상 보장된 근로자의 직업선택의 자유와 근로권 등을 과도하게 제한하거나 자유로운 경쟁을 지나치게 제한하는 경우에는 민법 제103조에 정한 선량한 풍속 기타 사회질서에 반하는 법률행위로서 무효라고 보아야 하며, 이와 같은 경업금지약정의 유효성에 관한 판단은 보호할 가치 있는 사용자의 이익, 근로자의 퇴직 전 지위, 경업 제한의 기간·지역 및 대상 직종, 근로자에 대한 대가의 제공 유무, 근로자의 퇴직 경위, 공공의 이익 및 기타 사정 등을 종합적으로 고려하여야 하고, 여기에서 말하는 '보호할 가치 있는 사용자의 이익'이라 함은 부정경쟁방지 및 영업비밀보호에 관한 법률 제2조 제2호에 정한 '영업비밀'뿐만 아니라 그 정도에 이르지 아니하였더라도 당해 사용자만이 가지고 있는 지식 또는 정보로서 근로자와 이를 제3자에게 누설하지 않기로 약정한 것이거나 고객관계나 영업상의 신용의 유지도 이에 해당한다"고 판시하여 (대법원 2010. 3. 11. 선고 2009다82244 판결), 다양한 사정을 종합하여 약정의 유효성 여부를 판단한다.

즉, 예를 들면, 회사의 고위직에 있었던 사람이, 일부 사람들에게만 접근권한이 있던 중요한 영업비밀을 가지고 나온 경우에는 특히 경업금지약정의 효력을 인정해줄 필요가 있을 것이다. 다만, 회사에서 하위직에 근무하였고 회사 사람뿐만 아니라 외부에서도 조금만 노력하면 누구나 접근할 수 있는 정보를 이용하여 창업한 경우에는 경업금지약정 위반이라고 볼 수 없다고 판단될 수 있다.

또한, 근로자의 퇴직 전 지위가 말단사원인 경우에는 경업금지약정의 효력이 없다고 판단될 수 있는 가능성이 더 크고, 임원(이사) 또는 상당한 고위직에 있던 사람은 경업금지약정의 효력이 있다고 판단될 가능성이 더 크다. 우리 판례에서도 고객정보를 가지고 나온 회계법인의 이사가 경업금지약정 위반 판결을 받은 사례가 있다.

한편, '20년 또는 영구히 경업을 할 수 없다'는 조항으로 약정한 경우에도 모두 효력이 인정될까? 이는 경업금지의 기간 문제이다. 일반적으로 경업금지약정에서 10년 내지 20년의 장기 경업금지 기간 약정은 무효가 될 가능성이 농후하다. 우리 법원은 통상적으로 과다하게 장기의 기간인 경우 경업금지약정이 유효라고 인정되더라도 사안에 따라 1년 내지 3년 정도로 감축시켜 합리적인 범위 안에서 효력을 인정하여 주고 있다.

경업금지약정은 회사와 근로자 사이의 민감한 약정 내용이다. 회사 차원에서도 충분히 검토하고 경업금지 조항을 마련할 필요가 있고, 근로자로서도 경업금지약정을 할 때 더욱 신중하여야 한다. 추후 새로운 사업을 시작하게 되는 경우 본인이 약정한 내용이 장래에 어떻게 작용하게 될 것인지 더욱 깊이 생각하여 볼 필요가 있다.

Q10.
사기꾼이 되지 않는 법!
사기꾼에 속지 않는 법!

A씨는 사업상 급하게 돈이 필요했다. 돈을 조달하는 방법 중 제3자로부터 빌리는 것을 선택한 A씨. 급한 불만 끄면 2년 내에는 본격적으로 수익이 발생할 것으로 판단하고 아는 분께 부탁하여 차용증을 쓰고 돈을 빌렸다.
2년 후, 사업은 생각처럼 쉽게 흘러가지 않았고, 변제기에 돈을 못 갚을 상황이 되었다. 채권자는 A씨에게 독촉하기 시작했는데…. A씨에게 사기죄가 성립될 수 있을까?

우리는 일상생활을 하면서도, 소위 '사기'라는 단어를 많이 사용한다. 그런데 엄밀히 말하면 형사상 범죄인 '사기죄'와 일상생활에서 흔히 말하는 사기는 그 내용이 다르다. 형법 제347조 제1항에는 사기가 규정되어 있다. 해당 법조문의 내용은 아래와 같다.

| 형법에 규정된 사기 |

제347조(사기)
① 사람을 기망하여 재물의 교부를 받거나 재산상의 이익을 취득한 자는 10년 이하의 징역 또는 2천만 원 이하의 벌금에 처한다.

즉, 사기죄의 성립요건은 행위자의 기망행위로 인하여 피기망자에게

착오가 야기될 것, 그리고 이로 인하여 피기망자의 재산처분행위(착오와 그에 따른 처분행위)가 발생할 것, 재물의 교부를 받거나 재산상의 이익을 취득하였을 것 등이다.

쉽게 말하면, '단순히 거짓말을 하는 것'만으로는 처벌받지 않지만, 이러한 거짓말을 통하여 다른 사람이 돈을 교부하도록 하여 돈이나 돈에 상당하는 재산상의 이득을 취득하는 경우 '사기죄'가 성립될 수 있다는 것이다.

사업자가 흔히 겪을 수 있는 사례로 예를 들어보자.

돈을 빌린 후, 결과적으로 변제기에 돈을 변제하지 못할 경우 사기죄에 해당할 것인가?

법적으로 해당 행위가 사기행위로서 인정되기 위해서는 돈을 빌릴 당시, 변제할 의사나 능력이 있었는지 여부를 본다. 즉, 돈을 빌리면서 '추후 지금 진행 중인 프로젝트에 투자하면 1년 후에는 돈을 변제할 정도의 수익이 있을 것'이라는 판단하에 이를 B에게 설명한 후 돈을 빌려 열심히 일하면서 수익을 낸 후 일부를 변제하였으나 결과적으로 진행 중인 프로젝트가 잘 되지 않아 나머지 돈을 변제하지 못하게 될 경우, 이는 단순 민사상의 채권채무 관계에 불과하고 형사상 사기죄가 성립되지 않을 가능성이 더 많다.

그러나 A가 돈을 빌릴 당시부터, 사실은 사업에 투자하지 않고 유흥비에나 쓰고 나중에 돈이 없다고 하면 되겠지'라는 생각으로 B로부터 돈을 빌렸고, 실제로도 나중에 돈을 갚지 않았다면 사기죄가 성립될 가능성이 더 많다.

즉, 대여금 사기에 있어서 사기가 성립될지 여부는, 단순히 돈을 갚았는지 못 갚았는지에 따라서 판단되는 것이 아니라, 돈을 빌릴 당시(행위 당시)에 변제기에 돈을 변제할 의사나 능력이 있었는지를 따져 판단하는 것이다.

우리 대법원도, "차용금의 편취에 의한 사기죄의 성립 여부는 차용 당시를 기준으로 판단하여야 할 것이므로, 피고인이 차용 당시에는 변제할 의사와 능력이 있었다면 그 후에 차용사실을 전면 부인하면서 변제를 거부한다고 하더라도 이는 단순한 민사상의 채무불이행에 불과할 뿐 형사상 사기죄가 성립한다고 할 수는 없고, 한편 사기죄의 주관적 구성요건인 편취의 범의의 존부는 피고인이 자백하지 아니하는 한 범행 전후의 피고인의 재력, 환경, 범행의 내용, 거래의 이행과정, 피해자와의 관계 등과 같은 객관적인 사정을 종합하여 판단"한다고 판시(대법원 1996. 3. 26. 선고 95도3034 판결)하고 있다.

사기 범죄는, 폭행, 상해, 살인 등 눈에 보이는 물리적인 범죄의 형태와는 그 특성을 달리한다. 즉, 사기의 고의가 있었는지는 행위자의 머릿속에만 존재하는 것이므로, 눈에 보이지는 않는 고의가 있었는지에 대한 판단이 중요하다. 이는 행위 당시 돈이 있었는지, 소득이 있었는지, 경위는 어떠한지 등 제반 사정을 모두 종합적으로 고려하여 판단할 수밖에 없는 것이다.

소위 '투자사기'도 마찬가지이다. 사업성이 있다고 하면서 사업의 내용을 사실과 달리 허위로 제시하고 이를 통하여 투자자들의 돈을 편취하는 경우, 해당 사업 내용이 실현 가능성이 있었는지 실제로 투자를 받기 위하여 내세운 사업 내용이 존재하였는지 등을 종합적으로 판단하여 사기죄 여부를 판단한다.

  사업을 하다 보면, 사기의 가해자가 될 수도, 또는 사기의 피해자가 될 수도 있다. 따라서 사기죄가 성립될 수 있는 요건을 잘 알아둘 필요가 있다.

Q11.
주주가 회사의 회계장부를 들여다볼 방법은 없을까?

동업 중인 회사의 5% 지분을 가지고 있는 A씨. 상대적으로 회사의 지분을 적게 가지고 있어서 주주로서 회사에 대해서 목소리를 내기가 쉽지 않은 상황이다. 그러는 와중에 동업자 B씨(50% 지분)와 또 다른 동업자 중 한 명인 C씨(45% 지분)는 회사 운영에 있어서 자기들끼리 만나 회사 일을 정하고는 A씨에게는 그 결과조차 알려주지 않았다. A씨는 5% 지분권자였지만, 실질적으로 회사의 업무에서 배제되어 있다고 느꼈고, 5%의 지분으로 회사에 대하여 어떠한 요구를 할 수 있을지 고민하기 시작하였다.

상인은 영업상의 재산 및 손익의 상황을 명백히 하기 위해 회계장부 및 대차대조표를 작성하여야 하는 상법상 의무를 지고 있다(상법 제29조). 또한 우리 상법은 주식회사 발행주식 총수의 100분의 3 이상에 해당하는 주식을 가진 주주가 이유를 붙인 서면으로 회계장부와 서류의 열람 또는 등사를 청구할 수 있도록 규정하고 있다(상법 제466조 제1항).

그렇다면, 열람 및 등사의 대상이 되는 회계장부는 무엇일까? 법원에서도 열람대상이 되는 '회계장부'를 하나의 확정적인 개념으로 사용하고 있지는 않다. 즉, 회계장부열람등사가처분의 대한 결정에서도 사안에 따라 달리 판단하고 있는데, 일반적으로는 재무제표와 그 부속명세서 작성의 기초가 되는 장부로서 회계학상의 일기장, 분개장, 원장 등을 가리킨다.

상법은 이상과 같은 소수주주의 회계장부열람등사청구권을 규정함으로써, 소수주주가 회사의 경영을 감시할 수 있는 수단을 법률로 규정하고 있다. 따라서 회사의 대주주의 지위에서, 임원의 지위에서, 투자자의 지위에서, 동업자의 지위에서 이러한 회계장부열람등사청구권의 성격에 관하여 검토하고 이를 유념할 필요가 있다.

회계장부열람등사청구를 하기 위한 요건은 1) 주식회사 발행주식수의 100분의 3 이상일 것, 2) 이유를 붙인 서면으로 청구할 것 등이다. 1인이 100분의 3 이상을 보유하고 있는 경우 당연히 본 청구권을 행사할 수 있고, 여러 명이 합하여 100분의 3 이상을 보유하는 경우에도 합산한 주식의 비율로서 본 청구권을 행사할 수 있다.

한편, 회사의 입장에서는 주주의 열람청구가 부당함을 증명하는 경우에는 회계장부열람청구를 거부할 수 있다(상법 제466조 제2항). 우리 판례는 단순히 '경영감시의 필요성'과 같이 추상적인 이유만으로는 열람을 허용할 사유가 되지 못한다고 판시하고 있다. 본 청구권을 행사하는 주주는 최소한 '회사의 부정행위 또는 부적정한 행위가 사실일지 모른다는 최소한의 합리적인 의심이 생기는 정도' 등, 구체적으로 회계장부열람등사청구를 요구하는 이유를 붙일 필요가 있다.

우리 법원은 '열람청구에 이르게 된 경위, 행사의 목적, 악의성 유무 등 제반 사정을 종합적으로 고려하여 판단'한다는 일반적인 원칙 아래 '회사 업무 또는 주주 공동의 이익을 해치거나 주주가 회사의 경쟁자로서 취득한 정보를 경업에 이용할 우려가 있거나 회사에 지나치게 불리한 시기를 택하여 열람청구권을 행사하는 경우'를 두고 본 청구의 정당한 목적이 결여되었다는 판시를 한 바 있다.

즉, 회사의 입장에서는 주주의 회계장부열람등사청구가 회사의 기업비밀유출로 이어질 개연성이 있고 해당 청구권을 행사하는 주주가 이를 이용하여 경업에 이용할 가능성이 높은 점 등을 소명하여, 주주의 회계장부열람등사청구를 방어할 수 있는 것이다.

위의 예시에서 A씨는 5%의 지분권자로서, 회계장부열람등사청구를 할 권리가 있다. 만약 A씨가 회사 내부적으로 회사 돈을 임원이나 대주주가 횡령하고 있다는 강한 의심이 드는 사정을 발견한 경우(예를 들면, 회사가 새로운 계약관계를 맺었는데 거래상대방과 터무니없이 높은 가격을 설정하여 회사 자금을 거래상대방에게 지급하는 경우, 회사의 임원들이 근거 없이 경영상 필요하다고 주장하면서 돈을 사용하는 경우 등) 이에 관한 이유를 붙인 서면으로 회사의 회계장부 및 회계장부를 작성하도록 하는 근거가 된 원시증빙을 열람, 등사할 수 있도록 회사에 청구할 수 있다.

또한 회사가 A씨의 회계장부열람등사청구를 정당한 사유 없이 거절하는 경우에는 법원에 회계장부열람등사청구 가처분신청 등을 통하여 이를 인정받는 결정을 받아내어 해당 권리를 실현할 수 있다.

어떤 면에서 보면, 회계장부열람등사청구는 회사의 부정을 밝혀내기 위한 첫 번째 단초이다. 확보한 회계자료 및 원시증빙 자료를 검토한 후 실제로 회사 내부의 부정에 관한 증거를 발견하는 경우 해당 부정행위를 한 사람들을 상대로 민사상 손해배상이나 형사 고소 절차를 진행하여, 회사가 입은 손해에 관한 책임을 지도록 하는 절차로 나아갈 수 있다.

Q12. 내용증명? 그것이 알고 싶다

> A씨는 사업 진행 중 B사로부터 내용증명을 받았다. '귀사의 계약상 의무이행이 불만족스럽다'는 취지의 내용이었다. 사실과 다른 내용증명에 황당한 A씨. 어떻게 대응하여야 할까?

내용증명이란, '등기취급을 전제로 우체국창구 또는 정보통신망을 통하여 발송인이 수취인에게 어떤 내용의 문서를 언제 발송하였다는 사실을 우체국이 증명하는 특수취급제도'를 말한다. 즉, 쉽게 말하면 우체국이라는 공적인 기관에서, 발송인, 수신인, 그리고 내용증명에 담긴 내용, 내용증명을 보낸 날짜 등을 증명하여 주는 제도를 일컫는다.

그렇다면 내용증명은 어떠한 상황에서 사용될 수 있을까? 바로, 특정 상대방에 대하여 특정한 날짜에 특정한 내용의 의사표시를 명확히 하고자 할 때 사용할 수 있다. 그렇다면, '상대방에 대하여 특정한 날짜에 특정한 내용의 의사표시'는 어느 때에 하여야 할까? 채권자로서 채무자에게 의무이행(대금을 지급하라든지 또는 용역을 이행하라는 등의 내용)을 구하는 경우, 계약서상 서면으로 특정 내용을 재촉하여야 하는 경우, 계약해제 또는 해지를 서면화된 해지통지로 하여야 할 경우, 채권양도 후

채무자에게 채권양도 사실을 통지하기 위한 경우 등이 그 예시가 될 수 있다.

내용증명을 보내는 방법은 어떻게 될까? 우선, 우체국에 보낼 내용증명 3부를 가지고 간다. 하나는 발송인이 가지고, 하나는 수신인에게 보내며, 또 다른 하나는 우체국 보관용이다. 발송인이 가질 내용증명 1부도 가지고 가는 이유는 바로 우체국에서 발송인이 보낸 내용증명이 맞다는 것을 확인하는 스티커와 도장을 찍기 위해서이다.

내용증명을 보내면, 우체국은 내용증명을 발송한 다음 날부터 3년까지 우체국에 특수우편수령증, 주민등록증 등 관계자료를 내보여 동 우편물의 발송인 또는 수취인임을 입증하고 내용증명을 등본 열람 할 수 있다(우편법 시행규칙 제54조 내지 제55조).

한편, 내용증명은 해당 내용의 의사표시를 한 사실 자체를 증명하는 것에 불과할 뿐, 해당 내용이 사실인지, 법률적으로 타당한지 여부가 담보되거나 이를 판단하는 것이 아니다.

내용증명을 적절한 때에 잘 이용한다면, 상대방에 대하여 법적 조치를 취할 것을 사전에 통지하면서 선제적으로 합의를 이끌어낼 수도 있고, 서면으로 특정 의사표시를 하여야 하는 경우 발송인이 해당 의사표시를 하였음을 증명할 수 있는 등의 수단으로 사용할 수도 있어 유용하다.

내용증명을 활용하여 분쟁을 조기에 끝낸 사례를 소개하고자 한다. 의뢰인은 건물임대인이었다. 상대방은 건물임차인으로서 해당 부동산을 상가로 사용하고 있었다. 임차인은 임대차계약기간이 만료하여 나가면서, 임대인인 의뢰인에게 권리금을 배상하라는 내용의 내용증명을 보내왔다. 임대인의 입장에서는, 해당 임차인의 권리금 배상요구가 매우 부담스러운 상황이었다. 상담을 통하여 해당 임차인이 권리금 배상을 요구할 수 있는지를 검토하여 보니, 법률에서 요구하는 요건이 부족한 것으로 판단되었다. 이에 임대인을 대리하여 임차인에게 권리금 청구를 할 수 있는 권리가 없음을 내용증명을 통하여 고지하였다. 임차인은 법률사무소의 이름으로 발송된 내용증명을 보고, 임대인에게 법률적으로 임차인에 대한 권리금 지급의무가 없음을 수긍하였고, 더 이상 권리금에 대하여 무리한 요구를 하지 않게 되었다. 결국 소송으로 번질 수 있었던 임차인의 요구는, 소송 전 단계에서 하나의 내용증명으로 해결된 것이다.

내용증명을 상담하다 보면, 몇 가지 자주 나오는 질문이 있다.

- 내용증명을 받았으면 답변을 해야 할까?

이는 상황에 따라 다르다. 다만, 상대방이 내용증명을 보낸 내용에 관하여 반박할 필요성이 있고, 법률적으로도 의미가 있는 경우에는 답변을 하는 것이 좋다.

- 소송하기 전에 내용증명을 반드시 보내야 할까?

이 역시 상황에 따라 다르다. 소송 전 단계에서 합의의 여지가 있는 경우, 내용증명을 통하여 합의나 다른 방향의 해결을 위한 시도를 할 수 있는 경우, 또는 내용증명을 통하여 증거 확보를 할 수 있는 경우에는 내용증명을 보낼 필요가 있다. 그러나 다른 한편으로, 내용증명이 오히려 상대방에게 소송을 준비하게 만들어주는 결과가 될 수 있는 경우에는 보낼 필요가 없다.

일반적으로 사용되는 내용증명의 예시는 아래와 같다.

내용증명 예시

발신인: 주식회사 ○○○
수신인: 주식회사 ◇◇

----

1. 귀사의 무궁한 발전을 기원합니다.

2. 발신인과 수신인 사이의 물품공급계약은 발신인의 의무이행으로 인하여 2019. 5. 4. 자로 종료되었습니다.

   발신인은 신의 성실하게 수신인이 요청한 내용의 물품을 모두 공급하였고, 이에 대하여 수신인은 물품상태가 양호함에 관한 확인 및 이에 대한 인수증도 교부하여 주셨습니다.

3. 따라서 수신인은 발신인에게 물품공급계약서 제7조에 기재된 바와 같이, 2019. 5. 20.까지 물품대금을 지급하여 주셔야 합니다. 그러나 수신인은 2019. 5. 30. 현재까지도 발신인에게 대금지급을 하지 않으셔서 부득이 본 내용증명을 보냅니다.

4. 물품공급에 따른 대금 지급을 다시 한 번 요청드리며, 앞으로도 귀사와 좋은 사업파트너로서 좋은 관계를 유지하여 가기를 희망합니다. 감사합니다.

2020. 12. 30.
발신인 주식회사 ○○○
대표이사 ■■■

내용증명은, 발송인이 말하고 싶은 내용을 논리적인 단어를 사용하여 쓰면 된다. 경험상 감정적인 내용을 담는 것은 지양하는 것이 좋다. 명확한 언어로 담백하게 쓰는 것이 더 좋은 효과를 낸다. 내용증명을 잘 이용하면, 상대방에게 임의의 의무이행을 유도할 수 있어서 비용이나 시간적인 측면에서 경제적일 수 있다.

Q13.
스타트업 주식지분비율 설정에 관하여

동업으로 스타트업을 시작한 A, B, C씨. 주식회사를 설립하여 동업을 진행할 예정인데, 3명의 지분을 어떻게 나눌지 협의하면서 어떤 것을 고려하여야 할지 생각하여 보았다. 그런데 주식회사에서 회사에 중요한 사항은 주주총회의 결의사항이라는 말을 듣게 되었다. 그렇다면 주주총회 결의사항에 어느 정도의 정족수가 필요할까? 동업자 사이의 역할과 책임을 어떻게 부담시켜야 할까?

주식회사는 소유와 경영이 분리되어 소유는 주주가, 경영은 이사진이 담당한다. 그리고 우리 상법상 주주총회에서는 이사나 감사의 선임, 재무제표의 승인, 이사의 보수 결정, 영업양도, 조직변경, 회사해산 등과 같이 회사의 기본적인 변화에 영향을 주는 사항을 결의한다. 특히 회사의 경영을 담당하는 이사의 선임에 대한 결정을 주주총회에서 하기 때문에 주주총회의 주주구성, 주주의 지분비율은 특히 중요한 의미를 가진다.

그렇다면, 사안에 따른 주주총회의 정족수는 어떠할까. 주주총회는 그 결의안건에 따라서 정족수 차이가 난다. 예를 들면, 이사, 감사의 선임, 이익배당, 감사의 급여, 상여금 등의 결정, 재무제표의 승인 등 일반적인 사항의 경우 주주총회 보통결의의 정족수를 요구한다. 보통결의는 출석한 주주의결권의 과반수와 발행주식총수 4분의 1 이상의 수로 하는 결의를 말한다. 주주 A, B, C가 각각 50%, 25%, 25%의 주식을 보유한 회사가 주주총회에서 새로운 이사 1인을 선임하려고 하는 경우를 가정해보자.

주주가 모두 출석하는 경우, A의 결정만으로 이사를 선임할 수는 없다. 주주의결권 중 발행주식총수의 4분의 1 이상 요건은 충족하였으나, 출석한 주주의결권의 과반수 요건을 충족하지 못하였기 때문이다(과반수는 50%를 초과한 수를 일컫는다).

따라서 이상의 사례에서는 1) 주주 B 또는 C 중 1인이 주주총회에서 의결권 행사에 참여하지 않고, A가 본인의 의결권을 모두 행사한 경우 출석한 75% 주주 중 과반수(50/75)가 찬성한 것으로서 A가 원하는 이사를 선임할 수 있게 되고, 2) 모든 주주가 참석한 경우에는 A 및 다른 1인 이상 주주의 찬성도 있어야 이사를 선임할 수 있는 정족수를 충족하게 된다.

따라서 주주구성이 복잡하지 않은 일반 비상장회사의 경우, 경우의 수를 따지지 않고 보통결의를 성사시키기 위해서는 대주주가 총 발행주식수의 51% 이상의 수를 보유하도록 설정하여 놓는 것이 좋다. 한편, 주주들 사이의 합의에 따라서는 소수지분을 가진 사람이 보통결의의 캐스팅보트를 가지게 되는 경우도 있다. 예를 들면, 3명의 주주가 각각 45%, 45%, 10%의 주식지분으로 나눈 경우가 그것이다. 이러한 경우, 각 45%의 지분권자들은 많은 수의 지분을 가지고 있지만, 45% 지분권자 사이의 의견이 대립되는 경우, 10%의 지분권자가 누구의 손을 들어

주는지에 따라 보통결의의 결론이 달라질 수 있다.

한편, 이상의 보통결의사항 이외에 회사에 더욱 중요한 영향을 미치는 경우에는 특별결의를 거쳐야 한다. 특별결의는 결의의 정족수가 보통결의보다 높아서 발행주식총수의 3분의 1 이상, 출석주주 총수의 3분의 2 이상의 수로 결의하여야 한다. 마찬가지로 소규모 회사의 경우 모든 주주가 주주총회에 참석한다고 전제할 때, 1인의 주주가 최소 66.7% 이상의 지분을 가진다면 주주총회 특별결의사항까지도 1인의 주주만으로 결의가 가능하다.

우리 상법은 영업의 전부 또는 중요한 일부를 양도하거나 회사의 영업에 중대한 영향을 미치는 다른 회사의 영업 전부 또는 일부를 양수할 경우, 자본의 감소, 정관의 변경, 회사의 해산하는 경우 등을 특별결의가 필요한 경우로 명시하고 있다. 결국 회사의 존립이나 구조 자체를 크게 변경할 여지가 있는 사항은 주주총회 특별결의로서 가중된 정족수에 따라 의사결정을 하여야 한다고 생각하면 된다.

그렇다면, 이보다 더 큰 정족수가 필요한 결의는 없을까. 이 역시 우리 상법상 규정이 있다. 우리 상법은 전체 주주의 동의가 있어야 하는 사항으로 '특수결의'사항을 규정하고 있는데 그중 대표적인 것이 이사, 감사의 회사에 대한 손해배상책임의 면제 조항이다.

'특수결의사항'의 예를 들어본다. 이사는 주주총회의 보통결의로 선임한 주식회사의 경영을 담당하는 사람이다. 이사는 경영을 담당하면서 선량한 관리자의 주의의무로서 회사에 최선의 이익이 되는 방향으로 업무를 집행하여야 한다. 그러나 업무를 집행하다 보면, 본의 아니게 회사에 손해를 끼치게 되는 때가 있다.

  이러한 경우에도 회사의 전체 주주가 동의하는 경우에는 이사에 대하여 특별히 손해배상의 책임을 묻지 아니할 수 있다. 해당 책임면제를 총주주의 동의로서 할 수 있다고 규정하여 놓은 것은, 소수주주의 권익을 보호하기 위한 것으로 보인다.

  우리의 사례로 돌아와 보자. 동업을 하게 된 주주 A씨, B씨, C씨는 각자 회사에서의 역할, 투자금, 기타 상호이해관계에 따라 지분을 설정할 수 있다. 이 경우 이상의 주주총회 결의정족수 역시 충분히 고려의 대상으로 하여 상호 누구에게 얼마만큼의 지분을 설정할지를 결정하여야 할 것이다. 최초에 설정한 지분관계에 따라서 장래 회사의 방향 및 사업의 성패에 중요한 영향을 미칠 수 있으니 지분설정에는 동업당사자 사이의 충분한 논의와 협의가 있어야 할 것이다.

Q14. 이사회란 무엇일까?

주식회사를 설립하여 스타트업 '스타트래핑'을 시작한 A씨. 명함에 '대표'의 직함을 새기고, 아이템을 개발하고, 사업을 진행하는 데 열심이다. 그리고 정관상 스타트래핑의 이사는 3인 이상으로 기재되어 있어, A씨 이외에도 2명의 이사가 더 업무를 하고 있다. A씨는 회사 운영에 있어 대표이사로서 대외적으로 거래처나 투자자들을 직접 만나러 다니거나 회사 내부적인 업무를 수행하고 있다. 그러던 어느 날, A씨는 어떤 업무의 경우에 이사회결의를 하여야 하는지 고민이 되기 시작했다. 추후 투자자들로부터 투자도 받을 것이니 미리 회사업무집행에 있어 적법한 절차를 준수하여야 투자자들로부터 더욱 좋은 평가를 받고 회사 운영사항들에 있어 정당성을 부여받을 수 있을 것으로 생각되었기 때문이다.

이사는 회사의 경영을 담당하는 주식회사의 요소이다. 쉽게 설명하면 주주는 회사를 소유하는 사람이고, 이사는 회사를 경영하는 사람이다. 상법 기타 법령, 그리고 회사의 정관 규정상 회사에 있어 결의의 필요성이 있어 주주총회 결의사항으로 되어 있는 것은 주주총회 결의에 따라야 하지만, 통상적이고 일반적인 업무진행에 있어서는 대표이사 또는 이사회가 결정하고 업무를 진행하게 된다.

이사는 주주총회에서 선임된 사람이 되는데, 이러한 이사 전원으로 구성되는 주식회사의 업무집행에 관한 의사결정을 위한 기관이 바로 이사회이다.

우리 상법은 중요자산의 처분 및 양도, 대규모 재산의 차입, 지배인의 선임 또는 해임, 지점의 설치·이전 또는 폐지 등을 이사회에서 결정하도록 규정하고 있다(상법 제393조 제1항). 또한 우리 상법은 주식양도를 제한하는 정관 규정이 있는 경우 승인, 일반적인 주주총회의 소집, 이사의 겸업, 겸직 승인, 이사의 자기 거래 승인 등을 이사회 결정사항으로 정하고 있다.

그렇다면, 이사회의 소집 절차는 어떠할까.

이사회의 소집은 각 이사가 할 수 있으며, 특별히 이사회의 결의로 소집할 이사를 정한 때에는 그 이사가 소집할 수 있다(상법 제390조). 한편, 일반적으로는 정관에 이사회의 의장을 대표이사로 정하여 대표이사가 이사회를 소집하도록 규정하는 경우가 많다. 상법상 이사회 소집은 1주 전에 이사에 대하여 이사회 소집통지를 발송하는 것으로 규정되어 있다(상법 제390조). 소집통지의 내용에는 소집일시, 장소가 기재되어야 하지만, 우리 대법원 판례상으로는 특별히 이사회의 심의·의결에 현저한 지장을 초래하는 등의 사정이 없는 한 회의의 목적사항은 이사회 소집통지 시 함께 통지할 필요는 없다. 이는 주주총회와는 다른 이사회 고유의 특성에 따른 이유인 것으로 보인다.

이사회의 결의는 이사 과반수의 출석과 출석 이사의 과반수 결의가 원칙이다. 그리고 이사마다 1개의 의결권이 주어진다. 즉, 50%의 이사가 출석하여 결의하더라도 과반수가 되지 않으므로 해당 이사회 결의는 유효하게 된 것이 아니다.

이사회의 의사에 관해서는 의사록을 작성하여야 한다(상법 제391조의3

제1항). 그런데 이사회의 의사록은 주주총회의 의사록과는 달리 언제나 회사에 비치하거나 공시할 서류는 아니다. 이사회 의사록에는 회사의 영업비밀에 해당하는 사항도 있을 수 있기 때문에 더욱 그렇다. 따라서 만약 주주가 이사회 의사록을 확인하고 싶은 경우에는 영업시간 내에 회사에 대하여 이사회 의사록을 열람, 등사하여 줄 것을 청구할 수 있다. 회사는 이러한 청구에 대해서 정당한 이유를 들어 거절할 수도 있다. 이와 같이 주주와 회사의 입장이 다른 경우 주주는 법원에 이사회 의사록 열람등사허가를 얻어 이사회 의사록을 열람 또는 등사할 수 있다.

Q15. 주식회사 임원의 보수는 누가 어떻게 정하는 것일까?

실질적으로 회사의 경영을 이끌어나가는 사람은 임원(이사)이다. 임원은 회사의 다른 근로자들과는 달리 특유한 지위를 가지고 있다. 임원과 일반근로자의 차이는 무엇이고, 임원이 받는 보수는 누가 어떻게 정하는 것인지 살펴보기로 하자.

주식회사의 이사는, 우리가 흔히 생각하고 알고 있는 근로자의 지위에 있는 것이 아니다. 따라서 이사와 회사가 근로계약을 체결하는 것이 아니다. 회사가 이사에 대하여 업무를 맡아달라는 청약을 하고 이사가 이를 승낙함으로써, 회사의 경영진으로서 수임인의 지위에서 위임계약을 체결하는 것이다. 따라서 임원의 위임계약을 체결한 회사의 이사는 근로기준법상 최저임금이 적용되는 대상도 아니다.

우리 민법상 위임계약은 원칙적으로 무상이므로, 이사가 회사와 특별히 얼마의 보수를 지급하기로 약정하지 않는 한 당연히 보수청구권이 발생하는 것도 아니다. 다만 이사의 업무집행을 통하여 영리를 실현하는 회사의 성격상 이사에 대하여 보수를 지급하는 것이 대부분이다. 그렇다면, 이사의 보수는 누가 어떠한 절차를 통하여 결정하는 것일까?

우리 상법은 '이사의 보수를 정관에서 정하지 않은 때에는 주주총회에서' 정하도록 규정하고 있다(상법 제388조). 따라서 정관의 규정에 따라서 이사의 보수를 정하는 방법이 달라질 수 있는데, 일반적으로는 주주총회에서 이사에 대한 보수한도 총액을 승인한 후 구체적인 집행은 이사회에서 결정하는 경우가 많다.

한편, 이사는 회사와 '근로계약'을 체결하는 것이 아니라 '위임계약'을 체결하는 것이므로, 아무런 결의나 규정이 없는 경우 당연히 퇴직금이 발생하는 것은 아니다. 일반적으로는 주주총회에서 승인받은 임원퇴직금지급규정을 정하여 두고 임원이 퇴직하는 경우 이를 적용하여 지급하는 경우가 많다.

이상과 같은 임원의 보수와 퇴직금 규정의 예시는 아래와 같다.

이사의 보수 및 퇴직금 규정의 예시

정관
제OO조(이사의 보수와 퇴직금)
① 이사의 보수는 주주총회의 결의로 이를 정한다.
② 이사의 퇴직금의 지급은 주주총회의 결의를 거친 임원퇴직금지급규정에 의한다.

Q16.
스타트업 투자계약 어떻게 할 것인가?
(투자계약서 1)

회사를 운영하는 데는 각종 명목으로 많은 돈이 든다. 자금의 조달은 창업자 개인이 가지고 있던 돈으로 할 수도 있지만 일반적으로 한 개인이 가진 돈은 한계가 있으므로, 보다 큰 규모의 자금을 조달하기 위해서는 외부의 투자자들로부터 투자를 받는 경우가 많다. 투자자의 입장에서는 성장성이 높을 것으로 예상되는 회사에 투자를 하고 지분을 받는다. 이후 해당 회사가 더 크게 성장하여 지분의 가치가 높아지면 투자금보다 훨씬 많은 보상을 받을 수 있으므로 투자자의 입장에서는 좋은 기업에 '잘' 투자하는 경우 훌륭한 보상을 얻을 수 있다. 한편 이 경우 작성되는 것이 투자계약서이다. 투자계약서에는 각종 항목에서 투자자와 피투자회사 사이의 권리의무 관계와 상호 관계를 규정하여 놓는다. 투자계약서의 내용에는 보통 어떠한 것들이 포함될까?

스타트업 초기에는 자본이 넉넉하지 않아 사업을 성장하고 만들어가기 위한 자금의 유입이 필요하다. 기업에서 '돈'은 사람의 '피'에 비견될 수 있다. 피가 돌아야 사람이 생명을 유지하는 것과 같이 기업에 돈이 돌아야 기업이 망하지 않고 유지·성장할 수 있기 때문이다. 죽음의 계곡(Death Valley). 스타트업이 사업화 단계에서 본격적으로 매출이 일어나기 전에 자금의 부족으로 겪게 되는 극한의 어려움을 말한다. 이러한 데스밸리를 넘기 위해서 필요한 것이 바로 자금의 조달이다. 주식회사가 자금을 조달하는 방법은 크게 '대여'와 '투자유치'의 두 가지 방법이 있다.

대여는 회사가 금융기관이나 국가기관, 또는 일반 사인 등으로부터 돈을 '빌리는 것'을 말한다. 돈을 빌리는 것이므로, 추후 이자까지 더하여 돈을 빌려준 사람에게 갚아야 한다. 회사의 신용도 또는 대표이사의 신용도가 바로 대여를 할 수 있는 금액의 한도를 결정하게 되는 기준이 되는 경우가 많다.

또 다른 자금조달의 수단은 바로 '주식발행 등에 의한 투자유치'이다. 투자유치는 회사에서 주식을 발행하여 이를 투자자에게 지급하면서 회사에 자금을 유입시키는 형태다.

'투자자'의 입장에서, 그리고 '피투자회사'의 입장에서 각각 상호 투자금과 주식을 주고받으면서 약정을 하고 계약서를 작성하게 된다. 이러한 투자유치의 과정에서 상호 작성하는 계약서를 '투자계약서'라고 한다.

투자자의 입장에서는 투자금으로 최대한의 이익을 가져올 수 있는 권리를 가지고 싶어 할 것이다. 피투자회사 입장에서는 최대한의 돈을 회사로 유입시키면서도 투자자의 경영 간섭을 최소화하여 회사의 자율적인 운영을 추구하고 싶어 할 것이다.

한 번의 투자계약서 작성으로 인하여 회사 자체의 경영권이나 운영의 방향이 결정될 수 있다. 그리고 이는 최초 스타트업 창업자의 지분이나 회사 운영의 자율성 등에 영향을 미치게 되어 창업자의 지위에 상당한 영향을 준다. 투자자는 회사의 중요한 조력자가 될 수 있고 추후 회사의 발전과정에서 주주로서 동반자가 될 수도 있다. 전문적인 투자자들은 단순히 투자금의 투자에 그치는 것이 아니라 더 나아가 투자자의 인적 네트워킹이나 투자의 경험을 전달하여 피투자회사가 더욱 성장할 수 있는 발판을 마련시켜 주기도 한다.

그러나 투자자는 결국은 투자를 통한 수익의 달성을 최종 목표로 한다. 따라서 투자자는 자신의 이익을 극대화하기 위해 투자계약서에 투자자에게 유리한 조항을 넣어 회사 경영에 상당한 영향력을 행사하려 하는 경우가 많다. 따라서 피투자회사의 경우 투자자가 제시한 계약서의 내용을 충분히 검토하고 피투자회사의 입장에서 받아들일 수 있는 정도의 내용인지를 확인할 필요가 있다.

투자계약서의 검토를 소홀히 하고 계약을 체결하는 경우 이미 효력이 발생한 계약서상의 내용을 취소하거나 무효화시키기는 쉽지 않다. 즉, 피투자회사에서 투자계약서를 주의 깊게 검토하지 않는 경우 자칫 회사를 창업 당시 운영하려던 방향대로 이끌어가지 못하게 될 위험도 있으므로, 피투자회사로서는 투자계약서의 각 조항을 주의 깊게 검토할 필요성이 있다.

다음 장에서는 투자계약서의 주요조항 및 피투자회사의 입장에서 특히 주의하여야 할 조항들에 관하여 살펴보기로 한다. 이를 통하여 투자계약서의 중요성에 대해서 논의해보기로 한다.

Q17. 투자를 받는 형태에 따른 분류
(투자계약서 2)

투자자가 주식회사에 투자하는 형태는 단일하지 않다. 회사로부터 보통주를 받을 것인지, 우선주를 받을 것인지, 주식으로 전환할 수 있는 사채를 받는 것인지에 따라서 다양한 법률관계를 설정할 수 있다. 투자의 형태는 투자자와 피투자회사가 상호 의사를 조율하여 정하는 것이며, 개개의 투자 형태에는 장단점이 있을 수 있다. 아래에서는 투자의 형태에 관하여 알아보기로 한다.

앞장에서 설명한 바와 같이, 투자자는 회사에 자금을 투자하고 회사는 투자자에 대하여 주식을 교부하는 것이 일반적인 투자의 형태이다. 특히 회사는 투자자에게 주식을 제공하므로 회사의 가치가 커지면 커질수록 투자자의 이익도 극대화될 것이다.

그런데 특히 스타트업과 같은 초기 회사의 경우, 투자자의 입장에서는 추후 투자한 자금을 회수할 수 있는 가능성이 다른 회사들보다 낮다고 생각할 수 있다. 투자자의 입장에서는 이른바, 하이리스크(High Risk) 상황이다. 따라서 투자자는 회사로부터 일반적인 보통주를 받기보다는, 투자자에게 추가적인 권리가 부여되는 상환전환우선주(RCPS, Redeemable Convertible Preference Shares)나 전환사채(CB, Convertible Bond)의 형식으로 투자하는 경우가 많다.

상환전환우선주(RCPS)란, '상환권'과 '전환권'을 모두 가진 '우선주'를 뜻한다. '우선주'는 보통주에 대비되는 개념인데, 일반적으로 보통주의 주주들보다 우선하여 배당을 받거나 잔여재산분배를 받을 수 있는 권리가 있는 주식을 말한다. 즉, 상환전환우선주(RCPS)란, 일반적인 채권과 같이 만기에 회사에 대하여 투자금 상환요구를 할 수 있는 '상환권'과 우선주를 일정한 기준에 따라 보통주로 전환할 수 있는 '전환권'을 모두 투자자에게 부여하는 우선주를 일컫는 것이다.

투자자의 입장에서 이러한 상환권과 전환권을 모두 갖는 우선주를 받는 이점은 무엇이 있을까? 만약 피투자회사가 투자금을 받은 후 사업을 잘 진행하여 회사의 가치가 높아지는 경우(즉, 회사 주식의 가치가 높아지는 경우)에는 우선주를 보통주로 전환하는 '전환권'을 행사할 수 있다.

즉, 우선주를 보통주로 전환하는 전환조건을 미루어 볼 때, 전환하는 경우 이익이 된다고 판단하면 투자자는 전환권을 행사하여 보통주로서 투자수익을 누리게 될 것이다. 한편, 만약 투자금을 받은 피투자회사가 사업 진행에 있어 성과를 거두지 못해 그 주식의 가치가 높지 않은 경우에는 회사에 대하여 주식을 다시 상환하여 갈 것을 요구할 수 있다. 즉, 우선주로서 이익배당이나 잔여재산 분배에 대한 우선권을 가지고 있으면서도 추후 회사 주식의 가치가 높지 않은 경우 회사에 대하여 주식 상환을 요구하여 투자금을 회수할 수 있는 권리를 갖는 것이다. 투자자는 어느 쪽이든 자신에게 가장 이익이 되는 방향으로 선택할 수 있다는 점에서 일반적인 보통주보다 투자금 회수에 용이하다는 장점이 있다.

한편, 전환사채(CB)는 투자자에게 우선주의 형태로 주식을 지급하는 것이 아니라, 처음에는 사채(채권)로 발행하고 투자자가 이후 일정한 기간 내에 전환권을 행사하는 경우 약정된 기준에 따라 주식으로 전환할 수 있는 형태의 사채를 말한다. 그렇다면 상환전환우선주와의 차이점은 무엇일까? 상환전환우선주는 '주식'인데 반하여 전환사채는 '사채'라는 점에서 처음부터 주주의 지위 여부가 다르다. 그리고 또한 상환전환우선주의 경우 추후 주식을 보통주로 전환할지 또는 회사에 주식을 상환하도록 할지를 선택할 수 있으나 전환사채의 경우 사채를 주식으로 전환할지를 선택할 수 있다는 점에서 차이가 있다.

Q18. 투자계약서 작성 시 피투자회사가 주의해야 할 주요조항 (투자계약서 3)

투자를 받는 회사의 입장에서, 특히 주의하여야 할 조항은 어떠한 것이 있을까? 회사의 입장에서는 투자자로부터 투자금을 받으면서도 회사의 자율성을 가장 잘 살릴 수 있는 방향으로 투자계약서가 작성되기를 원할 것이다. 따라서 피투자회사의 입장에서는 계약서 문구를 하나하나 잘 검토하여 투자자로부터 과다한 경영권 간섭을 받지 않도록 관계설정을 하여 놓는 것이 필요하다. 상환전환우선주(RCPS) 계약을 전제로 살펴보기로 한다.

1. 계약의 당사자

모든 계약에 있어 당사자를 누구로 설정할지는 중요하다. 왜냐하면 '계약의 당사자' 설정은 계약상 권리의무의 주체를 누구로 할 것인지, 특히 추후 분쟁이 발생하는 경우 계약상 책임을 누가 부담할지에 관한 것이기 때문이다.

일반적으로 투자계약의 경우, 투자자, 피투자회사, 그리고 이해관계인(피투자회사의 대주주나 주요임원들)이 계약의 당사자가 될 수 있다.

2. 진술 및 보장

 피투자회사는 투자자가 투자를 결정할 수 있도록 다양한 자료나 정보를 제공하는 경우가 많다. 현재 피투자회사가 발행한 주식 사항, 유가증권, 세금에 관한 사항, 계류 중인 소송이나 이에 준하는 법적 절차에 관한 사항, 피투자기업이 소유하고 있는 특허권 등 지식재산권에 관한 사항, 피투자기업이 소유하고 있는 부동산이나 동산, 기계 등 재산에 관한 사항, 피투자기업이 체결한 계약상의 의무사항이나 우발채무에 관한 사항, 회계자료에 관한 사항 등이 피투자회사가 투자자에게 제공하는 자료의 예시이다. 한편, 피투자회사가 투자자에게 이러한 자료를 제공하고 투자자가 이에 근거하여 투자판단을 내리는 경우, 피투자회사와의 투자계약에서는 해당 자료들이 진실되고 정확함을 진술하고 보장하는 것이 바로 '진술 및 보장' 조항의 내용이다.

 '진술 및 보장' 조항은 피투자회사가 투자자에게 제공한 자료의 내용이 허위로 밝혀지는 경우, (결국 피투자회사가 제공한 잘못된 정보에 의하여 투자자가 투자판단을 하게 된 것이므로) 이를 제공한 회사나 제공한 사람에 대한 책임을 묻고 투자금을 반환받을 수 있는 근거를 마련하여 놓기 위한 것에 그 목적이 있다.

 따라서 피투자회사의 입장에서는 '진술 및 보장'의 내용을 최소화하는 것이 유리하다. 반대로 투자자의 입장에서는 진술과 보장을 최대한 꼼꼼하고 자세히 기재하여 놓아 추후 피투자회사가 제공한 자료가 허위임이 밝혀진 경우 곧바로 투자금을 반환받을 수 있도록 책임의 소재를 명확히 해놓는 것이 좋다.

예시

제○조 (진술 및 보장)
"피투자회사"는 첨부된 공개목록에 기재된 바를 제외하고, "본 계약" 체결일 뿐 아니라 "거래종결일" 현재에도 다음의 사실이 중요한 부분에서 진실되고 정확함을 진술 및 보증한다.

1. 설립 및 존속…(내용)…
2. 인허가…(내용)…
3. 법령 등 준수…(내용)…
4. 자산…(내용)…
5. 지식재산권 등 권한…(내용)…

3. 우선주 발행의 조건

상환전환우선주를 어떠한 조건으로 발행하는지에 관한 것으로, 계약 체결의 주요한 내용이다. 주당 발행가를 얼마로 할 것인지, 투자자에게 얼마의 주식을 교부할 것인지, 주금을 어떠한 방식으로 납입할 것인지가 그 내용이다. 결국 회사의 전체 가치(Valuation)를 어떻게 설정할지, 그 중 특정한 수의 주식을 어떠한 가격으로 평가할 것인지의 문제이다.

4. 우선주의 내용

우선주의 우선배당을 받을 조건을 어떻게 할 것인지(예: 액면가 기준 ○%에 해당하는 금액을 우선배당 받는다), 잔여재산분배에 대한 권리를 어떻게 할 것인지(예: 피투자기업이 청산될 때 잔여재산분배에 대하여 주금 총액과 미지급된 배당금을 합한 금액의 한도에서 보통주 주주에 우선하여 잔여재산 분배를 받는다) 등의 내용이다. 한편, 원칙적으로 우선주는 의결권을 가지지 않는 경우가 많다. 그런데 정관의 내용에 따라 의결권 있는 우선주를 발행하는 경우도 있어 의결권을 어떻게 할 것인지도 우선주의 내용에 포함될 수 있다.

5. 전환권

우선주의 주주로서 전환권을 행사할 수 있는 기간, 비율 등의 내용 설정에 관한 것이다. 또한 기타 피투자기업이 우선주의 1주당 취득가격보다 낮은 가액으로 신주를 발행하는 경우 등 특정한 조건 하에서 전환조건을 조정하는 조항(이른바, Refixing 조항)이 설정될 수 있다.

6. 상환권

우선주의 주주가 전환권을 행사하지 않고, 회사에 대하여 배당 가능한 이익이 있는 경우 상환을 청구할 수 있는 권리이다. 일반적으로 상환기간을 설정하여 놓는데 피투자회사의 입장에서는 상환기간의 시작 날짜를 어느 정도는 여유를 두는 것이 좋다. 빠른 시일 내에 투자자가 상환권을 행사하는 경우 피투자회사의 입장에서는 상환의무가 있는 채무가 증가하는 상황이 되어 자금상 압박을 받을 수 있기 때문이다. 한편, 상환기간 전이라도 '진술과 보장'이 허위로 밝혀지는 경우, 피투자회사가 투자의사결정과 관련되는 중요한 자료나 사항을 누락·은폐한 경우, 계약서 조항 중 특정한 사항을 위반하는 경우 등 특별한 경우에는 상환기간과 관계없이 투자자가 피투자회사에 대하여 상환권을 행사할 수 있도록 하는 특별상환권을 부여하는 경우도 있다.

또한, 상환권을 행사하는 경우에는, 투자자의 1주당 취득가격에 상환일까지 이자설정하여 이를 합한 금액을 상환하도록 할 수 있다. 이로써 투자자는 투자금을 회수할 수 있게 되는 것이다(그러나 앞서 설명한 바와 같이, 이 상환권을 행사하기 위해서는 회사에 배당 가능한 이익이 있어야 한다).

7. 주식인수 후 피투자회사의 의무사항들에 관한 약정

투자자로서는 투자금을 출자하여 주식을 인수한 다음 회사가 충분히 사업진행을 잘하기를 원할 것이다. 한편 투자자의 투자 후에 피투자회사의 의무사항을 기재한 내용이 투자계약서에 기재되기도 한다.

이에 관한 사항으로는, 투자자가 투자한 자금을 특정한 용도로만 사용하기로 하는 조항, 특별히 피투자회사가 중요한 자산으로 보유하고 있는 특허권·기술·노하우·기타 지식재산권을 제3자에게 이전하지 못하도록 하는 조항, 피투자회사가 현재 운영 중인 회사나 사업과 관련된 새로운 회사를 설립하지 못하도록 막는 조항, 피투자회사의 주주총회 안건이나 이사회 안건, 합병, 분할 등 회사의 중요한 사항에 관하여서는 투자자와 충분한 논의하에 진행하기로 하는 내용의 조항, 회사 자산의 중요한 변동이나 중요사업계획, 회사의 사업에 중대한 영향을 미칠 수 있는 소송·회계 처리에 관한 사항 등을 투자자에게 충분히 보고하고 자료제출을 하도록 하는 조항, 투자자의 요구가 있는 경우 일부 임원을 투자자가 지명한 사람으로 선임하기로 하는 조항, 피투자회사가 제3자에 대하여 회사의 총 주식수에 있어 일정한 비율 이상의 주식매수선택권(스톡옵션)을 부여하지 않도록 하는 조항 등이 있다.

투자자의 입장에서는 투자 이후에 피투자회사가 투자자에게 회사의 운영을 충분히 보고하고 사전에 회사의 운영방향을 검토받도록 하는 것이 유리하다. 반면에, 피투자회사의 입장에서는 투자자의 간섭에서 최대한 벗어나 있는 것이 좋다. 즉, 피투자회사의 입장에서는 투자자가 간섭을 할 수 있는 조항들이 많으면 많을수록 회사 운영에 부담되는 것이 사실이므로, 투자자의 간섭이 최소화되도록 하는 것이 좋다.

8. 이해관계인의 주식처분 조건

피투자회사의 이해관계인(대주주, 임원)이 주식의 일부 또는 전부를 처분하는 경우, 관련 내용을 투자계약서에 설정하여 놓을 수 있다. 예를 들면, 이해관계인이 주식을 처분하는 경우 이를 사전에 투자자에게 통지하여야 한다거나 또는 투자자가 이를 우선하여 매수할 권리를 부여할 수 있다(Right of first refusal).

이에 더하여 이해관계인이 주식을 처분하는 경우, 이해관계인과 투자자가 동일한 조건으로 처분에 참여할 수 있는 권리(동반매도참여권)를 부여하도록 할 수도 있다(Tag-along).

다른 한편, 투자자의 입장에서는 투자기업가치를 일정 금액 이상으로 평가한 가격으로 주식을 양수하겠다는 제3자가 있는 경우 이해관계인에게 보유주식의 전부 또는 일부를 양수 제안자에게 처분할 것을 요구할 수 있는 권리(동반매도요구권)를 가지도록 하는 조항을 설정할 수도 있다(Drag-along).

마찬가지로, 피투자회사 및 피투자회사의 이해관계인 입장에서는 위와 같은 제한이 설정되지 않아야 주식처분을 자유롭게 할 수 있어 유리하다. 반대로 투자자의 입장에서는 최대한 위와 같은 약정을 설정하여 놓아야 피투자회사나 이해관계인이 자신의 주식을 마음대로 처분하는 상황을 막을 수 있다.

예시

제○조(투자자의 우선매수권)
이해관계인이 이해관계인 소유주식의 전부 또는 일부를 양도하고자 하는 경우, 투자자는 대상 주식의 전부에 대하여 우선매수권을 가진다.
(이하, 구체적인 절차 및 방법에 관한 내용)

제○조(동반매도참여권(Tag-along Right))
이해관계인이 투자자에게 주식양도통지를 한 경우, 투자자는 본건 신주의 전부 또는 일부를 주식양도통지에 기재된 조건으로 양도대상주식과 함께 양수희망자가 양수할 것을 요구할 수 있다.
(이하, 구체적인 절차 및 방법에 관한 내용)

9. 위약금(손해배상액의 예정, 위약벌) 조항

투자자나 피투자회사가 투자계약서의 조항 중 특정한 조항들을 위반하는 경우, 투자계약서나 이에 부속하는 서류상 위약금, 위약벌 조항이 없다면 손해배상 청구를 위해 상대방의 계약위반으로 인한 손해를 증명해야 하는 어려움이 생길 수 있다. 즉, 손해배상을 청구하는 경우, 청구하는 사람(원고)이 상대방(피고)의 계약위반 사실과 계약위반으로 얼마의 손해를 입었는지를 증명하여야 한다. 만약 위약금, 위약벌 조항이 설정되어 있다면 계약위반의 사실만 증명하고 추가적인 손해금액은 증명하지 않아도 되므로 위약금, 위약벌 조항을 설정하는 것이 유용하다.

예를 들어, 우선매수권(Right of first refusal), 동반매도참여권(Tag-along), 동반매도요구권(Drag-along) 등의 조항을 위반하는 경우, 위반한 당사자에게 투자원금의 ○○%에 해당하는 위약벌을 지급하기로 투자계약서상 설정했다고 가정해보자. 이 경우, 투자자가 피투자회사 또는 이해관계인의 위반 사실을 증명하면 구체적인 손해액을 증명하지 않더라도, 계약서에 설정된 위약금(위약벌) 상당의 금액을 청구할 수 있다.

따라서 투자자의 입장에서, 그리고 피투자회사의 입장에서 자신의 위약금설정이 과다하지는 않은지, 합당한 범위 내에서 설정되어 있는 것인지에 관하여 충분히 검토하고 조항을 설정할 필요가 있다. 물론 해당 조항의 위약금이 지나치게 과다하다면 추후 법원에서 소송 절차로 나아가는 경우 법원이 직권으로 감액하기도 한다. 그러나 이러한 경우에도 위약금조항에 기재된 금액이 일차적인 기준이 될 수 있으므로, 계약 시 위약금조항을 설정하는 때부터 유의할 필요가 있다.

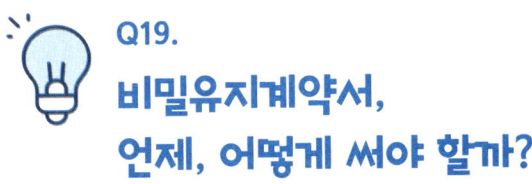

Q19.
비밀유지계약서, 언제, 어떻게 써야 할까?

거래처와 계약 협상의 사전 단계에서 서로 회사 내부의 중요정보를 공유하며 최종 계약 체결을 타진하는 경우가 있다. 예를 들면 인수합병(M&A) 시 교섭 과정에서 상호 회사의 정보에 대하여 일부 공개하게 되는데 이러한 과정에서 알게 되는 정보에 대하여 추후 인수합병이 결렬되더라도 제3자에게 정보가 제공되지 않도록 하기 위하여 일정한 약정이 필요하다. 또, 회사 내부의 중요정보를 임직원들이 외부로 반출하지 않도록 하기 위한 장치를 마련할 필요가 있을 수 있다.

이럴 때 필요한 계약서가 바로 '비밀유지계약서'(NDA, Non Disclosure Agreement) 이다. 비밀유지계약서에서는 상호 계약당사자 사이에 알게 된 정보를 외부로 유출하지 않도록 하는 것이 기본적인 계약의 목적 및 내용이 된다.

비밀유지계약서의 주요한 내용에는 어떠한 것이 있을까?

1. '비밀정보'의 내용 및 범위

모든 계약서가 그러하듯이 계약서에서 규정하고자 하는 '용어'의 정의가 필요하다. 계약서에 어떠한 정보를 '비밀정보'로 설정할 것인지를 예시하는 것도 좋은 방법이다. '비밀정보'의 정의 및 내용 조항에서 비밀정보의 형태를 특정하거나(이메일, 서면 등), 내용(도면, 설계, 사업정보, 계약서 등)을 예시하는 것도 좋다. 다만 이상의 내용 역시 모든 것을 정확히 규정하기는 어려우므로 예상 가능한 범위 내에서 최대한 꼼꼼히 기재하여 놓는 것이 추후 분쟁 발생을 예방하고, 분쟁 발생 시 이를 해결하는 데 도움이 될 것이다.

예시

제○조(비밀정보의 의미)
"비밀정보"란, "갑"이 "을"에게 서면, 구두, 전자적 방법 또는 기타의 방법으로 제공하는, 영업 또는 기술상의 정보, 공정, 도면, 설계, 디자인, 코드 실험, 시제품, 스펙, 데이터, 프로그램, 명세서, 아이디어, 사업정보, 경영정보 및 이에 준하는 정보를 말하고, 유·무형의 여부 및 그 기록 형태를 불문한다.

2. 정보의 사용용도 제한

공유하는 정보의 사용용도를 특정한 곳에만 할 수 있도록 용도를 제한하도록 규정할 필요성이 있다.

예시

제○조(비밀정보의 사용 제한)
"을"은 비밀정보를 취급함에 있어 신의와 성실을 다하고 이를 별도로 구분하여 엄중히 관리하여야 하며, 오로지 "갑"과의 계약에 따른 업무수행을 위한 목적으로만 사용하여야 한다. "을"은 본조상 목적 이외의 다른 용도나 영업상의 수단으로 비밀정보를 사용할 수 없으며, 제3자에게 비밀정보를 양도, 이전, 공개하여서는 아니 된다.

3. 비밀유지 의무사항의 내용

비밀유지를 하는 의무내용을 구체적으로 기재할 필요가 있다. 비밀정보의 내용과 범위의 한도를 규정하여, 이외 용도로 사용되는 경우에는 계약 내용을 위반한 것이라는 점을 명시할 필요가 있다. 또한 정보수령자가 비밀유지를 위하여 특정한 장소 또는 특정 컴퓨터를 통해서만 비밀정보를 다루도록 할 수도 있다. 필요한 경우 이메일 등을 통하여 비밀정보를 다룰 수 없도록 조치하거나 업무장소를 이탈하는 경우 관련 비밀정보에 관한 CD, USB, 기타 종이 자료 등 어떠한 자료도 반출할 수 없다는 등의 의무조항을 부여할 필요성도 있다.

예시

제○조(비밀유지 의무)
① "을"은 비밀정보에 관하여 제3자에게 열람케 하거나 누설하여서는 아니 된다. "을"은 비밀정보에 관하여 제3자에게 누설할 염려가 있는 일체의 행위를 하여서는 아니 된다.
② "을"은 "갑"의 사전 서면 승인이 없는 한 비밀정보를 목적 사업 이외의 다른 목적이나 용도로 사용할 수 없으며, 목적 사업과 직접적으로 관련된 업무 수행의 범위를 초과하여 비밀정보를 임의로 복제, 복사, 수정, 저장, 재생산, 변형 또는 분석 및 이에 준하는 행위 등을 할 수 없다.

4. 정보의 폐기조항

상호 간의 특정사유 발생 시(예: 더 이상 사업 진행을 함께하지 않기로 한 경우 등) 상대방에게 요청하여 보유하고 있는 비밀정보 자료(원본, 사본 등 일체의 자료)를 폐기하도록 의무화하는 조항이다. 이를 의무화하지 않으면 사업상의 중요정보를 더 이상 계약관계에 있지 않은 사람이 보유할 수 있게 되는 문제가 발생할 수 있다.

예시

제○조(정보의 폐기)
"을"은 다음 각 호의 어느 하나에 해당하는 경우 지체 없이 "갑"에게 비밀정보의 원본, 사본 및 비밀정보를 이용하여 생성한 서면, 자료, 데이터 등을 "갑"의 선택에 따라 반환하거나 폐기하여야 하며, 폐기한 경우 즉시 "갑"에게 서면에 의한 확인서를 제출하여야 한다.

1. 계약의 해지, 계약기간 만료 및 이에 준하는 사유로 본 계약이 종료되는 경우
2. ○○○○○의 경우

5. 기타 위약금 조항 등

비밀유지계약서에서 규정한 의무사항을 지키지 않는 경우, 위약금 조항(해당 조항 위반 시에 ○○○원을 위약금으로 지급하기로 하는 조항)을 규정할 필요성도 있다. 위약금 조항이 없는 경우에는, 비밀유지계약을 상대방이 위반하는 때, 정보를 제공한 쪽에서 상대방에 대하여 손해배상을 청구하기 위해서는 약정위반 사실, 손해발생 및 이에 대한 손해액수까지 증명하여야 하는 소송상의 요건이 필요하기 때문이다. 따라서 위약금 조항을 규정하여 '계약위반 사실'만을 증명하면 해당 조항에 의하여 곧바로 손해배상액을 적용할 수 있도록 하는 구조를 만들어 놓을 수 있다.

이상의 조항 이외에도, 위 원칙과는 별도로 예외적으로 국가기관 등

에 의하여 비밀정보를 제3자에게 제공할 수밖에 없는 경우 정보수령자가 어떠한 조치를 취하여야 하는지, 정보수령자가 회사인 경우 회사의 임직원들에게도 비밀유지를 준수하겠다는 서약서를 받도록 해야 하는지 등 관련 조항이 필요한 경우가 있을 수 있다. 구체적인 사안과 비밀정보계약서 작성의 목적에 따라서 내용은 달라질 수 있으므로 계약서 작성 시부터 각 조항의 내용에 대하여 충분히 검토할 필요가 있다.

예시

제○조(위약금)
① 본 계약을 위반한 당사자는 (   )원을 위약금으로 상대방에게 지불한다.
② 제1항의 위약금과 별도로 비밀유지의무 위반행위로 인하여 상대방이 입은 모든 손해를 배상하여야 한다.

Q20. M&A란 무엇일까?

A씨는 스타트업을 만들어 여러 난관을 극복하고 비로소 안정적인 회사로 성장시켰다. 그러던 중 A씨가 소유하고 있는 회사 지분 인수를 제의받았다. 인수를 원하는 매수인은 유명 사모펀드였다. A씨는 회사 지분 전부를 수백억에 달하는 금액으로 가치 산정하여 결국 사모펀드에 지분을 양도하였다.

1. M&A란 무엇일까?

M&A는 Mergers&Acquisitions의 약자로 인수합병을 의미한다. 일반적으로 M&A는 주식양수도 방식(구주인수 또는 신주발행), 영업양수도 방식, 회사분할 후 주식양수도 방식, 합병 방식 등을 이용한다. 특히 실무에서 많이 이용되는 방식은 매수인이 구주를 인수하거나 신주를 발행받는 '주식양수도 방식'이다. 위 사례에서는 비상장회사의 A씨 지분 전부를 매수인에게 이전함으로써 '주식양수도 방식'에 의한 인수가 이루어진 것이다. 본 장에서도 인수합병의 여러 방식 중 주로 '주식양수도 방식'을 중심으로 설명하기로 한다.

2. 절차

M&A는 일반적으로 1) M&A 계획 및 준비, 2) 예비적 제안(LOI, MOU 등), 3) 실사(Due Diligence), 4) 실사 후 본계약 체결, 5) 거래종결(Deal Closing) 등의 절차를 거친다. 이러한 일련의 과정에서 인수의향서(LOI), 양해각서(MOU), 주식매매계약서(SPA) 등의 각종 문서가 작성된다. 각 계약의 단계는 모두 중요한 의미를 가지므로 면밀한 검토가 필요하다.

3. 본 계약인 주식매매계약서(SPA) 주요조항

주식매매계약서(SPA)를 작성하여 지분을 이전하는 경우, 법률적인 측면에서 여러 조항을 주의 깊게 검토하여야 한다. 주요조항의 예시는 다음과 같다.

① 진술 및 보장 조항(Representations and warranties)

계약당사자가 상대방에 대하여 계약 체결일 및 계약 종결일 당시의 계약당사자 관련 사항, 매매대상 목적회사 관련 사항에 관한 정보를 제공하고 해당 내용이 사실에 부합한다는 것을 확인·보장하는 조항을 일컫는다. 계약당사자는 상대방이 제공하는 정보에 상당 부분 의존하여 대상회사의 가치 등을 산정하게 되므로 '진술 및 보장' 조항은 중요하다. 진술 및 보장 조항의 내용에 따라 추후 상대방에게 진술 및 보장한 내용이 실제 사실과 다른 것이 밝혀져 계약상대방에게 손해를 끼친 경우, 손해배상청구가 가능한지와 얼마의 손해배상청구가 가능한지가 결정될 수 있다.

② 확약 조항(Covenant)

계약당사자가 계약 체결 이후 부담하여야 하는 의무사항에 관한 조항이다. 이에 따르면, 계약 체결 이후 회사의 상태에 관하여 급격하게 중대한 변화를 가져오게 하여 대상회사의 재정적, 법률적 상태가 달라지지 않도록 할 의무 등을 부담하게 된다. 만약 매도인이 이를 지키지 않는 경우 손해배상책임을 질 수 있어 주의하여야 한다.

주식매매계약서(SPA)는 거래당사자 사이의 권리의무 사항을 설정하기 위하여 작성된다. 매도인의 입장에서는 계약 내용을 매매대상인 주식으로 집중시키고 다른 조건들을 설정하지 않아 계약 내용을 단순화하는 것이 유리하다. 주식 처분 이후에 기존 회사에서 발생하는 문제들로 인하여 책임을 지도록 하는 조항에 있는 경우, 매도인으로서 추후 책임 추궁을 받을 가능성이 있으므로 지위가 불안정해질 수 있다.

매도인과 매수인은 모두 합의된 계약서의 내용을 충실히 이행하여야 한다. 예를 들면, '진술 및 보장' 조항이 있는 경우, 당사자 사이에 협의하고 제공하기로 한 일체의 회사 관련 정보 제공이 이루어질 필요가 있는 등 계약조항 상의 의무를 충실히 이행할 필요가 있다.

4. 효과적인 엑시트(EXIT) 수단으로서의 M&A

스타트업을 창업한 후 사업을 일정 성장 궤도에 올리기 위해서는 지난한 시간 속에서 끊임없는 노력을 하여야 한다. 해당 사업이 제3자인 매수인들에게 매력적인 매물로 인식되고 상당한 가치로 인정될 때 비로소 M&A가 성립될 수 있다.

창업자의 입장에서는 계속적으로 사업을 유지·성장시켜 사업으로 인한 이익을 누릴 수도 있고, 또 다른 선택은 M&A를 통하여 자신의 지분을 상당한 가치로 평가받아 이를 매각하여 수익을 얻을 수도 있다. '창업자에게 일정한 지분을 남겨두고 경영인으로서의 창업자 지위를 그대로 유지시키면서 일부 지분만을 매수'하는 M&A도 있어 이 경우 창업자는 회사의 경영자로서의 지위를 유지하면서 회사의 성장에 따른 성과를 계속 공유할 수도 있다. 그런 경우 사업을 더욱 성장시킬 수 있는 유인 동기도 계속적으로 남아 있게 된다.

이처럼 M&A는 엑시트의 주요한 수단이다. 창업 후 어려운 시간을 겪은 후 수백억 이상의 가치로 사업을 매각한 사업가를 만날 때면 경이로운 마음이 들기도 한다. 이 책을 읽는 여러분이 바로 그 주인공이 되기를 바란다.

나가며

스타트업에 조금이나마 도움이 되고자 '스타트업랩'을 결성한 지 어느덧 6년이라는 시간이 흘렀다. 원고를 수정하는 과정에서 스타트업을 위한 열정 하나로 지금껏 달려온 여정들이 떠올랐고 그 시간은 무엇보다 값진 경험이었다.

스타트업을 돕고자 시작한 스타트업랩 구성원 역시 처음에는 모두 스타트업 수준이었으나 이제는 각자 영역에서 전문가로서 확실한 자리를 잡아가고 있다. 스타트업랩도 YouTube 콘텐츠 제작, 오디오방송, 세미나, 특강, 멘토링 등 다양한 프로젝트를 수행해나가며 명실상부한 벤처생태계에 일조하는 전문가그룹으로 자리매김하고 있다.

보다 많은 내용과 완성도 높은 콘텐츠를 이 책에 담고 싶었으나 각자의 업무와 바쁜 일정으로 스스로 만족할만한 결과물로서는 부족함에 아쉬움을 느낀다. 하지만 이번 개정증보판을 통해 개정된 법률사항을 업데이트했으며, 스톡옵션 등 새로운 콘텐츠를 추가하는 등 현장에서의 경험과 노하우를 최대한 담으려고 노력했다. 스타트업랩은 6년 전의 초심을 잃지 않고 계속해서 더욱 좋은 콘텐츠로 스타트업을 찾아갈 것이다.

세상을 바꾸고자 오늘도 불철주야로 노력하고 있는 대한민국 스타트업에 이 책을 바친다.

2022년 3월

최평국, 박예희, 박길환, 박정훈

스타트업 밸류업
VALUE-UP
경영관리 노트

초 판 1쇄 발행 2021년 02월 22일
개정판 2쇄 발행 2022년 08월 08일

지은이 최평국, 박예희, 박길환, 박정훈
펴낸이 류태연

펴낸곳 렛츠북
주소 서울시 마포구 양화로11길 42, 3층
등록 2015년 05월 15일 제2018-000065호
전화 070-4786-4823 | **팩스** 070-7610-2823
이메일 letsbook2@naver.com | **홈페이지** http://www.letsbook21.co.kr

ISBN 979-11-6054-537-1 13320

이 책은 저작권법에 따라 보호를 받는 저작물이므로 무단전재 및 복제를 금지하며,
이 책 내용의 전부 및 일부를 이용하려면 반드시 저작권자와 도서출판 렛츠북의
서면동의를 받아야 합니다.

* 잘못된 책은 구입하신 서점에서 바꾸어 드립니다.